Programados para Crescer 2.0

Use o Poder da Neurociência para Aprender e Dominar Qualquer Habilidade

Brit Andreatta, Ph. D.

Autora de *Neuroscience of Learning, Wired to Resist,
Wired to Connect* e *Leading with Emotional Intelligence*

Programados para Crescer 2.0

Use o Poder da Neurociência para Aprender e Dominar Qualquer Habilidade

Tradução:
Giovanna Louise Libralon

MADRAS®

Publicado originalmente em inglês sob o título *Wired to Grow 2.0 – Harness the Power of Brain Science to Learn and Master Any Skill*, por 7th Mind Publishing.
© 2019 by Britt Andreatta.
Todos os direitos reservados.
As imagens das páginas 35, 38, 57 e 177
estão todas protegidas por direitos autorais e foram gratuitamente compartilhadas com permissão.
Direitos de edição e tradução para o Brasil.
Tradução autorizada do inglês.
© 2021, Madras Editora Ltda.

Editor:
Wagner Veneziani Costa (*in memoriam*)

Produção e Capa:
Equipe Técnica Madras

Tradução:
Giovanna Louise Libralon

Revisão da Tradução:
Martha Malvezzi

Revisão:
Arlete Genari
Barbara Veneziani

Dados Internacionais de Catalogação na Publicação
(CIP)(Câmara Brasileira do Livro, SP, Brasil)

Andreatta, Brit
Programados para crescer 2.0: use o poder da neurociência para aprender e dominar qualquer habilidade/Brit Andreatta; tradução Giovanna Louise Libralon. – 1. ed. – São Paulo: Madras Editora, 2021.
Título original: Wired to Grow 2.0

ISBN 978-65-5620-015-6

1. Autoajuda 2. Neurociência 3. Psicologia comportamental 4. Qualidade de vida I. Título.

21-61943   CDD-150

Índices para catálogo sistemático:
1. Psicologia 150
Aline Graziele Benitez – Bibliotecária – CRB-1/3129

Embora seja de domínio público, é proibida a reprodução total ou parcial desta obra, de qualquer forma ou por qualquer meio eletrônico, mecânico, inclusive por meio de processos xerográficos, incluindo ainda o uso da internet, sem a permissão expressa da Madras Editora, na pessoa de seu editor (Lei nº 9.610, de 19/2/1998).

Todos os direitos desta edição, em língua portuguesa, reservados pela

MADRAS EDITORA LTDA.
Rua Paulo Gonçalves, 88 — Santana
CEP: 02403-020 — São Paulo/SP
Tel.: (11) 2281-5555 – (11) 98128-7754
www.madras.com.br

Para Chris e Kiana.

Vocês são meu coração e minha alma e me ajudam a aprender e a crescer a cada dia. Sou a pessoa mais sortuda do planeta, por poder viver esta vida com vocês.

Índice

Introdução 11
   Faça uma Jornada de Aprendizado 18

I. Novos Avanços na Neurociência do Aprendizado

1. Avanços na Pesquisa Neurocientífica 20
2. Provas Neurais de Inteligências Múltiplas 24
3. Uma Nova Compreensão da Criatividade 28
4. Novos Métodos de Manipulação do Cérebro
e do Sistema Nervoso 36
5. Novas Formas de Utilizar a Inteligência Artificial
e a Realidade Virtual 39
6. Novas Descobertas sobre a Memória 43
   Sua Jornada de Aprendizado 46

II. Lembrar: A Matriz da Memória

7. Os Nove Tipos de Memória 49
8. A Ampliação da Memória de Longo Prazo 54
9. A Importância de Lembrar e Esquecer 59

10. Acesso às Informações, Não Repetição 65
11. Aproveite Esquemas Já Existentes 71
12. Seis Conexões Poderosas 74
13. Interação Social e Mapas 80
14. A Magia da Música 83
15. Aumente Sua Capacidade de Lembrar 88
    Sua Jornada de Aprendizado 91

III. Fazer: Construir Habilidades + Criar Hábitos

16. Entenda o que são Habilidades e Hábitos 93
17. Como Criar um Hábito: Repetição,
    Não Acesso a Informações 98
18. As Recompensas Certas 104
19. Potencialize a Habênula para Aprender com o Fracasso 108
20. Desenvolva Segurança Psicológica 112
21. Passe de Objetivos a Solução de Problemas 115
22. Ative os Neurônios-Espelho com Demonstrações 119
23. Fortaleça o Tipo Correto de Prática 123
24. Desenvolva Suas Habilidades de Realização 129
    Sua Jornada de Aprendizado 130

IV. Aprender: Onde Tudo Começa

25. O Aprendizado e o Aprendizado de Adultos 133
26. Níveis de Conhecimento e o Ciclo de Aprendizado 137
27. Inteligências Múltiplas e a Mentalidade de Crescimento 141
28. O Ciclo da Renovação 149
29. O Aprendizado e o Cérebro 152

30. Para Aprender, Primeiro Você Precisa Codificar 156
31. A Área Emocional Mais Eficiente 161
32. O Poder de Mostrar-e-Falar 168
33. Pré-ativação, Anotações e Rabiscos de Ilustrações 172
34. Melhore Sua Capacidade de Aprendizado 177

Sua Jornada de Aprendizado 181

V. Desenvolver + Promover Aprendizado

35. Como Usar Informação, Instrução e Inspiração 184
36. Como Atender às Necessidades de Alunos Adultos 188
37. Como Fazer as Perguntas Certas 193
38. Como Desenvolver o Plano de Aprendizado
    e o Arco de História 199
39. Ensino Híbrido e a Criação de Atividades Interessantes 204
40. Como Criar Segurança para a Interação em Grupo 210
41. Como Cumprir a Programação do Evento
    e Enfrentar Desafios 215
42. Como Encerrar o Evento e Ampliar o Aprendizado 221
43. Avaliação do Aprendizado 224

Sua Jornada de Aprendizado 229

VI. Como Criar uma Cultura de Aprendizado Focada em Crescimento

44. Sua Cultura de Aprendizado 231
45. Benefícios de uma Cultura de Crescimento 236
46. Mapeamento do Ensino para
    o Desenvolvimento Organizacional 241

47. Como Criar uma Paisagem de Aprendizado Coesa 250

48. Como Fazer Curadoria de Conteúdo
e Compartilhar Conhecimento 254

49. Como Aproveitar Oportunidades para Vencer Desafios 260

50. Guardiões da Cultura 265

Transforme sua Jornada de Aprendizado em Ação 270

Referências + Materiais 273

Agradecimentos 307

Sobre a Autora 309

Elogios 311

Introdução

"Quanto maior é nosso conhecimento, melhor é o que fazemos."
Maya Angelou, poetisa e autora de
I Know Why the Caged Bird Sings

Sendo assim, eu estava errada. Bem, não exatamente errada, mas algumas das coisas que escrevi na primeira edição deste livro mudaram tanto que, hoje, estão obsoletas. Escrevi dois livros desde a primeira edição de *Programados para Crescer* e, para ser franca, me aprimorei durante o processo. Por isso, parecia ser um bom momento para revisá-lo – mas, sinceramente, eu acreditava que mergulharia nas pesquisas e encontraria apenas umas poucas coisas para reformular na revisão. Não foi isso que aconteceu. A neurociência avançou muito nos últimos cinco anos. Há muito mais pesquisadores estudando o aprendizado, a memória e as mudanças comportamentais. Novas ferramentas e *big data* estão mudando o que os cientistas sabem acerca do cérebro, e as pesquisas a respeito da memória passaram por transformações radicais diante de alguns estudos revolucionários. Além disso, médicos estão usando as descobertas recentes da neurociência para criar novos tratamentos que apresentam resultados impressionantes.

Talvez você não saiba, mas, para que um livro tenha uma segunda edição, exige-se que ao menos 20% dele seja alterado. Bem, você tem em mãos um livro totalmente novo, porque não se trata apenas de uma revisão completa da primeira edição: acrescentei 50% de conteúdo e também revisei meu Modelo Trifásico de Aprendizado [*Three Phase Model of Learning*™].

Além da ciência, e talvez por causa dela, a indústria do ensino também passou por enormes mudanças. Novas tecnologias vêm tornando o aprendizado muito mais acessível. Graças aos *smart phones*, pessoas do mundo inteiro estão sempre acompanhando assuntos de seu interesse, desenvolvendo habilidades e aprendendo com colegas e especialistas, e muitas delas o fazem apesar de suas condições, formação ou renda. A tecnologia também possibilita que o ensino seja levado a grupos maiores de pessoas, de modo a ter um impacto maior. Isso tem despertado uma nova sede de aprendizado em pessoas de todas as idades. O relatório *2019 Global Human Capital Trends* [Principais Tendências Humanas Globais de 2019], da Deloitte – um estudo realizado com 10 mil participantes de 119 países – constatou que "as pessoas hoje elencam a 'oportunidade de aprender' como um dos principais motivos para escolher um emprego", e que "a razão número um pela qual as pessoas deixam o emprego é a 'impossibilidade de aprender e crescer'". Isso vem obrigando as empresas a priorizar o ensino, que, na realidade, já está em primeiro lugar em suas listas das dez principais tendências, ao lado de desenvolvimento de lideranças e reciclagem da força de trabalho atual, qualificando-a a desempenhar novos tipos de trabalhos e funções. O aprendizado transcendeu as salas de aula do tempo de infância para se tornar uma jornada para a vida toda, um caminho que devemos trilhar para nos tornarmos a melhor versão de nós mesmos.

O aprendizado é o processo mais natural e poderoso do mundo. Ele está no cerne de qualquer transformação pela qual já passamos ou ainda passaremos como indivíduos e sociedade. Não estou falando de educação e formação profissional, mas do processo de aprender: como começamos em determinado nível de percepção, compreensão ou habilidade e passamos a um nível diferente – e melhor. Somos biologicamente programados para aprender. Nossa sobrevivência depende de nossa capacidade de aprender com o ambiente e as experiências. E, por isso, alguns aspectos de nosso sistema nervoso central e periférico são, em sua origem, destinados ao processo de aprendizado.

Milhares de anos atrás, quando os seres humanos viviam em tribos e tiravam a subsistência da terra, nossos ancestrais que conseguiram sobreviver foram aqueles que aprenderam a reconhecer a proximidade de predadores, a descobrir quais alimentos eram venenosos e a perceber sinais de hostilidade nas outras pessoas. Hoje, nosso instinto de sobrevivência ainda direciona grande parte de nosso aprendizado, mas a diferença de contexto é imensa. Em vez de aprender a conseguir alimento, precisamos progredir e avançar no ambiente de trabalho. Sobreviver ainda é o objetivo, pois usamos nosso salário para comprar comida, água e abrigo. Mas, em vez de aprender a fazer fogueiras e cabanas, agora precisamos saber como dirigir um carro e usar um computador.

Em termos sociais, ainda precisamos aprender a reconhecer sinais de hostilidade em outras pessoas, bem como de bondade, curiosidade e toda uma gama de outras emoções complexas, processo que é conhecido como inteligência emocional. Embora essa necessidade não tenha mudado, a tecnologia conectou o mundo, de modo que, hoje, precisamos fazê-lo para além da familiaridade de uma língua, de uma cultura e de uma região geográfica em comum. E é possível que usemos a inteligência emocional até mesmo para interpretar palavras em um monitor, uma voz em um aparelho, ou um rosto em uma tela bidimensional.

Além de ser a chave de nossa sobrevivência, o aprendizado também é o meio de transformarmos nosso potencial – nossa capacidade de evoluir em algo mais – em realidade. Em cada um de nós existem habilidades latentes esperando para se manifestar como a máxima expressão de quem somos. Como indivíduos e como espécie, temos o ardente desejo de manifestar a melhor e mais elevada versão de nós mesmos. Está em nosso DNA, cujos próprios filamentos apresentam uma representação visual da jornada de galgar alturas cada vez maiores. É uma transformação que acontece no decorrer de nossa vida.

E, agora, esses avanços da neurociência nos ajudam a identificar a maneira mais eficiente de aprender. Em vez de andarmos aos tropeços, temos condições de maximizar a capacidade de aprendizado, o que nos permite moldar nosso crescimento e desenvolvimento de forma mais consciente. O aprendizado transformador é uma abordagem tridimensional do aprendizado que promove uma mudança real de comportamento. Isso significa que a compreensão de uma pessoa muda por meio de experiências e informações sobre o "porquê" das coisas (dimensão psicológica), seus sistemas de crença sofrem uma alteração irreversível mediante epifanias, lampejos de entendimento e momentos do tipo "a-ha!" (dimensão da convicção), e as ações se modificam por observação, aplicação, experimentação e prática (dimensão comportamental). No capítulo 5, estudaremos como isso se encaixa no quadro maior, mas, por ora, saiba que cada dimensão do aprendizado transformador ajuda a abrir novas vias neurais e a criar hábitos relacionados aos comportamentos desejados em nós mesmos ou nos outros.

Esta edição revisada e ampliada de *Programados para Crescer: Use o Poder da Neurociência para Aprender e Dominar Qualquer Habilidade* tem por objetivo ajudá-lo a descobrir e realizar seu potencial, combinando descobertas recentes da neurociência para oferecer novos meios de maximizar sua capacidade de aprender e crescer. Você pode aplicar este material imediatamente à sua vida, a partir de hoje. E se você desempenha alguma atividade em que ajuda outras pessoas a aprender e crescer, também terá em mãos novas ferramentas para que elas realizem seu potencial e se tornem gerentes, pais ou mães, líderes, educadores e agentes de saúde mais eficientes.

Este livro é estruturado em seis partes:

I. Começaremos estudando os grandes avanços dos últimos cinco anos na área da neurociência do aprendizado.

II. Em seguida, mergulharemos nas novas descobertas a respeito da memória (existem nove tipos!) e como cada tipo de memória determina o modo como você constrói seu aprendizado.

III. Analisaremos novas pesquisas sobre habilidades, hábitos e mudanças comportamentais.

IV. Em seguida, veremos como construir o aprendizado de modo a maximizar sua efetividade desde o início.

V. Voltaremos nossa atenção para as práticas mais recentes e eficazes na estruturação e entrega de ensino.

VI. Encerraremos com dicas e estratégias específicas para a criação de uma cultura de aprendizado focada em crescimento em organizações e empresas.

Meu Processo de Pesquisa

Este livro tem por foco os avanços ocorridos a partir de 2014 e, minha nossa!, foram muitos. Como profissional em busca do que há de mais inovador em informações na área de aprendizado e desenvolvimento, voltei toda a minha atenção às pesquisas da neurociência, e isso mudou para sempre minha abordagem sobre estruturação e entrega de ensino. Infelizmente, não existe hoje um lugar centralizado em que se possa investigar como a neurociência seria útil aos profissionais de ensino. Por isso, comecei mergulhando nos estudos mais recentes.

Primeiro, concentrei-me em neurociência, na leitura de publicações como *Neuron*, *The Journal of Neuroscience*, *Trends in Neuroscience and Education*, *Social Cognitive and Affective Neuroscience* e *The Year in Cognitive Neuroscience*. Esses estudos me levaram, inevitavelmente, a outras disciplinas e estudos atuais nas áreas da biologia, da psicologia, dos negócios e da educação. Também contatei e entrevistei especialistas do campo da neurociência, como o dr. Mike Miller, do laboratório DYNS da Universidade da Califórnia, coeditor de *The Year in Cognitive Neuroscience*, e o dr. Robert Clark, coautor de *Behavioral Neuroscience of Learning and Memory*. Li livros, assisti a *TED talks* e ouvi *podcasts*. À medida que eu ligava os pontos entre estudos, disciplinas e cientistas um tanto isolados uns dos outros, inevitavelmente surgiram temas-chave.

Outra parte importante de meu processo de pesquisa é mapear o que os cientistas descobrem em seus laboratórios e relacionar tudo isso a questões que impactam os ambientes de trabalho da atualidade. Utilizo pesquisas de gigantes de dados como Gallup, Deloitte e McKinsey, bem como de associações profissionais como a Association for Talent Development (ATD) e a Society for Human Resource Management (SHRM). Quero esclarecer que não sou neurocientista. Meu doutorado é em educação, liderança e organizações e faço minhas próprias pesquisas em ciência do sucesso. Como sou uma profissional ativa, desenvolvendo e oferecendo experiências de aprendizado na área, consigo perceber quando os estudos de laboratório traduzem (e quando não traduzem) o modo como as pessoas vivenciam o aprendizado no mundo real.

Alguns estudos confirmaram coisas que eu havia descoberto, por tentativa e erro, muitos anos atrás. Outros mudaram completamente a visão que eu tinha da minha profissão. O que descobri mudou não só minha maneira de desenvolver e entregar ensino a outras pessoas, mas também a abordagem que faço de minha própria transformação. Agora que conheço e realmente compreendo a neurociência do aprendizado, consigo realizar mais do meu potencial e do potencial das pessoas que participam de meus eventos de ensino.

Além disso, lancei mão desta pesquisa para desenvolver vários novos programas de treinamento baseados na neurociência, programas que estão se mostrando excepcionalmente eficientes em todos os tipos de organizações e atividades. Se você quiser saber mais sobre eles, visite BrittAndreatta.com/Training.

Na primeira edição deste livro, apresentei meu Modelo Trifásico de Aprendizado e, há apenas cinco anos, ele era assim:

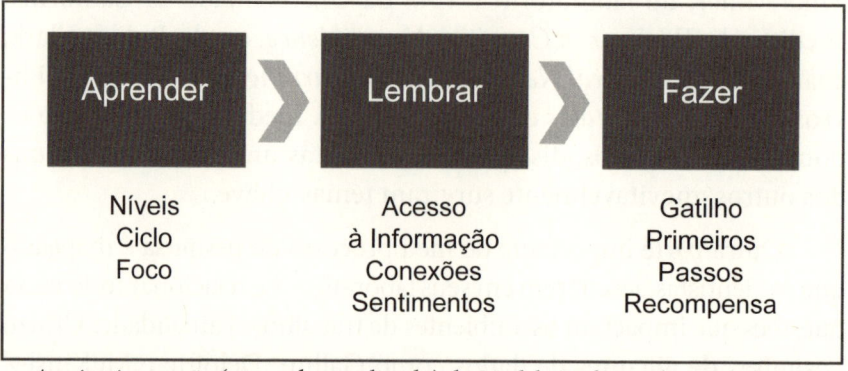

A primeira versão (agora desatualizada) do Modelo Trifásico de Aprendizado

Aperfeiçoado diante de novas pesquisas e dados, o modelo revisado é assim:

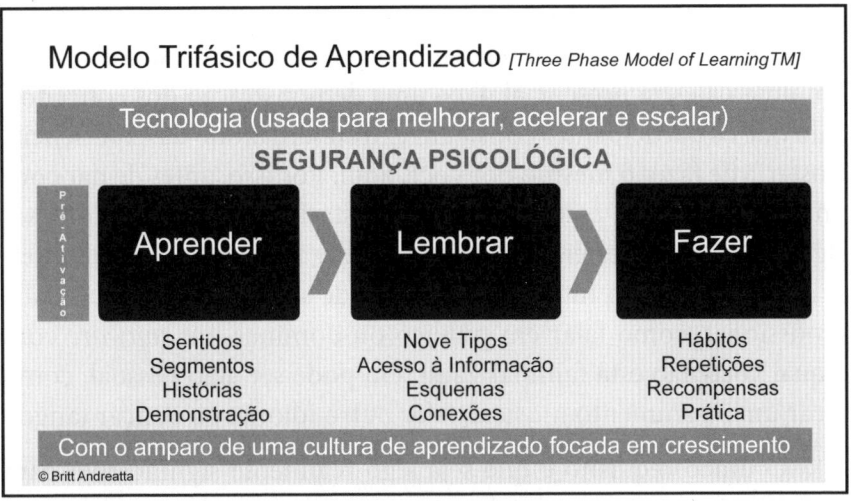

A nova versão do modelo

Ele ainda contém as principais fases Aprender, Lembrar e Fazer, mas os elementos de cada uma delas mudaram. E, além do componente decisivo de cultivar segurança psicológica, a nova versão explora a importância de uma preparação adequada para o aprendizado, bem como o papel da tecnologia de auxiliar o aprendizado, tudo isso fundamentado em uma cultura de aprendizado focada em crescimento.

Estou ansiosa para compartilhar com você minhas descobertas sensacionais sobre os muitos avanços na neurociência do aprendizado. Então, que tal fazermos uma jornada juntos? Eu gostaria de lhe apresentar o incrível milagre que acontece em você todos os dias: o aprendizado. Ao compreender esse processo cerebral, você será capaz de usá-lo de forma prática e eficiente na vida. Também terá a fórmula para ajudar outras pessoas a aprender melhor e mais depressa.

Vamos começar!

Faça uma Jornada de Aprendizado

Antes de escrever este livro, eu lecionava esta temática em *workshops*, palestras centrais em conferências e corporações, e em cursos *on-line*. Em uma palestra presencial, faço uma demonstração dos conceitos, para que os participantes consigam extrair o máximo da experiência. Gostaria de fazer o mesmo por você, aqui. Por isso, antes de dar continuidade à leitura, escolha algo que gostaria de aprender. Pode ser alguma coisa que esteja aprendendo neste momento, ou que queira aprender em um futuro próximo. Pode ser uma nova habilidade profissional, como falar em público ou dominar um *software* com o qual você não está familiarizado. Ou pode ser algo pessoal, como tocar um instrumento musical, falar outro idioma ou dançar tango.

O único requisito é que seja algo realmente significativo para você. Conforme for estudando este livro, aplique cada conceito àquilo que quer aprender – seu objetivo de aprendizado – e, ao final, terá um plano efetivo e instigante para ajudá-lo a desenvolver seu potencial nessa área. Para tanto, criei um PDF gratuito que você pode baixar, imprimir e completar à medida que explora cada conceito (www.BrittAndreatta.com/Wired-to-Grow).

Dica: Se quiser tirar o máximo desta experiência, encontre um(a) parceiro(a) para acompanhá-lo. Como você verá no capítulo 13, o aprendizado social ou coletivo realmente aumenta a retenção de longo prazo. Por isso, encontre um amigo que tenha interesse no que você aprender neste livro e em seu progresso no tocante ao objetivo de aprendizado. Talvez ele queira fazer esta jornada com você, comparando anotações à medida que aprende algo novo sobre si mesmo.

Novos Avanços na Neurociência do Aprendizado

"A vida, do instante em que nascemos ao instante em que morremos, é um processo de aprendizado."

Jiddu Krishnamurti, filósofo e escritor
The Awakening of Intelligence

1. Avanços na Pesquisa Neurocientífica

Neurocientistas de célebres universidades e institutos do mundo todo estão engajados em pesquisas inovadoras sobre nossa maneira de aprender. Todo o processo de aprendizado envolve o cérebro e passa por vias neurais. Embora o corpo humano realize o processo de aprendizado há mais de 200 mil anos, nós ainda seguimos descobrindo como esse incrível processo acontece. Grandes avanços foram feitos, mas não me canso de ressaltar que esse estudo do cérebro humano é muito recente, pois a neurociência em si conta com apenas 30 anos.

Isto é apenas o início e, como em qualquer ramo da pesquisa acadêmica, os cientistas começam pelo quadro mais amplo e, então, passam a explorá-lo em profundidade, dividindo-o em milhares de áreas de estudo e todo tipo de especialidades. À medida que surgem teorias e modelos conflitantes, aumenta o número de estudos que buscam reproduzir e validar resultados anteriores. Além disso, inovações tecnológicas dão origem a novos métodos de exploração, o que pode influenciar a comparabilidade de descobertas. Ao revisitar a literatura, surpreendo-me com o volume (amplitude) de estudos, mas também com a ausência de profundidade, pelo simples fato de este ramo da pesquisa ser novo demais na linha do tempo dos estudos científicos. Dito isso, as descobertas que apresento aqui representam um pouco de duas coisas: estudos que foram replicados e validados o suficiente para sabermos que estamos progredindo; novos avanços que parecem fascinantes, mas talvez não sobrevivam ao teste do tempo.

A neurociência – o estudo das características biológicas de nosso sistema nervoso central (SNC) – está na vanguarda desses estudos, pois os avanços na tecnologia médica abriram um caminho totalmente novo para a compreensão do corpo humano. O SNC abrange o cérebro e a medula espinhal e interliga os membros e órgãos por meio dos nervos do sistema nervoso periférico (SNP). A neurociência do aprendizado investiga a interação desses sistemas na criação e retenção de novos conhecimentos e habilidades.

Além da neurociência, existe toda uma gama de outras disciplinas que estudam de que maneira o cérebro molda o pensamento e o comportamento humanos, e dentre elas estão a psicologia, a psiquiatria e a antropologia. Juntas, tais ciências estão desenhando um mapa detalhado que todos nós podemos usar para melhorar nosso próprio processo de aprendizado e colaborar para o processo de aprendizado dos outros. Segue um apanhado de alguns dos principais avanços dos últimos cinco anos em nossa compreensão de como o cérebro aprende, e são eles que fundamentam as recomendações encontradas no restante deste livro:

- Novas tecnologias para observar e analisar o cérebro;
- Novas provas neurais de múltiplas inteligências;
- Novas descobertas sobre como a criatividade acontece no cérebro;
- Novos métodos de manipulação do cérebro e do sistema nervoso;
- Novas visões de como utilizar a inteligência artificial e a realidade virtual;
- Novas descobertas acerca da natureza das memórias, como são formadas e onde ficam armazenadas.

Novas Tecnologias e *Big Data*

Os avanços na tecnologia médica agora permitem que os pesquisadores vejam o interior do cérebro e do corpo de formas que, antes, eram impossíveis. Hoje, são usadas diversas tecnologias diferentes para examinar a atividade cerebral. Os aparelhos de tomografia computadorizada (TC/TAC) funcionam como um raio-X e permitem que os pesquisadores vejam as características gerais do cérebro. As máquinas de imagem por ressonância magnética (RM ou MRI em inglês) ajudam os cientistas a estudar o fluxo sanguíneo no cérebro, de modo a identificar a ativação de estruturas e regiões cerebrais quando realizamos uma variedade de atividades. Aparelhos de tomografia por emissão de pósitrons (TEP) produzem imagens coloridas – e até tridimensionais – detalhadas dos tecidos internos. Todas essas máquinas são grandes e exigem que uma pessoa se deite dentro de uma estrutura tubular, o que impede a realização de certas atividades como interações em grupo e até mesmo a circulação da pessoa pelo ambiente.

Outros dentre os novos instrumentos são menores e portáteis, possibilitando que os cientistas estudem pessoas que estão desempenhando atividades normais em seu ambiente natural. Exames desse tipo são a eletroencefalografia (EEG), um método que permite ver a atividade elétrica dentro do cérebro, a qual geralmente se apresenta na forma de ondas cerebrais. Além disso, a magnetoencefalografia (MEG) combina as tecnologias da RM e da EEG em um único aparelho, apresentando um quadro mais completo de dados. A espectroscopia no infravermelho próximo (NIRS) possibilita que os pesquisadores vejam os níveis de oxigenação sanguínea e também a queima de glucose, e a estimulação magnética transcraniana (EMT) dá aos pesquisadores a possibilidade de estimular regiões do cérebro mediante a aplicação de uma corrente elétrica não invasiva. Juntos, esses instrumentos permitem que os cientistas estudem o cérebro a partir de vários níveis de análise, de regiões gerais a estruturas específicas e até mesmo neurônios individuais.

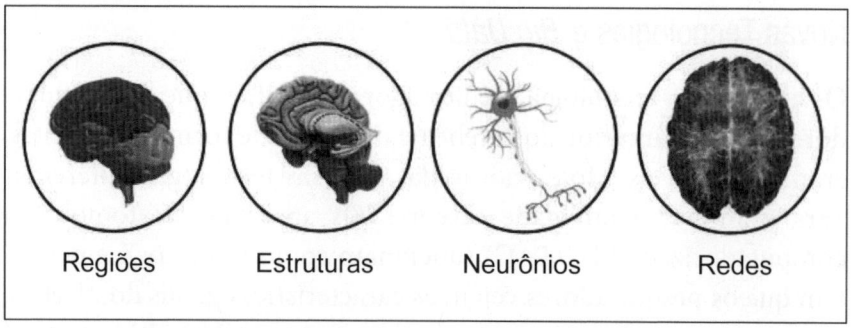

Novos instrumentos permitem o estudo do cérebro em muitos níveis de análise

Além dessas novas tecnologias, os cientistas estão usando *big data* não só para fazer o acompanhamento de grandes grupos de pessoas, mas também para estudar a fundo as diferenças individuais entre elas. Uma das principais mudanças nos últimos cinco anos é que os cientistas estão combinando os dados relevantes obtidos com essas várias técnicas para conseguir uma visão mais holística do cérebro. Isso deu origem a uma nova compreensão do cérebro como órgão complexo, composto de estruturas altamente interligadas. Cientistas da Universidade da Califórnia em San Francisco gravaram um vídeo com alguns desses dados, o qual foi chamado *The Glass Brain* [O Cérebro de Vidro] (procure-o no Youtube e no Vimeo). Esse vídeo incrível mostra a enorme atividade de nosso cérebro à medida que as imagens passam de uma visão externa do órgão a uma viagem pelo interior dele.

São imagens que me fazem lembrar meu filme preferido na infância, *Viagem Fantástica*, quando um coágulo de sangue ameaça o cérebro de um importante cientista e uma equipe médica é miniaturizada para viajar pelo interior do corpo dele e sanar o problema cerebral. Seguindo pela corrente sanguínea, a equipe vê o funcionamento interno do corpo do cientista com uma clareza realista de Technicolor. Embora esse fosse um tema clássico de ficção científica na década de 1960, hoje é comum que os cientistas usem nanorrobôs para navegar por muitos de nossos sistemas corporais, e os exames de imagem neurológica estão continuamente revelando novas informações interessantíssimas a respeito desse corpo que habitamos.

No entanto, toda essa tecnologia fabulosa não está livre de falhas. Cuidado com o salmão morto. O dr. Craig Bennett, neurocientista da Universidade de Dartmouth, preparava um experimento com imagens de RM de pessoas que pensavam em figuras que lhes eram mostradas. Ao fazer um ensaio do procedimento, sua equipe decidiu usar como substituto de uma cobaia humana um salmão inteiro que um deles havia acabado de comprar na feira. A equipe revisou as instruções e ativou o aparelho de RM com o salmão lá dentro. Para sua surpresa, os resultados revelaram atividade no cérebro do salmão morto, algo que era impossível. Acontece que, por vezes, tais aparelhos podem exibir falsos positivos, o que evidenciou a necessidade de os pesquisadores não só utilizarem calibração estatística para anular o efeito, mas também reprocessarem os dados de centenas de estudos anteriores a fim de assegurar sua exatidão. Esse incidente em 2009 gerou uma grande agitação entre os cientistas porque, à época, 25% a 40% deles não estavam usando as comparações corrigidas. O dr. Bennett acabou por ganhar o Prêmio IgNobel em neurociência e foi citado em um artigo da *Scientific American*, no qual o autor declara: "Quando esse grupo ganhou o IgNobel na semana passada, aquele número já havia caído para 10%. E, quem sabe, isso tenha acontecido, em parte, por causa de um peixe morto".

2. Provas Neurais de Inteligências Múltiplas

Um ponto importante é que, hoje, existem fortes indícios neurais a favor da teoria das múltiplas inteligências, a qual foi proposta pela primeira vez em 1980 pelo dr. Howard Gardner, professor na Escola Superior de Educação de Harvard. O dr. Gardner afirmava que as pessoas podem ser inteligentes de diversas formas, não apenas das duas mensuradas pelos testes de QI e pela maioria das avaliações escolares: inteligência linguística e inteligência lógico-matemática. Ele descreve oito inteligências:

1. **Linguística:** A habilidade para aprender idiomas, analisar informações ou criar produtos que envolvam linguagem oral e escrita. Escritores, poetas, advogados e oradores costumam ter um grau elevado de inteligência linguística.

2. **Lógico-matemática:** A habilidade para elaborar equações e demonstrações, fazer cálculos e solucionar problemas abstratos, bem como identificar padrões, usar o raciocínio dedutivo e pensar logicamente. Essa inteligência costuma ser associada ao pensamento científico e matemático.

3. **Musical:** A habilidade para produzir, recordar e extrair significados de diferentes padrões sonoros, bem como a capacidade de reconhecer alturas e tonalidades musicais, além de compor ritmos musicais. Pessoas com esse tipo de inteligência geralmente apresentam aptidão para execução e composição musical.

4. **Corporal-cinestésica:** A habilidade em usar o próprio corpo para criar produtos ou resolver problemas e usar aptidões mentais para coordenar movimentos corporais. Atletas e dançarinos apresentam essa inteligência.

5. **Espacial:** A habilidade em reconhecer e trabalhar com imagens espaciais de grandes proporções e com riqueza de detalhes. E essa habilidade pode ser aplicada tanto a espaços abertos, como aqueles em que trabalham navegadores e pilotos, quanto em padrões de áreas mais confinadas, como na atuação de escultores, cirurgiões, jogadores de xadrez, artistas e arquitetos.

6. **Intrapessoal:** A habilidade para reconhecer e compreender os próprios estados de espírito, desejos, motivações e intenções. Na opinião de Howard Gardner, isso significa ter um modelo funcional e efetivo de si mesmo e ser capaz de usar tais informações para reger a própria vida.

7. **Interpessoal:** A habilidade para reconhecer e compreender os estados de espírito, desejos, motivações e intenções de outras pessoas. Permite que as pessoas consigam lidar bem com outras. Educadores, vendedores, consultores e líderes religiosos e políticos precisam de uma inteligência interpessoal bem desenvolvida.

8. **Naturalista:** A habilidade em identificar e distinguir diferentes tipos de plantas, animais e formações meteorológicas encontrados no mundo natural.

Em 1999, Gardner propôs uma candidata a nona inteligência: a inteligência **existencial/espiritual**, que é a capacidade de lidar com questões profundas relacionadas à existência humana, tais como o sentido da vida e da morte. No entanto, esse acréscimo à teoria não foi feito oficialmente.

As diferentes inteligências são detectadas de maneiras diferentes no cérebro? A resposta é: sim. Embora a teoria das múltiplas inteligências já estivesse ganhando força antes da explosão das pesquisas neurocientíficas, estudos recentes comprovaram sua legitimidade neurológica. Em 2017, dois pesquisadores (Shearera e Karanian) publicaram um estudo intitulado *"The Neuroscience of Intelligence: Empirical Support for the Theory of Multiple Intelligences?"* Eles reavaliaram a pesquisa, estudando as regiões do cérebro atribuídas a cada uma das oito inteligências em três níveis de análise neural: principais regiões cerebrais, sub-regiões e estruturas cerebrais específicas dentro das sub-regiões. (Veja a Tabela 1.)

Os resultados foram surpreendentes e revelaram um alinhamento claro para cada inteligência. Os autores concluíram que: "Com base na análise detalhada de mais de 318 estudos neurocientíficos, parece haver provas contundentes de que cada uma das oito inteligências possui sua própria arquitetura neural única". Estudos futuros provavelmente lançarão mais luz sobre isso.

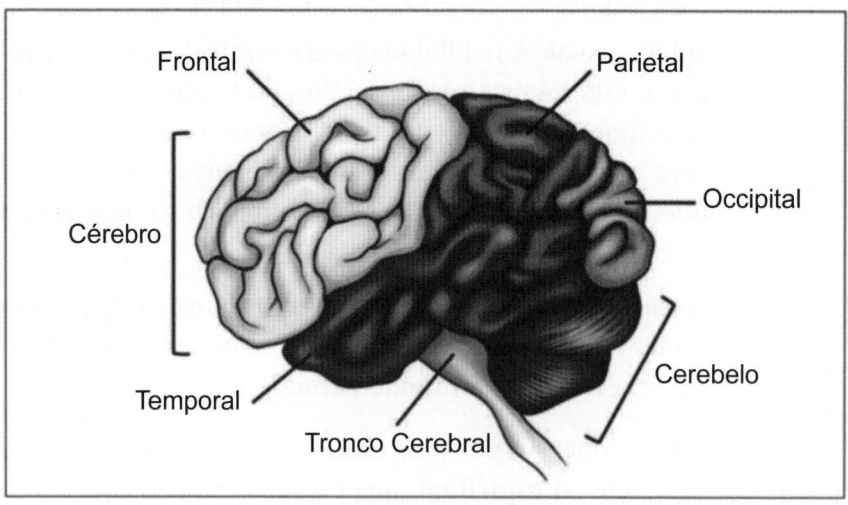

As principais regiões do cérebro

Tabela 1. *Principais estruturas neurais relacionadas às múltiplas inteligências*

	Classificação Hierárquica de Estruturas Neurais Principais e Sub-regiões
Linguística	• Córtex Temporal: Giro Temporal Superior • Córtex Frontal: Área de Broca, Córtex Motor • Parietal: Lóbulo Parietal Inferior, Giro Supramarginal, Giro Angular
Lógico--Matemática	• Córtex Frontal: Córtex Pré-Frontal, Giro Frontal Inferior • Parietal: Sulco Intraparietal, Lóbulo Parietal Inferior, Giro Angular • Córtex Temporal: Lobo Temporal Medial
Musical	• Frontal: Córtex Motor • Córtex Temporal: Sulco Temporal Superior, Córtex Auditivo Primário • Subcortical: Núcleos da Base
Corporal--Cinestésica	• Córtex Frontal: Córtex Motor, Motor Primário, Pré-Motor, Motor Suplementar • Córtex Parietal: Córtex Parietal Posterior • Subcortical: Núcleos da Base, Tálamo • Cerebelo
Espacial	• Córtex Frontal: Córtex Motor • Córtex Parietal: Sulco Intraparietal, Lobo Parietal Superior • Córtex Temporal: Lobo Temporal Medial • Córtex Occipital
Intrapessoal	• Córtex Frontal: Córtex Pré-Frontal • Córtex Cingulado: Córtex Cingulado Anterior • Córtex Temporal: Lobo Temporal Medial, Amígdala, Sulco Temporal Superior • Córtex Parietal: Córtex Parietal Medial, Córtex Parietal Inferior • Subcortical: Núcleos da Base, Tronco Cerebral
Interpessoal	• Córtex Frontal: Córtex Pré-Frontal • Córtex Temporal: Lobo Temporal Medial, Amígdala, Sulco Temporal Superior • Córtex Cingulado: Córtex Cingulado Anterior • Córtex Parietal
Naturalista	• Córtex Temporal: Sulco Temporal Superior, Amígdala • Subcortical: Tronco Cerebral, Tálamo, Núcleos da Base • Córtex Frontal • Córtex Occipital • Córtex Parietal

Fonte: Shearer, C.B. & Karanian, J.M. (2017). *The neuroscience of intelligence: Empirical support for the theory of multiple intelligences? Trends in Neuroscience and Education*, 6, 211-223.

Muitos professores e escolas adotaram o trabalho de Gardner e tentaram encontrar maneiras práticas de respeitar a diversidade de inteligência de suas crianças, tão frequentemente negligenciada ou menosprezada. Isso é ainda mais verdadeiro no tocante a crianças rotuladas ou diagnosticadas com déficit de aprendizado ou alguma deficiência. (Recomendo aos educadores que leiam a obra *Multiple Intelligences in the Classroom*, de Thomas Armstrong.) Apesar das tentativas de mudança, as avaliações tradicionais ainda têm por foco as inteligências linguística e lógico-matemática, o que naturalmente privilegia algumas crianças e prejudica outras. Isso leva as crianças a formular crenças sobre sua própria inteligência e capacidade, além de influenciar o acesso à universidade e a determinadas carreiras.

A principal lição que tiro disso é: ninguém deve definir a si próprio nem aos outros com base no que significa ser "inteligente" na escola. Todos nós temos talentos para contribuir com o todo e se olharmos apenas para quem é bem-sucedido na escola, perderemos 75% de talentos e dons reais. Muitos de nós carregamos cicatrizes da época escolar porque ninguém escapou de análises e julgamentos. Tenho um título de doutora, o que leva as pessoas a pensarem que sou sinônimo de excelência educacional, mas a verdade é que desisti de minha verdadeira paixão por biologia marinha em meu primeiro ano de faculdade porque tinha muitas dificuldades com cálculo e química. Isso fez com que me sentisse burra por muito tempo e talvez tenha contribuído, em parte, para que eu almejasse um doutorado. Albert Einstein disse algo muito pertinente: "Cada pessoa é um gênio. Mas, se se julga um peixe por sua capacidade de subir em uma árvore, ele passará a vida inteira acreditando ser um imbecil". Pergunto-me quantos gênios, neste instante, estão se sentindo burros e o quanto estamos perdendo, enquanto sociedade, sem os reais dons e talentos deles.

3. Uma Nova Compreensão da Criatividade

Este é mais um avanço importante que ocorreu após a primeira edição deste livro: a compreensão da criatividade e de como ela acontece no cérebro. A velha crença do cérebro esquerdo analítico e do cérebro direito criativo caiu por terra. Descobriu-se que a criatividade é uma atividade complexa e integrada que envolve muitas regiões do cérebro simultaneamente e consiste em um processo de quatro fases:

1. **Preparação.** É o tempo que a pessoa gasta na tentativa de solucionar uma questão ou ter uma boa ideia. A preparação envolve atividades como pesquisar, criar protótipos e "mexer" ou "brincar" com coisas que a pessoa não domina.
2. **Incubação.** Esta fase, também denominada percolação, tem início quando a pessoa esgota as opções e deixa a questão um pouco de lado, com a intenção de não trabalhar nela. Dar um tempo deixa a preparação "cozinhando em fogo lento".
3. **Iluminação.** Esta fase é o verdadeiro momento "a-ha!", quando a solução surge de repente.
4. **Verificação.** Esta é a última fase, quando a pessoa se certifica de que seu *insight* realmente funciona e resolve o problema.

O dr. Scott Kaufman, pesquisador da Universidade de Columbia e coautor de *Wired to Create: Unraveling the Mysteries of the Creative Mind*, identificou três redes de estruturas envolvidas na cognição criativa. A primeira é a rede de atenção executiva, que entra no processo quando a pessoa está concentrada em algo ou tentando compreendê-lo por meio da atenção focada. Essa rede abrange o córtex pré-frontal juntamente com o lobo parietal posterior. A segunda é a rede da imaginação ou rede do modo de inação (*default mode network* – DMN), que é ativada quando paramos para refletir acerca de perspectivas ou resultados alternativos, como ao ruminar sobre o presente ou sonhar com o futuro. Isso envolve regiões mais profundas do córtex pré-frontal, bem como o lobo temporal medial e o pós-cingulado. Por fim, temos a rede de saliência, que, de acordo com Kaufman, "monitora constantemente tanto os acontecimentos externos quanto o fluxo interno de consciência e está sempre e prontamente passando o controle da situação à atenção executiva ou à rede de imaginação, dependendo de qual tipo de informação se destaca ou desponta para a realização da tarefa que se apresenta". A rede de saliência abrange os córtices da ínsula anterior e do cingulado anterior.

O dr. John Kounios e o dr. Mark Beeman, neurocientistas da Universidade de Drexel, capturaram imagens do momento "a-ha!" em curso. Imagens da atividade cerebral revelaram que, um terço de segundo antes do momento "a-ha!", ocorre uma explosão de ondas gama acima do ouvido direito, no giro temporal anterior, e também uma rápida afluência de sangue para aquela parte do cérebro. As ondas gama são as ondas cerebrais mais elevadas, com oscilação entre 38 e 42 Hz, e são associadas aos *insights* [ou seja, a súbita compreensão de algo], aos picos de concentração e à consciência expandida. Ainda mais surpreendente é que imagens de ressonância magnética mostraram uma explosão de ondas alfa no córtex occipital direito exatamente um segundo antes disso. As ondas alfa oscilam entre 8 e 12 Hz e são associadas ao relaxamento, à visualização é à criatividade. Basicamente, o cérebro está suprimindo a visão pouco antes da ocorrência do momento "a-ha!" A isso os cientistas chamam um "piscar cerebral".

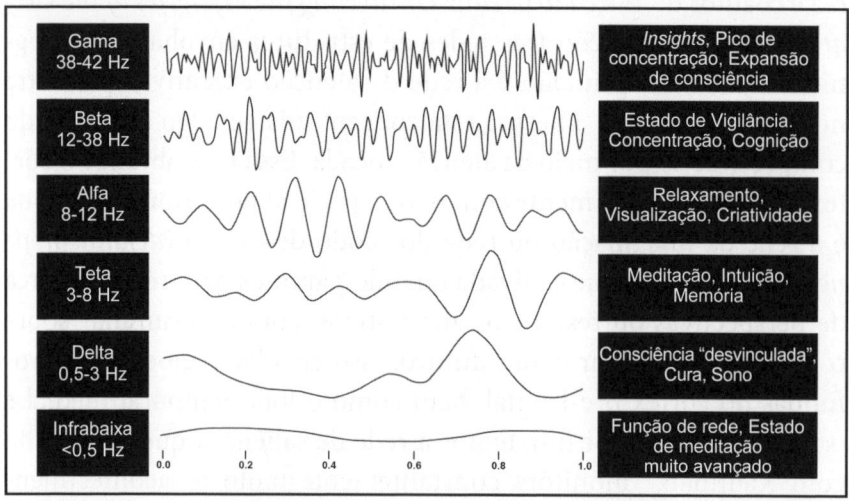

Propriedades das ondas cerebrais gama e alfa, relacionadas à criatividade e aos insights.

Kounios e Beeman, autores de *The Eureka Factor: Aha Moments, Creative Insight, and the Brain*, acreditam que seja por isso que temos tantas ótimas ideias no chuveiro – não há muitos estímulos visuais e temos apenas o ruído branco da água, que basicamente reproduz esse piscar cerebral e nos prepara para os *insights*. Eles passaram a pesquisar diferentes formas de criatividade e descobriram que algumas pessoas chegam a seus momentos "a-ha!" um tanto intuitivamente, ao passo que outras o alcançam por meio de um processo analítico. Também descobriram que as ondas cerebrais de uma pessoa quando em repouso predizem qual forma ela mais usa, o que indica que isso é, na realidade, um traço neurológico, não uma escolha.

Reunidas, essas pesquisas nos oferecem um esquema tático para ativar a criatividade em nós mesmos e nos outros. Estudos sugerem que, se você quer aumentar sua criatividade, deve se lembrar do processo de Kaufman:

- **Preparação:** Prepare o cérebro, expondo-se a informações que estão fora de seus recursos imediatos. Quando quiser ter uma ideia com relação a algo, busque o novo e o diferente, e até mesmo o desconfortável, ao explorar ou estudar sua área de interesse. Seria como ler muitos livros de uma biblioteca, de diferentes áreas e temas – isso prepara o cérebro para ligar os pontos e ter aqueles momentos "a-ha!".

- **Incubação:** Em seguida, dê um tempo ao cérebro. Deixe a mente vaguear e passe algum tempo sonhando acordado. Para algumas pessoas, tomar um banho ou estar perto de água na natureza, como um riacho, lago ou oceano, pode ajudar. Isso é denominado neocórtex em repouso e faz parte do processo de indução de *insights*.

- **Iluminação:** Revisite o problema enquanto estiver fazendo o que os cientistas chamam de filtragem sensorial. Você "desliga" intencionalmente alguns dos cinco sentidos para que possa alternar seu foco entre o assunto e a percepção do ambiente em que você está. Feche os olhos ou medite um pouco e veja o que lhe vem à mente.

- **Verificação:** Por fim, verifique se seus *insights* funcionam.

Ao ler sobre o assunto, percebi que esse é exatamente o processo que sigo quando escrevo um livro (inclusive este) ou organizo uma palestra ou treinamento. Primeiro, exponho-me a pesquisas de um vasto leque de disciplinas e fontes diferentes. Depois de esgotar todas as fontes que me ocorrem, deixo tudo "cozinhar em fogo brando" na minha cabeça. É então que faço muitas caminhadas na praia, vou nadar na minha academia e simplesmente tento confiar no processo, porque algo começa inevitavelmente a ganhar forma. Por causa da natureza desta pesquisa, estou colocando cada vez mais intenção no processo. Antes dela, eu fazia intervalos quando sentia que as coisas não estavam avançando, mas me culpava por ficar à toa enquanto tinha trabalho a fazer. Agora, quando percebo que as coisas não estão avançando, fico contente em dar um tempo, pois sei que o *insight* virá em seguida.

Poucos de nós chegam à idade adulta com o senso inato de criatividade intacto. No livro *Orbiting the Giant Hairball*, Gordon MacKenzie, cartunista da Hallmark, descreve visitas que fez a escolas. Por ocasião dessas visitas, ele perguntava às crianças: "Quantos artistas temos na sala? Vocês poderiam levantar a mão, por favor?" E notou um padrão uniforme: "Primeiro ano: as crianças saltavam em massa da cadeira, mãos acenando freneticamente, como que ansiosas por alcançar o teto. Toda criança era uma artista. Segundo ano: cerca de metade das crianças levantava a mão, mas só na altura dos ombros, não acima disso. As mãos erguidas ficavam paradas. Terceiro ano: no máximo dez das 30 crianças levantavam a mão. Hesitantes. Com vergonha. E assim por diante ao longo das séries. Quanto mais elevada a série, menos crianças levantavam a mão. Chegando ao sexto ano, apenas uma ou duas crianças, e não mais que isso, levantava a mão, e sempre com certa *cautela* – os olhos relanceando de um lado para o outro, desconfortáveis, revelando o receio de ser identificada pelo grupo como um 'artista enrustido'".

Em sua pesquisa sobre vergonha e vulnerabilidade, a dra. Brené Brown viu o impacto que isso tem nos adultos: "Descobri que 85% dos homens e mulheres que entrevistei se lembravam de algum acontecimento muito embaraçoso na escola que os fizera mudar a ideia que tinham de si mesmos para o resto da vida. Mas, espere – e isto é interessante – em 50% desses 85%, ou seja, em metade dessas pessoas, as feridas relacionadas à vergonha diziam respeito à *criatividade*. Ela foi fortemente desencorajada em tais pessoas quando crianças. Com relação a essas pessoas, quando digo que *'criatividade sem uso não é benigna'*, o que quero realmente dizer é que ela se transforma em ressentimento, decepção e um grande sentimento de mágoa".

A criatividade é importante sobretudo nas organizações atuais, em que "pensar fora da caixa" e inovar costumam ser fatores que distinguem os melhores funcionários dos demais. Treinar o pensamento criativo pode fazer uma enorme diferença. Um estudo conjunto da dra. Trisha Stratford com Corinne Canter concluiu que 80% dos participantes de treinamentos de pensamento criativo apresentaram melhora nessa habilidade, e quase dois terços (63%) deles conseguiram encontrar soluções mais viáveis para problemas. Todos os participantes apresentaram um aumento nas ondas gama nos exames de imagem cerebral.

Por fim, quero apresentar uma ideia de criatividade um pouco incomum, por isso, por favor, continue aqui comigo.

Como gosto muito de comer, li todos os livros do dr. Michael Pollan que abordam o tema, dentre eles *Food Rules*, *In Defense of Food*, *The Omnivore's Dilemma* e *Cooked*. Essa é uma leitura que faço por lazer e, quando o novo livro dele foi lançado no ano passado, logo comprei um exemplar sem sequer me atentar ao assunto, esperando outra jornada maravilhosa para os aficionados por boa cozinha. Embora o livro de fato aborde cogumelos, ele com certeza não era nada do que eu esperava. Com o título *How to Change Your Mind: What the New Science of Psychedelics Teaches Us about Consciousness, Dying, Addiction, Depression, and Transcendence*, Pollan leva o leitor a um estudo profundo da pesquisa médica e neurocientífica dos psicodélicos (a saber, cogumelos e LSD). O livro me deixou simplesmente aturdida.

Além de mergulhar em todos os numerosos estudos referentes aos benefícios terapêuticos dos psicodélicos, Pollan investiga a história natural e política dessas substâncias, bem como suas propriedades botânicas. Ele inclui uma seção totalmente fundamentada em pesquisas sobre a neurociência dos psicodélicos, que não são tóxicos nem causam dependência. Como a esmagadora maioria das pessoas que usam tais substâncias descreve experiências semelhantes, os neurocientistas queriam ver o que acontecia no cérebro delas. Aí entra a rede do modo de inação (DMN). Descoberta em 2001 pelo dr. Robin Carhart-Harris, a DMN é considerada a sede do ego ou da noção de individualidade. Ela está envolvida em uma infinidade de atividades, tais como a metacognição e a autorreflexão, e é ativada quando nossa mente vagueia.

Mais importante ainda é que a DMN atua como o maestro de uma orquestra, filtrando e controlando milhares de atividades neurais no cérebro. Existem muitíssimos neurônios emitindo sinais elétricos ao mesmo tempo, e o papel da DMN é conter essa atividade para não nos sentirmos constantemente sobrecarregados. A DMN começa a atuar ao longo da infância, motivo pelo qual bebês e crianças muito pequenas se maravilham com tudo. A dra. Alison Gopnik, especialista em desenvolvimento cognitivo infantil, afirma: "[...] bebês e crianças estão basicamente 'viajando' o tempo todo".

Neurocientistas como Carhart-Harris, o dr. Mendel Kaelen e o dr. David Nutt descobriram que, quando adultos fazem uso de psicodélicos, a DMN é desligada, permitindo que todo o tipo de dados de diferentes partes do cérebro venha à tona. É isso o que causa o cruzamento de sensações (chamado sinestesia) descrito por pessoas sob o efeito de psicodélicos, quando conseguem sentir o gosto de uma cor ou enxergar uma música. Isso também dá espaço a uma torrente de criatividade, uma vez que diferentes partes do cérebro se conectam e conversam entre si de formas que não acontecem sem tais substâncias. De acordo com a pesquisa de Pollan, muitos engenheiros do Vale do Silício participaram da cultura da viagem de ácido na década de 1960 e atribuem a invenção do *microchip* aos novos *insights* que tiveram sob o efeito de psicodélicos. Mesmo hoje, algumas empresas da San Francisco Bay Area têm "sextas-feiras de microdoses" para incentivar e ampliar a inovação. O próprio Pollan fez uso de psicodélicos como parte de seu processo de pesquisa e afirma que: "Uma experiência psicodélica tem o poder de sacudir o globo de neve, rompendo padrões nocivos de pensamento e criando espaço para a flexibilidade".

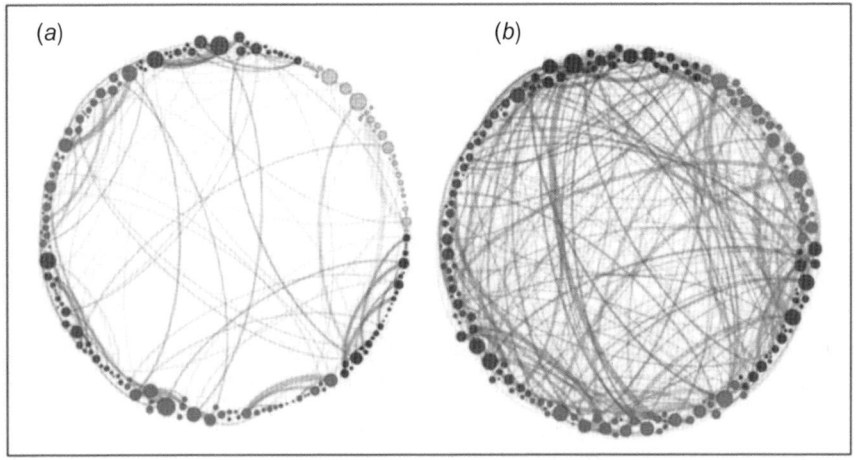

Linhas habituais de comunicação no cérebro (a) são ampliadas quando a DMN é desligada (b).

O desligamento da DMN também é o responsável por aquele senso de "unidade" ou experiência espiritual que faz parte da esmagadora maioria das viagens psicodélicas, em que as pessoas veem a interconexão de todos os seres viventes. E é esse aspecto que produz os incríveis resultados terapêuticos vistos em pessoas com vícios e depressão, bem como naquelas com diagnósticos terminais, como o de estágios avançados de câncer. Inúmeros estudos convincentes comprovam os benefícios dos psicodélicos, motivo pelo qual, no momento em que escrevo este livro, dois estados dos Estados Unidos – o Oregon e o Colorado – têm iniciativas de debates de legalização do uso de psicodélicos para fins terapêuticos.

Ao analisarmos os meios de promover e potencializar a criatividade e a inovação, parece que podemos acrescentar os psicodélicos à caixa de ferramentas viáveis. Sem dúvida, isso não é para todo o mundo e não estou defendendo seu uso, mas recomendo seriamente a leitura do livro de Pollan para uma reflexão sobre as provas e as implicações do que está revelado ali.

4. Novos Métodos de Manipulação do Cérebro e do Sistema Nervoso

Talvez o mais admirável dentre os novos avanços seja o quanto médicos e pesquisadores do ramo da neurociência hoje conseguem manipular o cérebro e o sistema nervoso a produzir níveis impressionantes de cura.

Tratarei primeiro dos avanços médicos, pois eles talvez lhe tragam um pouco de esperança ou a pessoas que você conhece e ama. Todos esses tratamentos se valem do que os neurocientistas chamam de neuroplasticidade e neurogênese. A neuroplasticidade é a capacidade de o sistema nervoso passar por mudanças ao longo da vida, e a neurogênese é a capacidade do corpo de produzir e maturar novos neurônios. O dr. Norman Doidge escreveu dois livros sobre neuroplasticidade: *The Brain That Changes Itself* e também *The Brain's Way of Healing*. Em ambos, ele apresenta detalhes de estudos de casos impressionantes nos quais o cérebro promoveu a própria cura, chegando mesmo a se recuperar de lesões e danos muito graves. A dra. Jill Bolte Taylor, neuroanatomista de Harvard, usou tais princípios para se recuperar de um grave AVC, história que ela conta em detalhes no livro (e *TED talk*) *My Stroke of Insight: A Brain Scientist's Personal Journey*.

Primeiro: médicos e cientistas agora estão usando a realidade virtual para recriar neurônios e ajudar as pessoas a recuperar movimentos depois de lesões. *Headsets* de realidade virtual permitem que os pacientes olhem para baixo e "vejam" as pernas caminhando ou os braços se movendo. Isso simula o modo como aprendemos a movimentar o corpo e a maneira como o cérebro programou os neurônios de movimentação. Esse mesmo processo ajuda pacientes com próteses a aprender a mover tais novos membros e a recuperar a mobilidade mais depressa. Pesquisadores chegaram a testemunhar regeneração neural em paraplégicos ao fazê-los assistir a suas pernas se movendo em um *headset* de realidade virtual (RV) por uma hora, duas vezes por semana. Vários pacientes conseguiram sentir os membros após tratamento regular e contínuo.

Segundo: médicos usam robôs para tentar acelerar a recuperação de pacientes acometidos por AVCs, doença de Parkinson e lesões na medula espinhal. A regeneração neural e a reabilitação muscular são processos de repetição, e costumam ser necessárias centenas delas para se alcançar resultados. Isso pode ser dificílimo para pacientes que se cansam com facilidade ou não têm controle suficiente dos movimentos para realizar repetições de forma consistente. Muitos hospitais e centros de reabilitação já oferecem treinamentos robotizados, nos quais o paciente é atado a um aparelho que facilita a realização de grandes números de repetições da maneira correta, o que resulta em ganhos significativos de mobilidade, mesmo quando a lesão ou enfermidade original ocorreu muitos anos atrás.

Terceiro: médicos descobriram formas de modificar aspectos fundamentais do cérebro por meio de neuroestimulação. A neuroestimulação – a modulação deliberada do sistema nervoso mediante o uso de métodos invasivos ou não invasivos – mostra-se uma promessa para o tratamento de dores incuráveis, doença de Parkinson, esclerose múltipla, convulsões e outros distúrbios comuns. Dentre os métodos não invasivos estão a estimulação magnética transcraniana (EMT) ou estimulação elétrica transcraniana (ETCC), que vêm apresentando resultados tão bons ou até melhores que a prescrição de medicamentos, sem os efeitos colaterais. Os métodos invasivos abrangem técnicas como a estimulação cerebral profunda (DBS – *deep brain stimulation*), que consiste na implantação de microeletrodos em áreas específicas do próprio cérebro.

Quarto: chegamos a um ponto em que conseguimos controlar robôs com nossa mente. O dr. John K. Chapin e o dr. Miguel A. L. Nicolelis criaram interfaces cérebro-máquina (ICMs), ou neuropróteses, capazes de ser movimentadas pelos padrões cerebrais ou padrões de pensamento de ratos, macacos e seres humanos. Esse trabalho já está ajudando pessoas a recuperar a mobilidade graças ao controle de um membro robótico. A expectativa é que, no futuro, essa tecnologia consiga reanimar membros biológicos.

Por fim, e talvez o mais surpreendente de tudo: neurocientistas ajudaram pessoas com paralisia a ficar de pé e voltar a caminhar. Um grupo de cientistas do Laboratório de Neurorreabilitação em São Paulo, Brasil, trabalhou com oito pacientes paraplégicos que já estavam nessa condição entre três e 13 anos. Usando um protocolo de um ano de treinamento em realidade virtual e caminhadas com o auxílio de esqueletos robóticos controlados por ondas cerebrais (EEG), os pacientes apresentaram quadros de regeneração neural com melhora significativa da sensibilidade e dos movimentos. Metade desses pacientes foi rediagnosticada com paraplegia parcial em vez de total.

Novas formas de recuperação neural utilizam a neuroplasticidade e a neurogênese

O dr. Grégoire Courtine e a dra. Jocelyne Bloch foram ainda mais longe, possibilitando que pacientes paraplégicos realmente ficassem de pé e caminhassem por si mesmos. Eles implantaram um eletrodo que promovia a estimulação elétrica da medula espinhal abaixo do ponto da lesão e, em vez de usar estimulação contínua, como fizeram muitos pesquisadores antes deles, a dupla simulava a estimulação flutuante que acontece durante o ato normal de caminhar. Os pacientes conseguiram recuperar controle suficiente de seus músculos para ficar de pé e caminhar sem auxílio nem estimulação elétrica. O vídeo do experimento no Youtube (https://www.youtube.com/watch?v=XFXWR4b9iVA) me fez chorar. Eu recomendo!

Todos esses estudos comprovam o poder da neuroplasticidade e da neurogênese, e revelam também que ainda temos muito que aprender sobre o corpo e sua capacidade de se curar com o suporte adequado. Isso me fez perceber que somos programados para aprender – e reaprender – durante a vida inteira. Nossa biologia é poderosíssima. Se podemos ajudar pessoas paraplégicas a voltar a andar, realmente não há limites para o potencial humano.

5. Novas Formas de Utilizar a Inteligência Artificial e a Realidade Virtual

Como vimos no capítulo anterior, a realidade virtual desempenha um papel importante na recuperação neural – mas esse não é o único avanço nesse sentido.

Acontece que a realidade virtual (RV) é eficaz porque ela reproduz em nosso corpo a perspectiva de primeira pessoa, o que permite que mergulhemos profundamente em uma experiência. Embora não seja perfeita, ela é realista o suficiente para provocar respostas biológicas do corpo. Testemunhei isso em primeira mão quando minha família alugou um *headset* de RV durante as férias. Assisti ao vídeo da escalada do El Capital, no Parque Nacional Yosemite, e senti o pico de adrenalina como se eu estivesse realmente de pé sobre uma saliência na montanha, olhando para o chão, milhares de quilômetros abaixo. Levei um susto quando olhei por cima do ombro e vi um leão me farejando enquanto eu assistia ao Safari africano. E fiquei tonta e enjoada de verdade ao andar em uma montanha-russa virtual, ao ponto de ter de tirar o *headset* para não vomitar o almoço. Embora meu cérebro racional soubesse que aquelas eram imagens filmadas, pelo fato de eu poder virar a cabeça e ver em todas as direções, meu cérebro e meu corpo reagiam como se eu estivesse naquelas situações.

Não estava imaginando coisas. Estudos revelam que experiências de RV são codificadas no corpo como experiências de fato vividas. Em outras palavras, podemos usar a RV para criar memórias corporais realistas. Em um estudo de 2019, vários pesquisadores do Laboratório de Neurociência Cognitiva de Genebra, Suíça, descobriram que as experiências de RV em que as pessoas veem alguma imagem de "seu" corpo, como um braço ou uma perna, tornam-se memórias mais claras e duradouras de tais eventos, estatisticamente semelhantes a uma experiência vivida no mundo real.

Estudos apontam que a RV é codificada no cérebro como uma experiência vivida no mundo real, criando memórias

De início, o interesse dos pesquisadores era descobrir se a RV poderia ser usada como instrumento confiável em estudos acadêmicos a respeito da memória. Na realidade, eles acabaram concluindo que a RV pode ser um substituto de experiências reais.

Em um estudo realizado no Laboratório de Interação Humana Virtual da Universidade de Stanford, descobertas semelhantes revelaram que crianças sabem a diferença entre suas próprias memórias vividas e as histórias que lhes são contadas sobre uma experiência que poderiam vivenciar. Nesse estudo, os pesquisadores descreveram para cada criança como ela nadava com duas orcas amistosas. Mais tarde, as crianças afirmaram categoricamente que aquilo não acontecera na vida real. No entanto, elas não têm a mesma certeza quando colocam um *headset* de RV e nadam com orcas no mundo virtual. Posteriormente, quando indagadas se já haviam feito aquilo, algumas "se lembravam" da experiência como se tivesse de fato acontecido.

Podemos concluir que a RV cria experiências que o corpo humano percebe como reais e armazena como memórias. (Como mãe, preciso comentar aqui que devemos ter cuidado ao deixar que nossos filhos joguem jogos violentos com dispositivos de RV. Até que as pesquisas esclareçam melhor a questão, receio que possa haver uma possibilidade real de as crianças desenvolverem "memórias" de ter ferido outras pessoas.) A boa notícia é que a RV está sendo usada para impulsionar todo tipo de novos avanços em termos de aprendizado profissional. Empresas estão treinando empregados em ambientes virtuais, proporcionando-lhes memórias reais de lugares e habilidades.

Por exemplo, uma empresa petrolífera filmou as sondas e equipamentos que utiliza no fundo do oceano para que seus funcionários se familiarizem com esses ambientes de trabalho perigosos antes de chegar lá. Em um navio de cruzeiro, os garçons são treinados em uma sala de jantar virtual, visto que as oportunidades de fazê-lo de maneira presencial são limitadas. O resultado é que a equipe de garçons consegue realizar um serviço fantástico desde o primeiro contato com os passageiros. Do mesmo modo, um fabricante de aviões está usando RV para proporcionar a novos empregados a experiência de rebitar a fuselagem, valendo-se de gravações de um funcionário altamente capacitado realizando a função. Quando os empregados em treinamento olham para baixo, veem "as próprias" mãos realizando as ações corretas. Obviamente, a RV não substitui a realização efetiva no trabalho em tempo real, mas pode estimular o rápido desenvolvimento das habilidades de um funcionário.

Também já se demonstrou que a RV pode tornar as pessoas mais solidárias e compassivas. O dr. Jeremy Bailenson realizou uma sequência de estudos sobre o tema. Em um deles, alguns participantes foram submetidos a uma experiência em RV chamada *Becoming Homeless* [perdendo a moradia] (um grupo de controle não foi submetido à experiência). Mais tarde, o grupo que vivenciou a RV se mostrou mais solidário para com os desabrigados e mais propenso a assinar uma petição por moradia acessível do que os demais participantes.

Em outros estudos, Bailenson submeteu pessoas a uma experiência virtual de discriminação racial, e elas se tornaram menos preconceituosas para com negros; da mesma forma, pessoas que viveram a experiência virtual do envelhecimento tornaram-se menos preconceituosas para com idosos. Outra sequência de quatro estudos com diferentes faixas etárias mostrou que a RV pode até mesmo tornar as pessoas mais curiosas e comprometidas no que diz respeito a questões como mudanças climáticas.

Um esclarecimento: a RV é um dos muitos instrumentos existentes no *continuum* virtual, também conhecido como realidade estendida (XR – *extended reality*). Em um extremo desse *contínuum*, temos o ambiente real, o mundo tangível que vemos, tocamos e do qual participamos em tempo real. No outro está o ambiente virtual, um lugar tridimensional gerado por computador, capaz de simular ou replicar algo real ou ser uma criação fantástica. Uma pessoa pode interagir com esse mundo virtual em tempo real, mas, enquanto está usando o *headset*, não está consciente de seu ambiente real nem tem condições de interagir com ele. Depois, temos a realidade aumentada ou RA. De acordo com um relatório de 2018 intitulado *Technologies with Potential to Transform Business and Business Education*, "a RA intensifica as experiências do mundo real ao acrescentar elementos gerados por computador, tais como imagens digitais, dados e sensações, como uma nova camada complementar a fim de criar interações mais intensas". Uma pessoa usando RA – Google Glass, por exemplo – estaria consciente do mundo real e conseguiria interagir com elementos tanto reais quanto virtuais em tempo real. Por fim, existe a realidade mista (MR – *mixed reality*), que combina elementos de RA com RV. A pessoa vê o mundo real, mas consegue ver simultaneamente objetos virtuais, que são atrelados ao ambiente real para que se possa interagir com eles. Tanto o produto HoloLens, da Microsoft, quanto os filtros mundiais do Snapchat são exemplos de tecnologia de MR.

Além da RV, os cientistas estão usando a inteligência artificial (IA) para melhorar o aprendizado. Quando estamos treinando habilidades sociais, em geral temos de interagir com outras pessoas. No entanto, fazê-lo na vida real pode ser difícil e até mesmo prejudicial para um relacionamento. A IA pode controlar algoritmos que escutam o que dizemos e, a partir disso, oferecer respostas ou engajamento realista na forma de avatares computacionais. Por exemplo, uma empresa criou uma experiência de treinamento realista para garçons a fim de ensiná-los a responder às mais diversas necessidades e atitudes dos clientes. A IA se vale de *machine learning* (em que computadores aprendem independentemente de uma programação específica) e *deep learning* (em que computadores fazem inferências com base em dados processados antes). Já testemunhei essas ações, e elas podem ser incrivelmente precisas e efetivas.

Algo interessante é que pesquisadores que trabalham com IA e robôs se inspiram na teoria do desenvolvimento infantil e programam máquinas para aprender como crianças. De acordo com Diana Kwon em um artigo da *Scientific American* intitulado "Intelligent machines that learn like children" [Máquinas inteligentes que aprendem como crianças]: "Desde o início do século XXI, cientistas da área da robótica, neurocientistas e psicólogos estudam maneiras de construir máquinas que imitem esse desenvolvimento espontâneo. Tais colaborações resultaram em androides capazes de mover objetos, aprender vocabulário básico e até mesmo mostrar sinais de comportamento social". A IA e a RV já estão sendo aplicadas de inúmeras formas, e estamos apenas começando a explorar como elas podem melhorar a educação e o aprendizado.

6. Novas Descobertas sobre a Memória

Uma das maiores mudanças no que hoje sabemos sobre aprendizado vem das últimas pesquisas relativas à memória. Nossa compreensão da memória aumentou de forma expressiva na última década, pois a tecnologia agora permite uma análise mais profunda do cérebro e a realização de estudos mais realistas.

Estudos anteriores precisavam se utilizar de cobaias humanas em laboratório, onde elas realizavam tarefas como memorizar longas sequências de números e palavras sem sentido. Hoje, cientistas estudam o cérebro enquanto as pessoas estão desempenhando atividades cotidianas em tempo real. Já somos capazes de ver o que acontece no cérebro de estudantes enquanto estão sentados em sala de aula, aprendendo conceitos e fazendo provas, ou o que acontece quando profissionais estão concentrados em sua jornada de trabalho e solucionando problemas com colegas. Os cientistas são capazes de ver até mesmo onde memórias específicas ficam armazenadas em neurônios individualizados. Como afirma o neurocientista dr. Alcino Silva, da UCLA: "A pesquisa sobre a memória passou por uma revolução – novas tecnologias revelam imagens da atividade de neurônios individualizados e chegam até mesmo a ativar e desativar células em momentos precisos, permitindo que os cientistas que estudam o cérebro façam experimentos considerados ficção científica há apenas poucos anos".

Hoje, somos capazes de distinguir entre diferentes tipos de memória e localizar onde elas são processadas e armazenadas no cérebro, algo que mudou nossa definição de memória e o que significa lembrar e esquecer. Como estudaremos mais detalhes acerca da memória na seção II, apresentarei aqui apenas uma breve visão geral. A memória é dividida em duas grandes categorias: a de curto prazo e a de longo prazo, com subdivisões dentro de cada uma delas.

A memória de curto prazo engloba a memória sensorial e a memória de trabalho. A memória sensorial tem curta duração e abrange o que se percebe com os sentidos, como uma imagem que se vê, um odor que se sente, ou uma sensação tátil, como o calor de uma caneca de café. Ainda que não se tenha consciência disso, a memória sensorial processa milhares de sensações por dia, mas o cérebro tem estrutura para processar apenas o que pode vir a ser útil no futuro. A memória sensorial desaparece muito depressa (200 a 500 milissegundos) e existe basicamente para que o cérebro tenha tempo de perceber a informação ou deixá-la passar. Neste exato instante, os sentidos estão captando todo tipo de informações, mas todas elas desaparecerão, a menos que algo as torne dignas de atenção e as transfira para a memória de trabalho.

A memória de trabalho (MT) entra em ação quando você se concentra em algo. Isso pode acontecer porque você está tentando aprender alguma coisa (por exemplo, lendo este livro ou fazendo um curso), ou porque algo ou alguém chama sua atenção.

Faça este teste agora: concentre-se nos sons do cômodo em que você está. O que você ouve? Um zumbido de uma máquina ou aparelho? Ruídos externos, como tráfego de veículos ou pássaros? E os seus batimentos cardíacos ou a respiração? Você consegue aquietar-se o suficiente para ouvi-los? Concentrar-se nos sons ao redor ativou sua memória de trabalho, mas a MT começa a desaparecer em 15 a 30 segundos. O objetivo dela é conservar informações temporárias, que serão esquecidas ou transferidas para a memória de longo prazo.

A memória de curto prazo é a primeira parada no caminho para a memória de longo prazo. As memórias de longo prazo consistem em memórias sensoriais transferidas para nossa memória de trabalho. Vejamos como algumas delas se transformam em memórias de longo prazo.

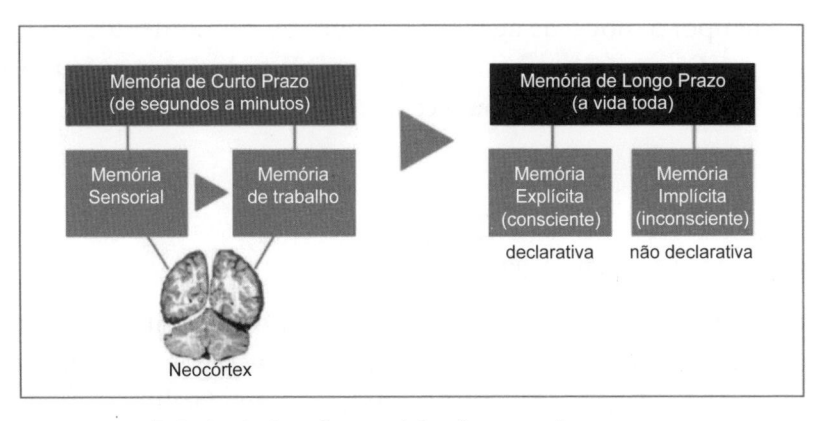

Principais tipos de memórias de curto e longo prazo

As memórias de longo prazo ficam armazenadas no cérebro de uma forma que permite que sejam acessadas com o passar do tempo. Enquanto as memórias de curto prazo têm prazo de validade curto, as memórias de longo prazo podem literalmente perdurar por uma vida inteira. De acordo com o neuropsicólogo dr. Richard Mohs, estudos mostram que a memória de longo prazo se deteriora muito pouco e que o cérebro é capaz de armazenar uma quantidade ilimitada de informações. (Isso acontece porque as memórias de longo prazo ativam neurônios em regiões muito mais amplas do cérebro do que as memórias de curto prazo.)

Na realidade, estudos recentes revelaram que diferentes tipos de memórias de longo prazo são ativados em estruturas específicas e até mesmo em neurônios individualizados. Dentro da memória de longo prazo, temos a memória declarativa (explícita) e a memória não declarativa (implícita). De acordo com o dr. Boris Suchan, professor de neuropsicologia da Universidade Ruhr, na Alemanha, a memória declarativa ou explícita é o conhecimento que temos consciência de possuir e que podemos compartilhar com os outros. Em contrapartida, a memória não declarativa ou implícita é inconsciente e engloba coisas como o condicionamento clássico e a habituação. Por exemplo, ao fazer um treinamento de gerenciamento de tempo, você teria uma memória explícita da experiência. Contudo, você provavelmente tem vários hábitos inconscientes quanto à maneira como usa o tempo: o modo de agendar reuniões ou os momentos em que descansa. Essas são memórias implícitas. Estudaremos a memória em mais detalhes na próxima seção.

Sua Jornada de Aprendizado

Ao final de cada seção, aproveite para aplicar os conceitos à sua própria vida e àquilo que deseja aprender. Faça as seguintes perguntas para ajudá-lo identificar possíveis estratégias que facilitem seu objetivo de aprendizado.

- O que você gostaria de aprender nos próximos meses? Ao se dedicar a esse aprendizado, o que espera ganhar ou mudar em si mesmo, no trabalho ou em sua vida como um todo?

- Pense nos seis novos avanços descritos nesta seção. Quais estão mais relacionados com seu objetivo de aprendizado e como você poderia utilizá-los?
- Quais das oito inteligências são pontos fortes em você? Como poderia usar suas inteligências de forma mais deliberada e consciente para alcançar o objetivo de aprendizado?
- Como poderia usar a nova compreensão de criatividade para aumentar as oportunidades de *insights*?
- Identifique uma crença persistente sobre si mesmo que talvez esteja atrapalhando seu progresso. Diante do poder da neuroplasticidade e da neurogênese, como você poderia criar novas vias neurais para transformar essa crença atual em algo novo?
- De que maneira você poderia tentar usar tecnologias de RV/RA/XR para ajudá-lo com aquilo que deseja aprender? Faça uma pesquisa rápida para ver as opções existentes.

II

Lembrar: A Matriz da Memória

"Já lhe ocorreu... que a vida não é nada além de lembrança, salvo pelo único momento presente que passa por você, e tão depressa que mal consegue percebê-lo passar? De fato, ela é apenas lembrança."

Tennessee Williams, dramaturgo
Cat on a Hot Tin Roof

7. Os Nove Tipos de Memória

Como já vimos, as três fases do modelo de aprendizado são Aprender, Lembrar e Fazer. Vamos deixar o Aprender em suspenso e começar com a fase intermediária, Lembrar, porque o tipo de memória que você pretende criar determina o modo como estrutura o aprendizado. Essa fase envolve tipos de memória, o acesso às informações aprendidas, esquemas e conexões.

```
Aprender  >  Lembrar  >  Fazer
             Nove Tipos
             Acesso às informações
             aprendidas
             Esquemas
             Conexões
```

Fase 2: Lembrar

Todo aprendizado se transforma em memória, por isso, para melhor compreendermos o aprendizado, começaremos com um estudo profundo da natureza das memórias e de como elas se formam. Estudos recentes identificaram nove tipos de memória e cada qual está relacionada a diferentes áreas do cérebro. De acordo com Helen Shen, autora de *How to See a Memory*, o cérebro deixa uma marca física de cada memória específica, e essa marca é chamada engrama. "Foi apenas na última década que, com as novas técnicas para classificar, ativar e desativar neurônios específicos em animais, os pesquisadores conseguiram identificar com precisão quais são os neurônios envolvidos no armazenamento de uma determinada memória." Também chegamos a novas compreensões do esquecimento e de seu papel crucial no aprendizado.

Uma memória nasce como uma experiência que codificamos no cérebro por meio dos sentidos. Essa memória fica armazenada no cérebro até que realizemos algum ato de recordar ou lembrar, momento em que ela volta à nossa percepção consciente.

Como aprendemos no capítulo anterior, tudo começa com a memória de curto prazo – e especificamente a memória sensorial, que é o conjunto de todas as informações que os nervos sensoriais processam a cada minuto de nossa vida. A memória sensorial é efêmera e dura apenas milissegundos, a menos que ocorra algo que nos faça perceber nossos sentidos ou nos concentrar neles, ocasião em que aquela memória é transferida para a memória de trabalho, onde podemos lhe dar atenção. A memória de trabalho é mais ou menos como um quadro de avisos – um lugar para afixar algo por alguns instantes, de modo a podermos analisá-lo e decidir se se trata de algo com que nos preocupar, para então descartá-lo ou arquivá-lo na memória de longo prazo.

Avanços recentes no que os cientistas sabem sobre a memória de trabalho invalidaram velhas crenças, como a de que a memória humana de curto prazo se limitava a processar "sete, mais ou menos duas" informações. Proposta pela primeira vez pelo dr. George Miller, da Universidade de Harvard, acreditava-se que aquela fórmula representasse a capacidade humana de processar informações com exatidão na memória de curto prazo. Conhecida como Lei de Miller, essa ideia vigorou por décadas, e pensava-se que tal atividade ocorresse na região do córtex pré-frontal do cérebro. No entanto, vários estudos recentes revelaram que nossa memória de trabalho é muito maior e mais flexível do que se imaginava de início, e agora é vista mais como um modelo de recursos que responde a demandas do que um sistema com uma capacidade rígida.

De fato, o dr. Derek Nee e o dr. Mark D'Esposito afirmam que, dependendo da tarefa, o cérebro usa tanto o córtex pré-frontal quanto os córtices sensoriais posteriores, mas o processamento mais conceitual e abstrato ocorre no córtex pré-frontal. E um estudo do dr. David Giofrèa e colegas comprova que a memória de trabalho se mostra diferente em pessoas que estão realizando tarefas matemáticas (memória de trabalho visual-espacial) ou de leitura (memória de trabalho verbal). Isso deixa claro que a memória de trabalho não é tão estática quanto se acreditava.

Todos nós vivenciamos picos de atividade da memória de trabalho. Muitas vezes, nosso cérebro pode se sentir "carregado" quando estamos realizando várias tarefas diferentes ao mesmo tempo ou quando acabamos de aprender algo complexo. Pode ser que não consigamos assimilar novas informações, uma vez que nosso cérebro já está processando várias coisas – o quadro de avisos está apinhado e não tem espaço para mais nenhum lembrete. Mas, se estamos fazendo algo com que temos muita familiaridade ou nos sentimos confortáveis, pode sobrar espaço para assumir mais coisas, porque acabamos reunindo alguns lembretes, criando mais espaço.

Nosso quadro de avisos também pode ter picos de atividade em determinados momentos do dia. Daniel Pink, em seu novo livro *When: The Scientific Secrets of Perfect Timing*, descobriu que a maioria de nós tem um ciclo natural de períodos em que nos sentimos mais produtivos, porque nossa capacidade cognitiva flutua ao longo do dia. Estudos mostram que aproximadamente 75% das pessoas passam por estas três fases ao longo do dia:

- **Um pico pela manhã**, quando nos sentimos mais focados. É o melhor momento para realizar trabalhos de caráter analítico e, em regra, nosso período mais produtivo do dia.

- **Uma "baixa" após o almoço**, quando nos sentimos vagarosos e temos dificuldade para nos concentrar. É o momento em que estamos mais propensos a cometer erros.

- **Uma recuperação no final da tarde ou início da noite.** É o melhor momento para inovar ou fazer trabalhos baseados em *insight*, pois a diminuição de nossa inibição e a firmeza de propósito nos predispõem para momentos "a-ha!".

Pink também descobriu que cerca de um quarto das pessoas vivencia esse ciclo em ordem inversa, alcançando o máximo desempenho à noite. Tais pessoas – as típicas "corujas" – têm o melhor desempenho depois que a maioria dos escritórios já fechou. (Sou casada com um típico corujão e ele atinge seu melhor ritmo justamente quando o meu cai.) O dr. Russell Foster, neurocientista da Universidade de

Oxford, afirma: "A mudança no nível de desempenho entre o ponto máximo diário e o ponto mínimo diário é equivalente ao efeito que a ingestão do limite legal de álcool tem sobre o desempenho". Uau!

Embora a memória de trabalho não seja algo fácil de quantificar, a Lei de Miller (sete, mais ou menos duas) ainda é útil, pois organizar grandes quantidades de informação em segmentos ou porções menores torna mais fácil nos lembrarmos delas. É por isso que números de telefone são expressos em blocos curtos (como a configuração três-três-quatro, usada nos Estados Unidos, por exemplo) e o bom ensino é fracionado em aulas menores. Também é por isso que aposto em capítulos curtos em meus livros e faço com que meus vídeos de treinamento tenham cinco minutos de duração ou menos.

Os Sentidos e a Sobrevivência

Gostaria de ressaltar que uma memória não passa de um amontoado de sensações unidas para sempre. O cérebro codifica o que captamos com nossos olhos, ouvidos, etc., como parte da memória, e esses registros são quase como cordas. Toque qualquer uma dessas cordas com uma cena, um som, etc., e a memória volta correndo a nossa percepção consciente.

Quanto mais sentidos envolvidos, mais informações temos, e também mais cordas que podem ser tocadas para acessarmos aquela memória. Por isso é importante envolver muitos sentidos quando estamos aprendendo – eles potencializam a criação de memórias. A qualidade dessas informações sensoriais originais afeta a qualidade da memória. Se você participasse de uma palestra que contasse com muitos recursos visuais, mas não conseguisse ver a apresentação, a qualidade de sua memória ficaria comprometida, e o mesmo aconteceria se conseguisse ver a apresentação, mas não conseguisse ouvir o palestrante.

Se pensarmos em nossos receptores sensoriais, temos dois para informações visuais (os olhos), dois para informações auditivas (os ouvidos) e, embora tenhamos somente um nariz, ele concentra 350 nervos olfativos que se conectam diretamente à amígdala do cérebro.

O olfato é dez vezes mais sensível que o paladar, motivo pelo qual é capaz de evocar memórias tão viscerais. Alguns odores são positivos e evocam fortes sentimentos de amor e aconchego, como o cheiro dos bolos, tortas e biscoitos de fim de ano, ou o perfume usado por um par romântico. Mas eles também podem evocar lembranças negativas. Em 1956, quando era criança, minha amiga perdeu o pai em uma enchente e, até hoje, o cheiro de chuva a deixa nervosa. Para ela, um gatilho muito forte dessas lembranças ocorreu quando nossa comunidade de Santa Bárbara foi devastada por deslizamentos de terra que mataram 23 pessoas.

O paladar pode trazer memórias à tona porque temos de duas a quatro mil estruturas sensoriais gustativas – os botões gustativos – em nossa língua, as quais se renovam toda semana. Cerca de um quarto das pessoas tem um "superpaladar", ou seja, uma capacidade maior de sentir o gosto das coisas. Também temos milhares de nervos em nosso cérebro visceral, o que torna aquela "intuição instintiva" algo muito real e capaz de evocar lembranças do passado. Por fim, temos a pele, com 300 milhões de células epiteliais (19 milhões por polegada quadrada) que registram pressão, temperatura, textura, dor, etc. Um ser humano adulto tem quase dois metros quadrados de pele, o que faz dela nosso maior órgão sensorial.

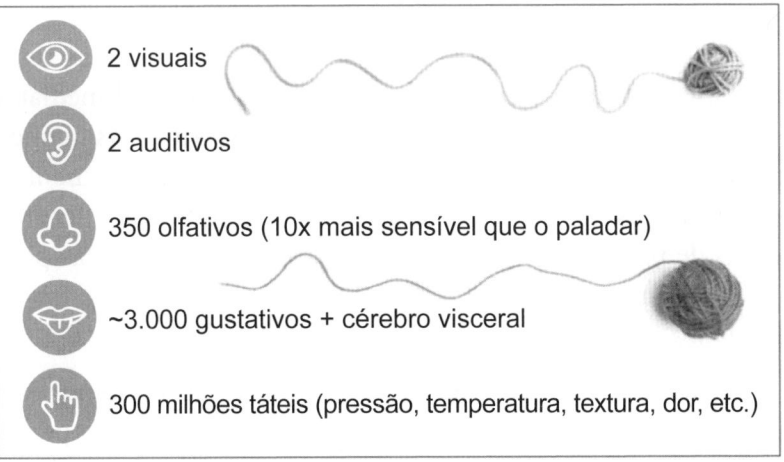

- 2 visuais
- 2 auditivos
- 350 olfativos (10x mais sensível que o paladar)
- ~3.000 gustativos + cérebro visceral
- 300 milhões táteis (pressão, temperatura, textura, dor, etc.)

Receptores sensoriais no corpo humano

Aquilo que processamos com nossos sentidos também pode criar uma camada de emoções, porque os nervos sensoriais localizados em nossa cabeça se ligam de maneira direta à amígdala. A amígdala é conhecida principalmente por seu papel em nossa sobrevivência, pois é ela que produz a resposta lutar-fugir-paralisar. Embora a intensidade emocional possa variar de fraca a forte e de negativa a positiva, experiências com emoções fortes como medo ou grande alegria criam memórias permanentes. A configuração original do nosso corpo interpreta fortes emoções como algo digno de ser recordado. Em consequência, a emoção se torna uma corda por si só, capaz de resgatar memórias, de modo que um sentimento de alegria pode evocar outros momentos alegres, e o medo ou o pesar podem evocar outras memórias de medo ou pesar.

8. A Ampliação da Memória de Longo Prazo

Nos últimos anos, a compreensão que os cientistas têm da memória de longo prazo sofreu mudanças. Como aprendemos na seção anterior, memórias de longo prazo podem ser de dois tipos: memórias explícitas (também conhecidas como declarativas) e memórias implícitas (não declarativas). Estamos mais familiarizados com as memórias explícitas, pois temos consciência delas – nós sabemos que as temos.

Existem duas categorias de memórias declarativas: as semânticas e as episódicas. Elas se formam no lobo temporal medial, envolvendo também o hipocampo e o córtex entorrinal. As memórias semânticas são factuais: conhecimentos adquiridos sem nenhuma experiência pessoal deles, como aprender multiplicação, decorar as capitais de países do mundo ou o que são conjunções. Elas podem envolver informações sensoriais como ver um gráfico de tabuada, um quadro com o mapa da França ou imagens de Paris.

Em contrapartida, as memórias episódicas são autobiográficas e repletas de ricas informações sensoriais obtidas a partir da perspectiva da própria pessoa. Essas memórias são quase como registros em vídeo, nos quais você é a estrela do *show*. Se você já viajou a Paris, na

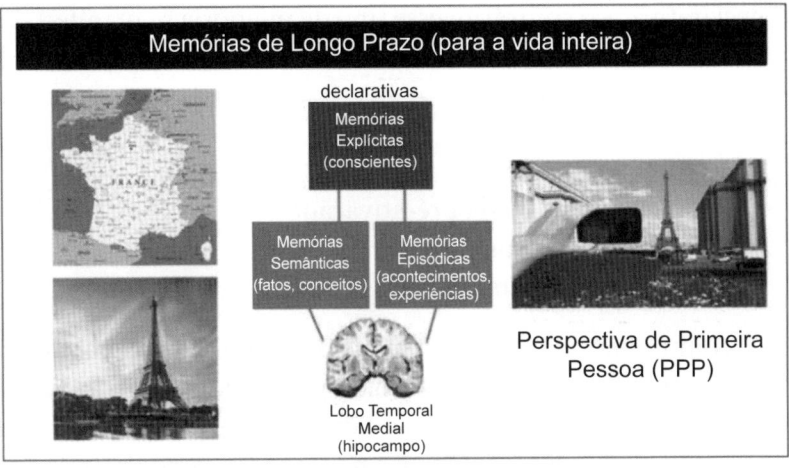

Memórias de Longo Prazo (para a vida inteira)

declarativas
- Memórias Explícitas (conscientes)
  - Memórias Semânticas (fatos, conceitos)
  - Memórias Episódicas (acontecimentos, experiências)

Lobo Temporal Medial (hipocampo)

Perspectiva de Primeira Pessoa (PPP)

Os dois tipos de memórias explícitas

França, consegue se lembrar de cenários, sons, cheiros e texturas do período em que esteve lá. Tenho recordações vívidas dos cheiros maravilhosos que vinham da padaria perto do hotel, bem como do aroma pungente da loja de queijos ao lado da estação do metrô. Estava chovendo no dia em que visitei o Louvre, por isso, minha lembrança da *Mona Lisa* inclui o som da minha capa de chuva e a sensação dos meus cabelos úmidos.

Quando a maioria de nós pensa no conceito de memória, pensamos nas memórias declarativas, pois temos a clara consciência de produzi-las e acessá-las. Pense nisso como "saber das coisas". Mas também nos valemos de nossas memórias não declarativas – ou implícitas – todos os dias, para fazer coisas como usar uma ferramenta, movimentar o corpo, evitar situações de perigo ou colocar uma habilidade em prática. Pense nisso como "saber fazer". Nós adquirimos essas memórias por meio de experiências sensório-motoras. Elas podem ser adquiridas com rapidez (como queimar a mão no fogão) ou por repetição (como amarrar os sapatos ou dirigir um veículo).

De acordo com o dr. Richard Clark, da UC San Diego, a memória não declarativa "é um conjunto de diferentes habilidades de memória que dependem de estruturas cerebrais diferentes e específicas. Nós não temos acesso consciente ao conteúdo da memória não declarativa. Ao contrário, esse tipo de memória se manifesta por meio de mudanças de comportamento baseadas em experiências".

Há quatro tipos distintos de memórias não declarativas:

1. procedimentais
2. perceptuais ou de pré-ativação
3. não associativas
4. de condicionamento clássico

É com memórias procedimentais que aprendemos habilidades ou desenvolvemos hábitos que acabam por se transformar em comportamentos automáticos, como andar de bicicleta ou usar um *smart phone*. Estudaremos mais sobre elas na seção III, já que grande parte do aprendizado de adultos e do desenvolvimento profissional envolve a memória procedimental.

A memória perceptual ou de pré-ativação é nossa capacidade de correlacionar coisas novas com coisas que já encontramos antes. Ela está relacionada com o neocórtex. Por exemplo, vários estudos revelam que, quando se mostram a estudantes informações ou conteúdo que ainda não aprenderam, isso aumenta a capacidade deles de memorizá-los quando os aprendem. É como mostrar um mapa de Paris a alguém antes de essa pessoa visitar a cidade. Embora o mapa nada signifique no momento em que é mostrado, ele se torna relevante quando a pessoa está efetivamente caminhando pela Champs-Élysées e percebe que a rua leva ao Arco do Triunfo. A memória perceptual ou de pré-ativação pode ser utilizada para tornar experiências de aprendizado mais efetivas e também costuma ser usada no *marketing* e em campanhas de venda.

A memória não associativa usa as vias reflexas do cérebro e controla os processos de habituação e sensibilização. A habituação é o processo de responder cada vez menos a um estímulo quando da exposição a ele. Por exemplo, se você passa a trabalhar em um novo escritório e o barulho do ar condicionado o incomoda, é provável que se instale o processo de habituação e, em poucas semanas, você sequer note o barulho. Por outro lado, a sensibilização é o processo de responder cada vez mais a um estímulo quando da exposição a ele. Um exemplo seria perceber que seu gerente recebe o crédito pelo trabalho que você realiza ou que um colega de trabalho faz comentários racistas. Isso provavelmente lhe causará mais incômodo com o passar do tempo, não menos.

O último tipo de memória de longo prazo é o condicionamento clássico, do qual existem duas categorias: o somático e o emocional. A maioria de nós se recorda de ter ouvido falar dos cães de Pavlov. Antes de a comida deles ser servida, tocava-se um sino, e o som do sino fazia com que os cães já salivassem. Esse é um exemplo de condicionamento somático, pois a salivação é uma resposta física e ocorre no cerebelo. Por sua vez, o condicionamento emocional ocorre na amígdala. Utiliza-se um estímulo para condicionar alguém a sentir determinada emoção, como medo ou felicidade, ou a acostumar-se a um lugar, um som, etc. O transtorno do estresse pós-traumático (TEPT) é um exemplo de condicionamento emocional. O condicionamento clássico nos molda diariamente, de quando e como acordamos pela manhã a quando e onde almoçamos e quando e como interagimos com nosso chefe ou colegas.

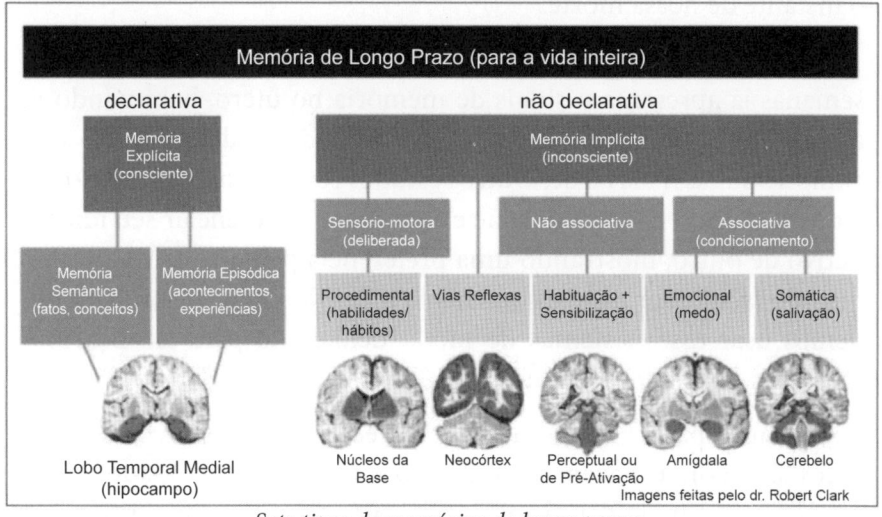

Sete tipos de memórias de longo prazo

Embora os cientistas consigam separar por completo esses diferentes tipos de memória e estudá-los, nossa experiência cotidiana delas é muito mais entrelaçada e complexa. Hoje, talvez você tenha acordado alguns minutos antes de o despertador tocar (condicionamento), dirigido até o trabalho (procedimental) e acessado seu computador (procedimental) antes de sair para uma reunião com funcionários na qual se lembrou de algo relevante (perceptual ou pré-ativação) escrito em um relatório que leu na semana passada (semântica). Durante o almoço com um amigo, talvez você tenha lido alguns itens do cardápio (memória de trabalho) antes de escolher o que comer e, em seguida, contado algo sobre o fim de semana ou suas férias recentes (episódica). À tarde, talvez tenha evitado um colega chato (sensibilização) e, então, ouvido um *podcast* no caminho para casa, sem se importar com o tráfego barulhento à sua volta (habituação).

Podemos usar o que os cientistas estão aprendendo sobre a memória para termos mais sucesso nas coisas. Penso que é muito útil ver a memória como um leque de ferramentas que nosso cérebro usa para atender a nossas principais necessidades de sobrevivência, pertencimento e desenvolvimento. Esse processo é biológico e está automaticamente programado em nós desde antes de nascermos até o instante de nossa morte.

Diversos foram os cientistas que constataram que fetos de 33 semanas já apresentam sinais de memória no útero, habituando-se a barulhos e vibrações externas e recordando-se deles não só dias como semanas mais tarde. Outros estudos revelaram que recém-nascidos reconhecem a voz da mãe e conseguem diferenciar seu idioma nativo de outro, mostrando uma preferência pelo primeiro, mesmo quando falado por pessoas que não a mãe. No entanto, também podemos usar esses sistemas de modo deliberado para alcançarmos melhores resultados e em nosso próprio benefício.

Com o passar da idade, pode parecer que a memória começa a nos abandonar. Fazemos piada sobre ter "lapsos da idade", e esquecer coisas pode dar ensejo a preocupações como o surgimento do mal de Alzheimer ou de outros tipos de degeneração mental relacionados ao envelhecimento. Contudo, a dra. Christiane Northrup, médica especialista em saúde e envelhecimento, afirma que estamos apenas experimentando o efeito de ter de atravessar um número exponencialmente maior de informações e redes de memória a fim de encontrar o que estamos procurando. Uma pessoa de 60 anos tem muito mais memórias que alguém de 20, e uma pessoa de 80 anos tem ainda mais memórias, de modo que certa lentidão relacionada à idade é não só normal, mas também sinal de uma vida bem vivida. Todavia, o declínio da memória pode ser um indício de problemas mais sérios e deve ser avaliado por um profissional. Um estudo do dr. Robert Wilson no Centro Médico da Universidade Rush concluiu que o declínio da memória se mostra de oito a 17 vezes mais rápido nos dois ou três anos que antecedem a morte. Outro estudo do dr. Wilson constatou que idosos que mantêm sua atividade mental por meio de leitura, escrita, jogos, etc., têm mais saúde cognitiva, e que a diminuição de tais atividades precedia declínios no funcionamento da memória.

Felizmente, graças à neuroplasticidade, também somos capazes de gerar novas memórias até o instante da morte. Qualquer funcionário da ala de pacientes terminais dirá que os moribundos tendem a ter novos *insights* mesmo enquanto o corpo está exalando o último suspiro. Testemunhei isso com minha própria mãe e ouvi histórias semelhantes de amigos e colegas. Para mim, o discurso que Mona Simpson, irmã de Steve Jobs, fez por ocasião da morte do irmão é um consolo. Ela contou que as últimas palavras dele foram: "Oh, nossa. Oh, nossa. Oh, nossa". O corpo talvez não tenha resistido o suficiente para usar aquela nova memória, mas tenho certeza de que o cérebro a construiu.

9. A Importância de Lembrar e Esquecer

Meu foco aqui será a memória declarativa (falaremos com mais detalhes acerca da memória não declarativa na seção III). Embora não haja dúvidas de que nosso cérebro é construído para criar uma grande variedade de memórias, isso não significa que podemos sempre acessar o que quisermos, quando quisermos.

Lembrar consiste, de fato, em reativar ou acessar uma memória que já existe. Ela está lá, em algum lugar dentro do crânio, mas o segredo é encontrar a ligação (ou corda) correta para acessá-la.

E temos uma capacidade ilimitada de armazenar memórias. Como afirma o dr. Paul Reber, da Northwestern University: "Os neurônios se combinam de modo que cada um trabalhe com muitas memórias ao mesmo tempo, aumentando exponencialmente a capacidade cerebral de armazenamento de memórias a algo em torno de 2,5 *petabytes* (ou milhões de *gigabytes*). Para fins de comparação, se o cérebro funcionasse como um gravador digital de vídeo em uma televisão, 2,5 *petabytes* seriam suficientes para armazena três milhões de horas de programação. Você teria de deixar a tevê continuamente ligada por mais de 300 anos para usar toda essa capacidade de armazenamento".

Então, se não se trata de um problema de armazenamento, por que nos esquecemos das coisas? E o esquecimento indica uma falha de memória, algo que devamos tentar superar? Cientistas e filósofos fazem essa pergunta há anos. Na década de 1880, o dr. Hermann Ebbinghaus fez um experimento consigo mesmo e criou sua famosa "curva do esquecimento", que mapeava com que rapidez informações recém-aprendidas desaparecem da memória.

A curva do esquecimento de Ebbinghaus

Ebbinghaus queria saber mais sobre a memória e decidiu verificar se existia uma fórmula ou equação concreta para quantificar a velocidade com que as pessoas se esquecem das coisas. Nos dias de hoje, você ainda encontrará esse gráfico em manuais de educação e ensino, seminários, conferências e informativos de produtos. Mas, veja que interessante: os dados representam uma amostragem de uma única pessoa, o próprio Ebbinghaus, e sua capacidade de reter palavras monossílabas sem sentido que ele mesmo criou, tais como RUR, DUS, MEK, BES, HAL e SOK. Portanto, na verdade, a curva do esquecimento é um gráfico de memória semântica – mas sequer para palavras reais. Essa configuração foi intencional: ele queria testar a memória pura sem que fosse toldada por palavras com significado que pudessem, assim, ativar outras partes do cérebro. Contudo, o gráfico costuma ser usado fora de contexto para representar com que velocidade toda e qualquer informação desaparece da memória. Mas ela não desaparece.

O dr. Robert Bjork e a dra. Elizabeth Bjork, professores da UCLA, propuseram uma Nova Teoria do Desuso. Eles argumentam que toda memória tem uma força de armazenamento e uma força de recuperação. A força de armazenamento indica a qualidade do seu aprendizado e ela aumenta com o estudo e o uso. Por exemplo, quando criança, você aprendeu o alfabeto e os números. De início, talvez você estivesse apenas memorizando tais conceitos, mas, agora, já os usou tantas vezes ao longo da vida que a força de armazenamento é imensa. Por outro lado, a força de recuperação diz respeito à velocidade ou facilidade com que algo que você aprendeu emerge em sua mente. O estudo e o uso também aumentam a força de recuperação, porém, se paramos de usar as informações, elas desaparecem com o passar do tempo. Embora a maioria de nós tenha aprendido os nomes dos presidentes do país e as capitais dos estados, é provável que tenhamos esquecido praticamente todas essas informações, exceto aquelas usadas com mais frequência. O programa de televisão *Are You Smarter than a 5th Grader?* [Você É Mais Inteligente que um Aluno de 5º Ano?] se baseia nesse princípio – crianças de 11 anos costumam vencer os adultos porque as perguntas evocam uma grande força de recuperação na memória delas, mas essa força é quase zero nos adultos.

Um dos maiores avanços na compreensão do motivo pelo qual nos esquecemos das coisas ocorreu em 1953, quando um jovem chamado Henry Molaison (ou Paciente HM) foi submetido a uma cirurgia cerebral para amenizar severas convulsões epilépticas. À época, os médicos acreditavam que remover o hipocampo ajudaria a diminuir o problema (eles também removeram a amígdala e o córtex entorrinal do rapaz). As convulsões diminuíram, mas, tragicamente, foi assim que os neurocirurgiões descobriram que é no hipocampo que se formam novas memórias declarativas. A partir do instante em que despertou, Molaison passou a viver em um presente perpétuo, incapaz de se lembrar de qualquer coisa depois de cinco minutos – fossem pessoas, informações ou experiências. Daquele dia em diante, ele teve de viver em uma instituição e se tornou o principal objeto de estudos de pesquisas sobre a memória que aconteceram ao longo de mais de 50 anos, até seu falecimento, em 2008.

O cérebro de Molaison foi preservado e continua a ser estudado ainda hoje. A dra. Suzanne Corkin, pesquisadora original do caso, trabalhou nele com muitos cientistas durante anos. Algumas das principais descobertas foram:

- Embora Molaison não formasse novas memórias, ele conseguia se recordar de coisas até dois anos *antes* da cirurgia.

- A memória de trabalho ficou intacta, de modo que conseguia reter informações por alguns minutos antes que elas desaparecessem.

- A memória procedimental ainda funcionava, de modo que conseguia fazer coisas que aprendera antes da cirurgia (como tocar piano), e também era capaz de aprender novos hábitos e habilidades físicas e retê-los.

- Molaison era capaz de completar palavras-cruzadas usando suas memórias semânticas anteriores a 1953, mas também conseguia atualizar tais memórias com informações posteriores a 1953, desde que tivesse uma memória original para associar a elas. (Por exemplo, ele conseguiu associar Jonas Salk ao conhecimento que já tinha da poliomielite.)

- Com a idade, ele apresentou um declínio mais rápido das memórias semânticas, esquecendo-se de palavras que conhecia mas não usava com frequência.

A última descoberta dessa lista é da pesquisa do dr. Donald MacKay, um professor da UCLA que estuda linguagem. Ele compartilha o que deduziu de diversos estudos que realizou com Henry Molaison em um artigo publicado na *Scientific American* sob o título "The Engine of Memory". Curiosamente, o aprendizado de idiomas pode ser um exemplo de memórias implícitas e explícitas. Crianças menores de 7 anos aprendem idiomas com facilidade porque usam a memória procedimental para apreender vocabulário e o uso dele (trata-se basicamente de uma habilidade ou hábito codificado por meio dos núcleos da base). É por isso que expor crianças pequenas a novos idiomas traz resultados tão efetivos. Mesmo que elas não falem o idioma com regularidade, o cérebro o codifica, facilitando que elas compreendam e falem aquele idioma no futuro. Em contrapartida, quando adultos aprendem um novo idioma, eles usam a memória declarativa/semântica para aprender ativamente as regras e palavras da nova língua.

Hoje, os cientistas estão descobrindo que esquecer é uma parte crucial do aprendizado. Como afirma Benedict Carey, autor de *How We Learn: The Surprising Truth about When, Where, and Why It Happens*: "Sem um pouco de esquecimento, não se tira proveito de continuar estudando. É ele que permite a construção do aprendizado, como um músculo exercitado". Esquecer é uma forma de filtragem, uma vez que é impossível retermos tudo o que aprendemos para uso imediato, de modo a ser lembrado a qualquer instante. É acessando ou recordando a informação que fortalecemos aquela via neural da memória.

Lembrar também altera memórias. Acrescentamos todos os dias novas memórias ao cérebro e, a cada ano, à medida que novas memórias moldam nosso conhecimento, nossos valores, crenças e ações, amadurecemos. Todos já tivemos a experiência de ver surgir, de repente, uma memória da infância em nossa mente adulta e encará-la sob uma nova luz. Por exemplo, uma visita à antiga escola primária onde estudou pode fazer com que tudo ali pareça menor do que se recorda, porque você agora está vários centímetros mais alto. Ou aquelas memórias de seus pais "cruéis" passam a se mostrar bem diferentes quando você se pega enfrentando os desafios da paternidade/maternidade e agindo de modo a gerar consequências semelhantes para seus próprios filhos. A atualização de nosso conhecimento e percepção também altera nossas memórias.

À medida que crescemos, o ato de recordar altera nossas memórias conforme as filtramos a partir de novas perspectivas.

Tenho um exemplo pessoal para ilustrar a intensidade que esse processo pode alcançar. Aos 18 anos, eu tinha um emprego maravilhoso em um parque marinho no Canadá. Todos os dias, cuidava dos polvos, alimentava os filhotes de foca órfãos do cais e brincava com as orcas entre um *show* e outro, para que não ficassem entediadas. Ajoelhava-me na beirada do tanque, coçava a pele das orcas, dava comandos simples e as recompensava com peixes. Vinte e cinco anos depois, já é tarde da noite, mas ainda estou acordada, sem sono, mudando de um canal para outro na televisão até que encontro um documentário sobre orcas chamado *Blackfish*. Parecia um ótimo programa para assistir, até que começaram a mostrar justamente imagens do parque marinho em que eu trabalhara. Peguei-me assistindo à reportagem da morte de outra jovem de 18 anos, Keltie Byrne, que tinha o mesmo emprego que eu tivera. Ela se afogou ao ser puxada por uma das orcas, que matou outras duas pessoas na mesma ocasião. Comecei a ofegar, chorar e tremer violentamente enquanto meu corpo associava minhas antigas memórias a essa nova informação e interpretava que eu estava em perigo. Isso durou cerca de 30 minutos, embora eu estivesse sentada na sala da minha casa, a milhares de quilômetros do parque que fechara anos antes.

Infelizmente, esse acontecimento alterou minhas memórias daquele emprego, mesmo tendo vivenciado experiências positivas nele. Não consigo pensar nisso sem certa apreensão – neste exato instante, digitando este trecho, minhas mãos estão um pouco trêmulas. Além disso, eu não conhecia as práticas brutais usadas na captura dos animais, por isso, também me sinto culpada por ter feito parte de uma indústria cruel. Ainda que esse seja um exemplo extremo, ele ressalta que as memórias, e sobretudo as memórias episódicas, sofrem inevitáveis alterações quando recordadas. Por vezes, a alteração é pequena. Mas, às vezes, ela é drástica.

10. Acesso às Informações, Não Repetição

Uma das maiores descobertas da neurociência diz respeito ao modo como se formam nossas memórias. Costumávamos acreditar que fosse por repetição, experiência que muitos de nós tivemos durante nossa educação, quando éramos obrigados a escrever ou recitar informações repetidas vezes. Mas acontece que é o acesso às informações, não a repetição, que faz a diferença. No tocante à aprendizagem conceitual, as provas são inequívocas: é o ato de acessar as informações – ter de recordar algo que aprendemos – que registra o aprendizado na memória.

A diferença entre acesso às informações e repetição é sutil, mas crucial. Usemos como exemplo o que você aprendeu referente aos tipos de memórias. Reler a seção sobre o assunto ou revisar suas anotações seria repetição, porque você está *absorvendo* a informação outra vez. O acesso às informações seria se perguntar o nome dos nove tipos, como em um jogo de perguntas e respostas. Em outras palavras, você precisa procurar em sua mente e *tirar* dela o que aprendeu. Se você acertar todas, esse seria um acesso (ou recordação) bem-sucedido. Você poderia tentar definir cada tipo, o que lhe renderia outro acesso bem-sucedido às informações.

Muitos estudos já comprovaram isso, como é o caso de um estudo realizado pela dra. Katherine Rawson e o dr. John Dunlosky na Universidade Estadual Kent. Eles compararam alguns grupos de alunos que aprenderam as mesmas informações e, 46 dias depois, foram testados quanto ao aprendizado de tais informações. O primeiro grupo aprendeu as informações uma única vez. O segundo grupo fez uma sessão de acesso a elas com recordações corretas, e o terceiro grupo fez três sessões de acesso às informações com recordações corretas. Os grupos que tiveram sessões de acesso às informações tiveram um desempenho significativamente melhor que o primeiro grupo, o que parece um tanto óbvio. Contudo, observe que os alunos eram instados a acessar o que já haviam aprendido, não a aprender outra vez. Conseguir recordar as informações de maneira correta e espaçar esses acessos a elas melhorou muito a retenção e a precisão.

O estudo também testou se mais acessos às informações levavam a resultados ainda melhores, mas os alunos apresentaram apenas progressos mínimos após três sessões. Por isso, os cientistas sugerem que estudantes façam três acessos corretos por sessão de acesso às informações e, então, façam outras três sessões a intervalos cada vez maiores. O nível de especificidade depende da situação e do que o estudante precisa para ser bem-sucedido.

O acesso às informações não se dá apenas por meio de exames e jogos de perguntas e respostas. Ele também pode ser feito mediante uma variedade de métodos, como compartilhar com outra pessoa o que você aprendeu, refletir sobre como as informações se relacionam com uma experiência anterior, realizar uma atividade prática, testar-se (recordando as respostas para perguntas em cartões, por exemplo), e uma infinidade de outras atividades típicas de aprendizagem. Os criadores de métodos de ensino podem transformar com facilidade essas formas de acesso a informações em experiências de aprendizado, e também capacitar estudantes a fazê-lo por si mesmos.

E aqui temos mais um estudo fascinante que aborda o acesso a informações: o dr. Rohrer e o dr. Taylor, ambos da South Florida University, separaram em dois grupos estudantes universitários que aprendiam matemática. O Grupo A aprendia um tópico de matemática e, no mesmo dia, resolvia dez problemas usando o tópico aprendido. O Grupo B aprendia o mesmo tópico de matemática, mas resolvia apenas cinco problemas. Sete dias depois, o Grupo B resolvia outros cinco problemas. Ou seja, os dois grupos receberam a mesma instrução e o mesmo número total de problemas, mas o processo ocorreu a intervalos diferentes. Em seguida, os dois grupos fizeram o mesmo exame. O Grupo A, que resolveu os dez problemas no dia em que aprendeu o conteúdo, conseguiu 75% de acerto; o Grupo B, 70% de acerto. A esta altura, você deve estar pensando que resolver os dez problemas de uma vez é a melhor maneira de aprender. Mas, espere... os pesquisadores testaram os alunos novamente quatro semanas depois e, dessa vez, o desempenho do Grupo A caiu para 32%, ao passo que o do Grupo B se manteve em 64% – duas vezes o desempenho do Grupo A.

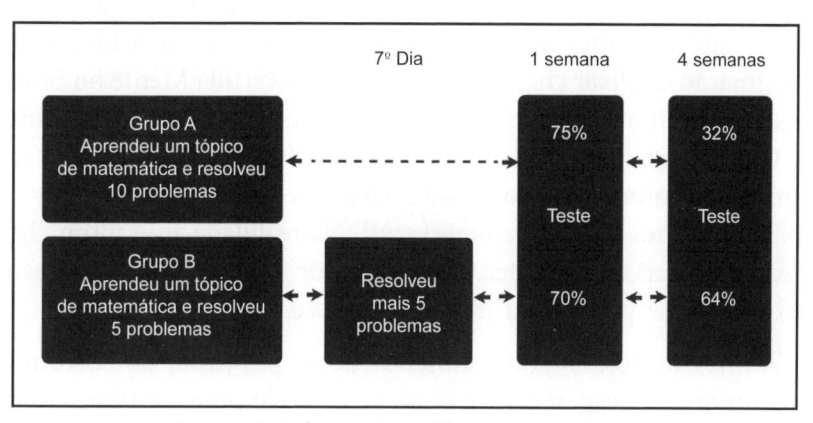

Acessos às informações melhoram sua retenção

Pesquisadores da Universidade Santa Clara e da Universidade de York estudaram o tempo do espaçamento para verificar se ele importava. Pediram que um grupo de alunos aprendesse pares de palavras em suaíli e em inglês e, em seguida, dividiram os alunos em quatro grupos. Todos foram submetidos ao mesmo teste de memória de longo prazo. O primeiro grupo não fez nenhuma sessão de acesso às informações e, algum tempo depois, fez o teste de memória de longo prazo; eles se lembraram de 50% das palavras. O segundo grupo fez uma sessão de acesso às informações no mesmo dia em que aprendeu o material, mas 12 horas depois (por exemplo, o aprendizado foi às 8h00 e a sessão de acesso às informações foi às 20h00); no teste de memória de longo prazo, a retenção foi de 55% do conteúdo. O terceiro grupo também teve um intervalo de 12 horas entre o aprendizado das palavras e a sessão de acesso às informações, mas o intervalo se deu durante a noite (aprendizado às 20h00 e acesso às 8h00). Esse grupo teve uma retenção de 65%. Por fim, o quarto grupo teve 24 horas entre o aprendizado e a sessão de acesso às informações. E a retenção foi de 75% do que aprendeu. O que aconteceu aqui? O que causou essa diferença expressiva? A resposta: o sono!

Cientistas que estudam o cérebro já fizeram uma infinidade de descobertas fascinantes quanto aos efeitos do sono, inclusive que o aprendizado diário é transferido à memória de longo prazo durante o sono. Enquanto dormimos, o cérebro faz uma pequena faxina, descartando informações e experiências irrelevantes e transferindo aquelas de maior relevância para as diversas regiões cerebrais, integrando o que já sabemos ao que acabamos de aprender. Se você ainda não assistiu ao filme de animação da Pixar chamado *Inside Out* [Divertida Mente no Brasil], assista. Fizeram um excelente trabalho ao retratar esse processo noturno. Os cientistas também descobriram que tudo isso acontece principalmente durante o estágio do sono chamado REM, de movimentação rápida dos olhos [*rapid eye movement*]. Na realidade, essa última hora de sono é a mais importante. A hora anterior ao despertar é o momento em que a maior parte dessa "faxina" acontece.

Antes de tomar conhecimento dessa pesquisa, eu costumava programar um despertador e contava com ele para acordar. No entanto, o uso do despertador geralmente interrompe a última hora de sono, prejudicando esse importante processo cerebral. Se possível, tente estruturar seus horários para que você consiga acordar de maneira natural, sem o auxílio de nenhum aparelho. A maioria dos adultos precisa de sete a nove horas de sono por noite, de acordo com um artigo de 2019 intitulado "The New Science of Sleep". Um estudo feito com mais de 10 mil pessoas constatou que a memória e a cognição são prejudicadas por horas insuficientes de sono, e as capacidades mais afetadas são a resolução de problemas, o raciocínio e as habilidades verbais. Ainda, o débito de sono leva a um aumento da ansiedade e a uma queda de 15% em nosso limiar de dor.

Além de ajudar no aprendizado, o sono oferece outros benefícios incríveis. O corpo se cura durante o sono, momento em que células e tecidos se restabelecem e o organismo elimina toxinas, tais como fumaça, pesticidas e outros carcinógenos a que fomos expostos durante o dia. Alguns médicos acreditam que o acúmulo dessas toxinas ao longo do tempo é responsável pelo aparecimento do câncer, da doença de Alzheimer e de outros distúrbios. Um estudo da Universidade de Duke constatou que a falta de sono estava associada ao diabetes, a doenças cardíacas e a níveis elevados de estresse.

A Escola de Medicina de Harvard tem todo um setor dedicado à medicina do sono e ao estudo dos efeitos tremendos que o sono exerce sobre o humor, a concentração e o desempenho mental, dentre outros fatores. O dr. Michael Roizen, Chefe de Bem-Estar da famosa Clínica Cleveland, afirma que o sono é o mais negligenciado dos hábitos de saúde.

Ademais, um estudo publicado na revista *Science* apresentou uma estimativa de que até mesmo uma única hora a mais de sono pode trazer mais felicidade, sobretudo a pessoas que não dormem o suficiente. O sono de mais qualidade também já foi associado à perda de peso, ao aumento da criatividade e à melhora do desempenho. No livro *Thrive: The Third Metric to Redefining Success and Creating a Life of Well-Being, Wisdom, and Wonder*, Arianna Huffington dá detalhes de sua própria história de exaustão que a levou a um sério incidente médico que foi como um despertador para ela (o trocadilho não foi intencional). Hoje, ela é uma grande defensora do sono e oferece a seus funcionários a oportunidade de usar cadeiras especiais para cochilos [chamadas *nap pods*] enquanto trabalham no *Huffington Post*. "Estou pagando pessoas por sua capacidade de discernimento, não por sua resistência física", afirma. Empresas como Zappos e Google também permitem que os funcionários tirem sonecas durante o trabalho, porque pesquisas mostram que bastam 15 a 20 minutos para que eles consigam recuperar a alta produtividade.

No livro *Nurture Shock: New Thinking about Childen*, Bronson e Merryman fazem uma síntese de vários estudos importantes a respeito de crianças, dedicando um capítulo inteiro ao sono. Na prática, as crianças de hoje têm menos uma hora de sono do que há 30 anos, e os pesquisadores acreditam que isso esteja refletido em Q.I.s (quocientes intelectuais) mais baixos, tensão emocional e obesidade. Os adolescentes, em especial, precisam de mais horas de sono, pois o cérebro deles passa por uma enorme reestruturação que modifica um terço de suas conexões neurais e altera a liberação de melatonina em duas horas. Em termos biológicos, os adolescentes são programados para ficar acordados até mais tarde (23h) e acordar também mais tarde pela manhã (9h), mas os horários escolares fazem com que a maioria deles sofra de um débito crônico de sono. Vários estudos comprovam que adolescentes precisam de 12 horas de sono por noite e, quando dormem menos de 8 horas, mostram-se mais propensos ao uso de álcool e drogas, bem como a pensar em suicídio e tentá-lo.

Obviamente, o sono é importante para nossa saúde e bem-estar geral em todas as idades. Procure estudar mais acerca dos benefícios do sono e tenha como prioridade dormir mais e melhor. Lembre-se, da perspectiva do aprendizado, sua memória será beneficiada se você fizer cada uma das três sessões de acesso a informações recomendadas após uma boa noite de sono. E sessões de acesso a informações ajudam na retenção de longo prazo, ao menos no que diz respeito a memórias semânticas de fatos e conceitos. O aprendizado é fixado porque a via neurológica que leva à informação é trilhada mais vezes. Basicamente, o acesso a informações remodela a curva do esquecimento, prolongando a retenção do material aprendido.

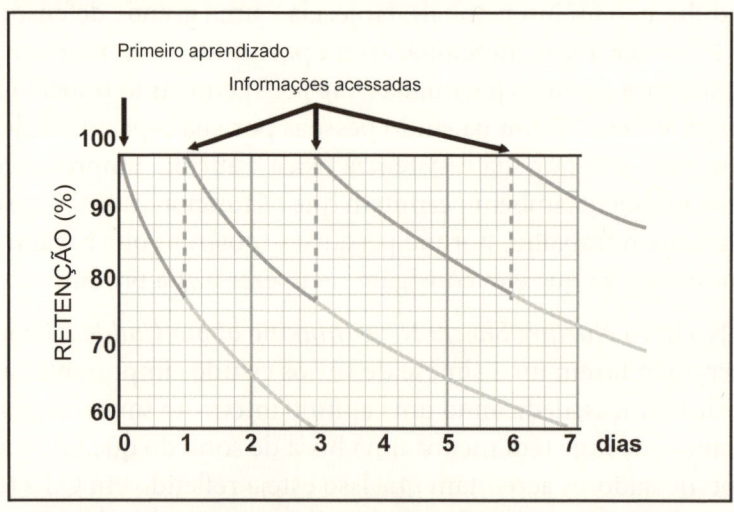

Melhore a retenção fazendo três sessões de acesso a informações separadas por períodos de sono

11. Aproveite Esquemas Já Existentes

Além dos exercícios de acesso às informações aprendidas, outra poderosa ferramenta para transferir o aprendizado para a memória de longo prazo é associá-lo com algo que já conhecemos. Mais uma vez, pesquisas referentes ao cérebro esclareceram um processo natural que já existe: o cérebro humano tem um método próprio e preestabelecido para classificar o que aprendemos. À semelhança de um elaborado sistema de arquivamento, nosso cérebro tem "pastas" em que são armazenadas informações relacionadas. A essas pastas os cientistas chamam "esquemas". Na prática, elas são conjuntos de informações, ou redes neurais, que crescem e se fortalecem à medida que as enriquecemos com novas experiências ao longo do tempo. Por exemplo, pense em uma banana e, no mesmo instante, a cor, formato, gosto e cheiro dela surgirão em sua mente, quer você goste deles, quer não. Como já viajei pela Venezuela, meu esquema para bananas inclui a pequena e mais doce variedade *cambur*. E a música "Banana Pancakes", de Jack Johnson, também faz parte de meu esquema, ao lado de doces lembranças de fazer bolos e biscoitos em família. Mas Jack Johnson não vive apenas em minha pasta de bananas – ele também frequentou minha faculdade, então, está na pasta da UCSB, bem como na pasta de músicos *folk* do sexo masculino e pessoas que vivem no Havaí. A Venezuela também tem sua própria pasta, que está recheada de lembranças de minhas viagens àquele país, e também de informações sobre a história, a economia e a atual crise de direitos humanos sob o regime de Nicolás Maduro.

Ao contrário das pastas de arquivos reais, os esquemas de nosso cérebro podem guardar uma quantidade infinita de informações e fazer um número ilimitado de conexões entre elas, interligando-as por lembranças e pelas "cordas" das sensações. Por isso, quando aprendemos algo que pode ser associado a diversos esquemas, esse aprendizado é agregado a todos eles simultaneamente, criando uma rica rede de informações. É por essa razão que posso estar comendo uma banana e, sem me dar conta, começar a cantarolar alguns compassos de uma música de Jack Johnson, ou me pegar pensando em pessoas que conheci na Venezuela.

À medida que vivemos e aprendemos, ampliamos essa rede neural e atualizamos nossos esquemas, independentemente de nossa vontade (como quando assisti ao documentário *Blackfish* e vários de meus esquemas foram alterados de maneira irremediável). E esse processo dos esquemas está acelerando com a tecnologia. Sessenta e oito por cento da população mundial (5.135 bilhões de pessoas) usam dispositivos móveis. De acordo com Nielsen, pessoas adultas hoje passam quase metade do dia interagindo com mídias eletrônicas. O adulto médio passa aproximadamente 136 minutos por dia em *sites* de redes sociais, nos quais é bombardeado por novos conteúdos a todo instante, na forma de artigos, vídeos, *posts* e *tweets*. E isso em um único dia! No fim da semana, podemos nos sentir, e em geral nos sentimos, sobrecarregados e esgotados.

No tocante ao processo de aprendizado, os profissionais do ensino podem usar deliberadamente essa programação natural para agregar novos aprendizados a esquemas àqueles que já existem no cérebro do aluno. Isso produz dois resultados. Primeiro, é possível gerar um *insight* ou um momento "a-ha!", quando as pessoas percebem a relação com algo que já conhecem. Os melhores professores fazem isso de maneira instintiva. Quer estejam ensinando cálculo, *software* ou liderança, eles explicam conceitos abstratos de formas concretas que se conectam a esquemas já existentes nos alunos. Tendo sido reitora de uma grande universidade com vocação para pesquisa, notei que era isso o que distinguia os melhores professores de matemática e ciência dos demais. Eles tinham o dom de se conectar com esquemas já existentes na mente dos jovens de um jeito que tornava o complexo não só acessível, mas fácil. Segundo, uma vez que o aprendizado é associado a um esquema existente, é difícil esquecê-lo. O que foi aprendido se torna parte daquela rede neural mais forte em vez de ser uma pequena informação isolada flutuando pelo cérebro.

Assim, como ativar os esquemas de seus alunos? Para começar, é fundamental que você adote a perspectiva do estudante. Um exemplo que funciona com *baby boomers** provavelmente não significará

---

* N.T.: Pessoas nascidas entre 1946 e 1964.

nada para *millenials*.* Qualquer plano de ensino ou facilitação deveria começar com as perguntas: *Quem está na sala? Como posso estabelecer conexões com coisas que essas pessoas já saibam, de modo a fazer sentido para elas?* Conhecer seu público deve lhe dar algumas pistas.

Também tento levar para os alunos alguns exemplos ou modelos conceituais diferentes, em vez de um só. Essa abordagem ampla me permite ativar os esquemas de mais pessoas na sala, pois sei que pelo menos um deles terá grandes chances de acertar o alvo. E essa abordagem tem a vantagem adicional de permitir que os alunos estabeleçam relações entre os modelos. Por exemplo, quando ministro meu treinamento de gestão de mudança, uso a Curva de Greiner para desenvolvimento organizacional, pesquisas sobre a neurociência da resistência e a pesquisa da dra. Brené Brown acerca da vulnerabilidade. Ensinados em conjunto, esses modelos sugerem que uma mudança mais ampla – que envolva "por que e como" – é necessária e difícil. Mais importante, porém, é que, unidas, elas acessam os esquemas dos participantes, ajudando-os a ver as intersecções envolvidas.

Mas nada é mais eficiente do que associar o aprendizado ao esquema das experiências pessoais, com sua rica memória episódica e abundância de informações sensoriais. Se seu público se dispuser a compartilhar uma experiência, você com certeza poderá se valer desse esquema. No entanto, percebo que isso está ficando cada vez mais difícil à medida que a mão de obra se diversifica e o ritmo de contratações aumenta. Por isso, mudei o foco: em vez de *uma* experiência, abordo a experiência *daquele público*. Em meu treinamento sobre mudança, peço que os participantes se recordem de duas ocasiões em que vivenciaram mudanças: uma que tenha sido tranquila e outra que tenha sido difícil. Esse exercício ativa as lembranças específicas de cada pessoa e seus esquemas individuais de mudança sem que eu precise conhecê-los. Ao associar isso com atividades práticas para de fato conduzir a mudança, vejo resultados poderosos e duradouros,

---

* N.T.: Pessoas nascidas no período após o início da década de 1980 até o final da década de 1990 ou início dos anos 2000. Geração Y.

porque estou acessando o repertório de conexões permanentes que já existe no cérebro dos participantes.

12. Seis Conexões Poderosas

Pesquisas revelaram a existência de seis tipos de conexões poderosas que podem ajudar a transferir o aprendizado para a memória de longo prazo. Gosto de usar uma mistura delas em meus eventos de ensino, mas cada qual pode ser usada de forma individual e adaptada para necessidades específicas. Pense em como você as usaria com aquilo que deseja aprender.

Metacognição

Metacognição é uma palavra sofisticada para o pensar acerca do ato de pensar. Neste exato instante, você está pensando em aprendizado e em como otimizar seu processo de aprendizado. Outro tipo de metacognição é a reflexão, o ato de revisitar uma experiência passada. A metacognição também acontece quando recebemos uma avaliação, pois isso nos ajuda a ver nosso comportamento de outra maneira. Concordo com Peter Brown e Derek Sivers, autores de *Make it Stick: The Science of Successful Learning*, quando afirmam: "A reflexão é um tipo de prática".

Eles também abordam a importância da elaboração, que é o processo de dar significado a um novo material exprimindo-o por meio das próprias palavras e conectando-o com o que você já conhece. Basicamente, você usa a elaboração para ativar seus próprios esquemas.

Adoro usar um tipo de metacognição chamado investigação apreciativa. Trata-se de uma forma de reflexão guiada em que se pede que as pessoas se concentrem em seus momentos de melhor desempenho. Você pode pedir que elas pensem em uma ocasião em que aprender foi fácil e divertido, ou em que conseguiram aprender um material desafiador, ou mesmo em que superaram um fracasso inicial. O objetivo é ativar as vias neurais do sucesso em vez do fracasso. Quando pedimos que as pessoas revisitem momentos em que fracassaram, ativamos as vias do fracasso, o que não é muito produtivo e tende a desencadear emoções negativas como ansiedade e constrangimento.

Ao concentrar-se em momentos de ótimo desempenho, é possível analisar o que funcionou naquelas ocasiões e usar tais vitórias como base para outras. Podemos fazer perguntas como: *O que havia de diferente naquela situação? O que funcionou? Como podemos usar isso em uma nova situação?*

Se quiser mais informações a esse respeito, recomendo que você visite o *website* do Center for Appreciative Inquiry ou leia o livro *Appreciative Leadership: Focus on What Works to Drive Winning Performance and Build a Thriving Organization*, de Diana Whitney et al.

Jogos de Palavras

A segunda conexão mais poderosa é o jogo de palavras. Deixe-me demonstrá-lo pedindo que você complete as seguintes frases:*

I before E, _____.

Thirty days hath September, _____ .

Ou, para quem já estudou música:

Every Good Boy _____.

Essas frases nos ajudam a recordar informações como os meses que têm 30 dias ou as notas da escala musical. (Veja as respostas na página 79.) Elas são um tipo de jogo de palavras.

Jogos de palavras transferem informações para a memória de longo prazo porque ativam os centros de linguagem do cérebro, associando o aprendizado aos abundantes esquemas de palavras já armazenados ali. Os exemplos que apresentei são da língua inglesa, mas há exemplos de jogos de palavras em todas as línguas e culturas.

---

* N.T.: Como são jogos de palavras tradicionais em língua inglesa, optei por mantê-los em inglês e explicá-los em notas de rodapé quando necessário.

Recursos mnemônicos também constituem conexões baseadas em jogos de palavras e são fantásticos, porque reúnem uma grande quantidade de informações em um bloco fácil de recordar. Tive uma prova disso quando estava no último ano do ensino médio, estudando para a prova final de biologia. Como precisávamos memorizar milhares de informações, meu amigo Ian e eu começamos a criar recursos mnemônicos para tentar internalizar todo aquele material. Até hoje (muitos anos depois), ainda lembro que é possível chegar aos nomes dos fungos com esta frase: *Orange Zebras Always Bite Dried Fruit* [zebras alaranjadas sempre mordem frutas secas]. Ela é um código para "oomicetos, zigomicetos, ascomicetos, basidiomicetos, deuteromicetos = fungos". E até hoje me lembro do quanto rimos ao criarmos essa frase. Ela continua em meu cérebro mesmo depois de todos esses anos, embora eu já não precise de tais informações. No entanto, meu recurso mnemônico sempre as traz à tona porque ele acessa o rico centro da linguagem em meu cérebro.

Os acrônimos são um tipo de jogo de palavras em que (em geral) se combina a primeira letra de cada palavra para formar uma palavra nova. Exemplos disso são os termos em inglês SCUBA (*self-contained underwater breathing apparatus* – aparato submarino autônomo de respiração), SONAR (*sound navigation ranging* – determinação de distâncias por som em navegação) e SWAT (*special weapons and tactics* – armas e táticas especiais). E aqui trago um que quero que você se lembre: FAIL [fracasso] significa *"first attempt in learning"* [primeira tentativa de aprendizado]. Falaremos mais sobre a importância disso na seção III.

Ao desenvolver atividades de ensino, use jogos de palavras para criar maneiras divertidas de fazer com que os alunos memorizem as informações. Ou, o que é ainda mais importante, ensine o valor desse tipo de conexão para que eles criem os próprios jogos de palavras, que serão ainda mais eficientes no longo prazo.

"My Wife and My Mother-in-Law" [Minha Esposa e Minha Sogra], de William Hill

Insight

Você já viu esta ilusão de ótica? Algumas pessoas logo veem uma idosa, enquanto outras veem uma jovem. Ambas estão na imagem. Você consegue ver as duas?

Quando faço essa atividade com um público presencial, sempre ouço arquejos e exclamações de surpresa, bem como comentários pela sala, à medida que as pessoas conseguem ver o que não conseguiam antes. Se quiser fazer mais experiências desse tipo, procure por ilusões de ótica *on-line* (recomendo o *site* BrianDen/optical-Illusions.htm).

Isso que acontece quando vemos a imagem de uma forma diferente é chamado *insight*. É o momento "a-ha!", quando você respira fundo ou se diz "nossa!" graças às novas sinapses que se formam no cérebro.

Em um estudo de 2018, neurocientistas da Áustria e do Reino Unido trabalharam em conjunto para estudar o que acontece quando as pessoas resolvem quebra-cabeças, o que representa um tipo de momento "a-ha!". Trinta participantes montaram quase 50 quebra-cabeças, e o estudo revelou que, no momento do *insight*, uma descarga de dopamina no núcleo accumbens cria uma rápida sensação de excitação ou alegria e alívio. Isso gera uma recompensa química e emoções positivas, o que facilita o armazenamento de memórias de longo prazo.

O *insight* é poderoso porque, quando acontece, já não pode ser desfeito – aquele instante de aprendizado não se perde. Você nunca mais conseguirá olhar para a imagem sem ver o desenho oculto. Lampejos de *insight* são indestrutíveis. Isso me faz lembrar o filme *Matrix* e a escolha de Neo de tomar a pílula vermelha. A partir do instante em que vê através da ilusão, ele já não consegue voltar a ver o mundo como antes.

Mas, como podemos usar o *insight* como ferramenta de aprendizado? O dr. Josh Davis sugere o seguinte: "A elaboração de atividades de ensino talvez deva tirar o foco da transmissão de conteúdo e criar espaço para o *insight*". Essa é uma mudança importante no ensino. De acordo com a famosa observação de Alison King, os professores precisam passar da posição "do sábio no palco para a do guia ao lado." Isso significa que, se pudermos escolher entre transmitir cinco minutos de informações para alguém ou criar uma experiência de 15 minutos para que a pessoa tenha seu próprio momento "a-ha!", devemos sempre escolher a segunda alternativa. O aprendizado será muito mais duradouro porque a mudança de perspectiva é permanente.

Hoje, em meu trabalho, levo em consideração estas quatro maneiras de criar oportunidades de *insights*:

1. **Apresentar um leque de conceitos.** Isso aumenta as chances de criar momentos em que os alunos possam "ligar os pontos."

2. **Criar oportunidades para que as pessoas aprendam por si mesmas.** Quando as pessoas procuram suas próprias respostas, maior é a probabilidade de que fixem o que aprenderam. É aqui que o advento da tecnologia e dos *smart phones* pode ser uma bênção, pois você pode dar às pessoas alguns minutos para procurar sozinhas.

3. **Desenvolver atividades com experiências que levem os alunos ao momento "a-ha!".** Em vez de pensar: *O que posso dizer para ajudá-los a compreender estas ideia?*, a questão passa a ser: *O que posso pedir que eles façam para que vejam esta ideia em ação?*
4. **Dar um intervalo de descanso às pessoas.** Isso se pode fazer com intervalos mais longos entre os momentos de aprendizado. Sim, intervalos no aprendizado *criam* tempo para *insights*.

Quero lhe fazer uma pergunta. Normalmente, onde você está e o que está fazendo quando tem momentos de *insight*, aqueles momentos "a-ha!"? Quando faço essa pergunta, as pessoas dão respostas do tipo: "No chuveiro" ou "Fazendo uma caminhada" ou "Cozinhando". Ninguém jamais diz: "Sentado à escrivaninha, concentrado". Como vimos no capítulo 3, isso acontece porque o cérebro precisa desviar a atenção do aprendizado para que as conexões ocorram. Fazer um intervalo é importantíssimo e fundamental para termos *insights*, por isso, nunca subestime o poder de um longo intervalo, ou mesmo férias, entre ocasiões de aprendizado. Boa parte das suas melhores ideias virá quando você não estiver trabalhando, nem estiver com seus alunos.

Respostas da p. 75:

I before E except after C.*

Thirty days hath September, April, June and November.**

Every Good Boy Does Fine.***

---

*N.T.: Uma regra de ortografia em inglês.
**N.T.: Frase para memorizar os meses que têm trinta dias.
***N.T.: Regra para lembrar a sequência de notas musicais nas linhas do pentagrama (mi [E], sol [G], si [B], ré [D], fá [F]).

13. Interação Social e Mapas

As duas conexões seguintes são a interação social e os mapas. Estamos programados para ser criaturas sociais. Faço uma abordagem bastante detalhada disso em meu livro *Wired to Connect: The Brain Science of Teams and a New Model for Creating Collaboration and Inclusion*. Uma grande parte de nosso sistema nervoso é dedicada à leitura das emoções alheias e à formação de vínculos com significado. Essa habilidade é um componente de nossa sobrevivência e, por isso, envolve elementos biológicos. Se pensarmos na história de nossa espécie, nossas chances de sobrevivência eram maiores se nos reuníssemos em grupos para coletar alimentos e enfrentar tigres-dentes-de-sabre. Mesmo nos dias atuais, pessoas que vivem em comunidade vivem mais tempo que pessoas isoladas. E estudos mostram que ter dois amigos próximos é um fator importante de felicidade.

Somos criaturas sociais por natureza, e o aprendizado coletivo nos ajuda a tirar o máximo proveito desse aspecto de nossa biologia. Quando aprendemos em grupo, acontecem algumas coisas importantes. A parte social do cérebro é ativada pelo simples fato de estarmos reunidos na sala. Essa é a parte do cérebro que examina expressões faciais, tons de voz, linguagem corporal e deixas sutis. Quando aprendemos em grupo, ativamos naturalmente todas essas vias neurais. Além disso, sabemos que, em termos emocionais, a maioria das pessoas vivencia emoções positivas quando participa de experiências de aprendizado interativas e interessantes. É por isso que nos sentimos atraídos por histórias e respondemos bem a elas. Mesmo quando ouvimos histórias a respeito de pessoas que não conhecemos e talvez nunca cheguemos a conhecer, elas despertam nossa estrutura sociável com as ricas informações linguísticas armazenadas no cérebro. Por fim, quando aprendemos em grupo, o cérebro asssocia aquele aprendizado com aquelas pessoas específicas. Ao nos encontrarmos de novo no futuro, é provável que tenhamos aquele esquema ativado. Por exemplo, meu amigo Ian está para sempre na pasta de Biologia em meu cérebro, e qualquer coisa relacionada a biologia me faz pensar nele. Quando escolas e locais de trabalho atrelam deliberadamente momentos de aprendizado a colegas, isso provoca uma constante reativação do material aprendido.

Quando dou aulas presenciais sobre esse tema, reúno as pessoas em pares para que discutam como podem aplicar tais conceitos ao que querem aprender. Essas discussões sempre nos proporcionam várias recompensas neurocientíficas. Primeiro, a estrutura social do cérebro é ativada quando as pessoas conversam, mesmo que seja por tecnologia remota como vídeo ou áudio. Uma observação aqui: recursos visuais são sempre mais instigantes que o áudio apenas, por isso, recomendo o uso de vídeo-chamadas. Segundo, quando, mais tarde, as pessoas veem o parceiro de discussão, elas naturalmente perguntarão como vai o processo de aprendizado. Haverá uma reativação intrínseca e um acesso ao material. Por fim, se o tópico em questão exige que os alunos usem a informação ou habilidade em conjunto ou em colaboração com outras pessoas, eles também podem fazer essa prática adicional.

Nem todo aprendizado pode ser feito em grupo, mas ainda não encontrei um tema ou habilidade que não se beneficiasse do acréscimo de interação humana ao processo.

Mapas

O quinto tipo de conexão de aprendizado é a elaboração de mapas. Nosso cérebro foi criado para processar locomoção geográfica. Isso está ligado à nossa sobrevivência como espécie, pois precisávamos ser capazes de encontrar alimento e água e voltar a tais fontes de recursos no futuro. Também tínhamos de encontrar nosso vilarejo e, dependendo de nossa tribo, talvez viajar muitos quilômetros por ocasião da mudança das estações. No interior do hipocampo há uma estrutura chamada córtex entorrinal, que funciona como nosso sistema de posicionamento global (GPS) interno. A dra. May-Britt Moser e o dr. Edvard Moser ganharam o Prêmio Nobel pela pesquisa do córtex entorrinal e a descoberta de uma esfera de células, organizadas em um padrão semelhante a uma grade, que criam mapas mentais tridimensionais à medida que nos locomovemos. Essa estrutura cerebral constrói e edita continuamente nossos mapas mentais.

Ocorre que o córtex entorrinal também ajuda a mapear nossas memórias no espaço e no tempo. É assim que, quando nos lembramos de um acontecimento, sabemos onde estávamos e por volta de quando aconteceu. Curiosamente, a pesquisa do casal Moser ajuda a esclarecer por que pacientes com o mal de Alzheimer ficam desorientados. Eles descobriram que esse conjunto de células em grade é danificado nos estágios iniciais da doença, desativando nessas pessoas os mapas mentais dos lugares que elas deveriam conhecer. Ainda que estejam transitando por lugares em que já estiveram centenas de vezes antes, o mapa interno desapareceu e, com ele, a familiaridade com o lugar.

Pessoas que transitam por grandes espaços geográficos costumam ter um hipocampo maior que as demais. A dra. Eleanor Maguire, neurocientista da University College London, passou cinco anos estudando os taxistas de Londres, cidade famosa pela geografia confusa e complexa. Imagens cerebrais revelaram que esses taxistas, que passaram anos memorizando as ruas da cidade, tinham o hipocampo invariavelmente muito maior que outras pessoas.

Talvez seja por isso que a técnica de mapeamento utilizada por campeões de memorização se mostre tão eficiente. Sim, existem competições de memória semântica. Nelas, pode-se pedir que os concorrentes memorizem a ordem exata de 12 baralhos ou um número de 2 mil dígitos. Um campeão de memorização, Boris Konrad, nasceu com memória normal, mas começou a treinar para fazer coisas como memorizar 195 nomes e rostos em 15 segundos. Ele usava

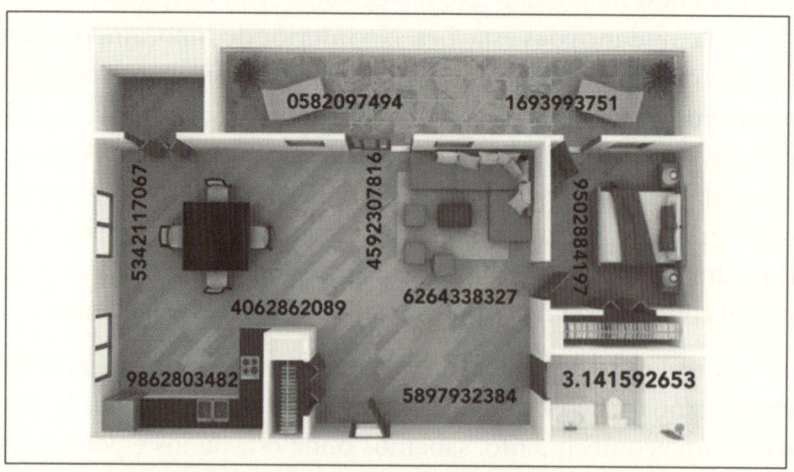

Memorização dos dígitos do número Pi com o método de loci

uma técnica chamada método de *loci*, ou "palácio da memória", que remonta à Grécia antiga. Nessa técnica, as pessoas criam a imagem mental de um local, como uma sala ou prédio, e, em seguida, visualizam cada informação que precisam memorizar em um ponto daquele local. Em outras palavras, elas convocam a função natural de mapeamento de seu córtex entorrinal para ajudá-las a memorizar informações.

O dr. Martin Dresler, neurocientista do Centro Médico da Universidade Radboud, na Holanda, trabalhou com Konrad a fim de investigar se o cérebro de campeões de memorização é diferente do cérebro de pessoas medianas, e se é possível ensinar como melhorar a memória. Como já se esperava, o cérebro de campeões de memorização provou ser diferente, com mais conexões entre o lobo temporal medial visual e a rede do modo de inação. No entanto, quando os participantes medianos aprenderam e praticaram a técnica de mapeamento, Dresler constatou diferenças significativas nos exames de imagem cerebral delas, bem como uma melhora considerável nas habilidades de memorização. E essas não foram mudanças temporárias: os ganhos duraram meses.

Você também pode aprender técnicas para melhorar a memória semântica. Como explica o dr. Lars Nyberg, neurocientista: "A descoberta de que o treino pode moldar o cérebro da mesma forma em não *experts* corrobora a ideia de que o desempenho de excelência é, na verdade, resultado de treinamento – não de habilidades específicas". Pense em como essa técnica poderia ser útil naquilo que você deseja aprender ou para ajudar outras pessoas a melhorar a memória.

14. A Magia da Música

A última das conexões poderosas é a música. Você já se perguntou por que consegue lembrar a letra de milhares de músicas? Sei que consigo cantar absolutamente todas as músicas da Madonna, *ipsis litteris*, do início ao fim. A música alcança muitas regiões do cérebro, o que faz com que a memória musical seja quase indestrutível. Você pode até sofrer danos cerebrais, mas não perderá a parte musical, pois ela está conectada a muitos lobos e regiões diferentes do cérebro.

Quem é norte-americano e já tem certa idade, é bem provável que se lembre da série *Schoolhouse Rock*. Minha geração cresceu assistindo àquelas aulas em formato de desenho animado e adaptadas a uma melodia fácil de lembrar. Quando dou palestras sobre ensino, basta eu cantar as primeiras palavras de "Conjunction Junction..." para que a sala repleta de gente comece logo a responder, cantando: "What's your function?" *Schoolhouse Rock* era brilhante. Até hoje, consigo explicar como um projeto de lei se transforma em lei, o que são as conjunções e como funcionam os advérbios, porque as músicas ainda estão em meu cérebro e são fáceis de recordar.

O músico Bobby McFerrin sabe que o cérebro humano é geneticamente programado para a música e costuma transformar seu público em um instrumento musical que, sem usar palavras, ele leva a cantar uma melodia desconhecida em uníssono. Assista a um vídeo curto desse processo incrível, chamado colaboração pentatônica improvisada [*improvised pentatonic collaboration*], no *website* TED.com. Ele faz parte do *Notes and Neurons: In Search of the Commons Chorus*.

A música é um fenômeno global. Ela esteve e está presente em todas as culturas da história do mundo e pode ser um poderoso fator de conexão entre as pessoas. Embora o canto coral sempre tenha sido popular – por exemplo, mais de 20 milhões de adultos norte-americanos cantam em corais de suas comunidades – houve uma onda recente na comunidade do canto: a reunião de pessoas em pequenos grupos. Como afirma Kelsey Menehan: "Eventos comunitários de canto nada mais são que pessoas comuns se reunindo com seus amigos e vizinhos em um lugar público para cantar, apenas por diversão". Não há audição prévia, nem *show*, nem mesmo listas de músicas por escrito ou letras de músicas. Trata-se de nossa maneira inata e tribal de nos comunicarmos e reunirmos. Faço parte de um grupo de canto comunitário e essa é uma das coisas mais gostosas que faço.

Pesquisadores descobriram que cantar em grupo tem muitos benefícios, dentre eles a melhora da cognição e da clareza mental, a liberação de endorfinas e oxitocina (que produz sentimentos positivos), a melhora do sono, o fortalecimento do sistema imunológico, a redução da pressão arterial e do estresse, maior cooperação e uma vida mais longa!

A combinação de aprendizado e música é tão eficaz que tem sido usada como ferramenta em uma varidade de terapias, e existem algumas histórias de sucesso incríveis envolvendo militares veteranos com lesões cerebrais traumáticas, vítimas de AVCs e pessoas com autismo. Quero contar aqui apenas duas dessas histórias surpreendentes:

Gabrielle Giffords, deputada pelo estado do Arizona, sofreu um grave trauma cerebral de um tiro que levou em 2011. A lesão fez com que perdesse a capacidade de falar, mas musicoterapeutas começaram a trabalhar com ela, pois sabiam que, embora não pudesse falar, ainda conseguiria cantar. Usaram a música para reprogramar a parte linguística que fora danificada, reconstruindo, reativando e, assim, recriando as vias neurais por meio de tecido não lesionado. Portanto, o aprendizado musical pode nos ajudar a fazer muito mais que apenas lembrar músicas. Ele literalmente ajuda a reprogramar partes lesionadas do cérebro.

A música alcança todas as regiões do cérebro e é um traço comum de todas as culturas do mundo

A música pode até mesmo liberar o acesso às memórias de pessoas com mal de Alzheimer e demência. O documentário *Alive Inside:*

A Story of Music and Memory mostra como Dan Cohen, assistente social, usava música para trazer à tona o conteúdo da memória de pacientes em asilos. O filme está cheio de exemplos de pessoas que parecem perdidas em sua própria mente, mas que se mostraram animadas depois de alguns minutos ouvindo uma musica familiar. No documentário, o dr. Oliver Sacks, neurologista, afirma: "A música não pode ser separada da emoção e, por isso, não é apenas um estímulo fisiológico. Ela chamará a pessoa como um todo por intermédio de muitas partes diferentes do cérebro e pelas memórias e emoções ligadas a ela". Uma vez que a música as "desperta", essas pessoas continuam presentes e animadas por um tempo considerável. Cada música é como uma chave que abre a porta de todo o seu ser novamente. Fiquei muito comovida e chorei assistindo ao filme, porque minha família já vivenciou casos de demência e mal de Alzheimer. Todos nós podemos usar a música para ajudar nossos entes queridos a permanecer conectados consigo mesmos.

A musicoterapia é uma ferramenta muito útil usada há séculos no mundo todo. Hoje, os neurocientistas têm condições de mensurar melhor os efeitos dela e comprovam seus benefícios, de modo a ajudar muitas pessoas com lesões e doenças cerebrais, distúrbios de movimentação e dificuldades de processamento de informações. O dr. William Forde e o dr. Gottfried Schlaug escreveram um artigo detalhado abordando o assunto na *Scientific American* sob o título "The Healing Power of Music".

Mas, como isso se relaciona com o aprendizado? Bem, podemos tornar o aprendizado quase inesquecível se o associarmos à música. Uma forma óbvia de fazê-lo é transformar o conteúdo em música, como se fazia em *Schoolhouse Rock*. Quando se aprende a música, o conteúdo fica embutido nela.

Você também pode associar o aprendizado a uma música que já existe. Por exemplo, é possível que você encontre uma música cuja letra enfatize perfeitamente um conteúdo específico ou dê o tom da experiência que você está criando. Pode transformar a música em uma parte deliberada da experiência de aprendizado, pedindo que os alunos identifiquem de que maneira a letra se relaciona com o assunto ou façam pequenas alterações nela para adaptá-la ao tema.

Pense nisso como criar uma trilha sonora para o aprendizado. Por exemplo, quando ensino gestão de mudança, costumo usar a música "Yesterday", dos Beatles, para ilustrar a transição emocional que as pessoas vivenciam com mudanças e a resistência que costuma emergir durante os estágios iniciais. Você também pode ser mais sutil e apenas tocar a música nos intervalos, criando uma conexão quase subconsciente entre o aprendizado e a música. Acho a primeira opção mais eficiente, pois é menor a possibilidade de os alunos não fazerem a conexão. No entanto, as pessoas que produzem filmes e programas de televisão usam a música o tempo todo para alterar nossas emoções sem que sequer nos demos conta disso.

Em uma entrevista a Trevor Noah, o ator e ganhador do Oscar Mahershala Ali, descreveu um período em que estava fazendo quatro papéis ao mesmo tempo (*House of Cards*, *Luke Cage*, *Moonlight* e *Future Relic*). Para conseguir lidar com a complexidade de representar quatro pessoas diferentes, ele criou uma *playlist* de músicas para cada uma. "Comecei a organizar *playlists* para cada personagem, porque a música influencia sua energia [...] e o modo como você transita pelo mundo, por isso, eu ouvia uma *playlist* diferente dependendo do papel em que estava trabalhando naquele momento."

Por fim, quando estiver lecionando, permita que os alunos tomem a iniciativa de usar o poder da música. Peça-lhes que criem as próprias músicas ou *playlists* para fixar o aprendizado e tornar a informação mais fácil de ser lembrada no futuro. Quando ensino técnicas de liderança, peço às pessoas que criem uma *playlist* de músicas que as façam recordar uma ocasião em que deram o melhor de si ou que as inspirem a dar o melhor de si. Isso não só associa os conceitos a tais músicas como também cria a oportunidade de acessar o conteúdo mais tarde, quando estiverem criando a *playlist*.

Esses seis tipos de conexões o ajudarão a transferir o aprendizado para a memória de longo prazo. Nem toda conexão funciona para todo tipo de aprendizado ou aluno, por isso, experimente-as e escolha aquelas que se ajustem naturalmente a você e ao que você quer aprender.

15. Aumente Sua Capacidade de Lembrar

Ao encerrarmos esta seção da fase "Lembrar" do modelo, recordemos seus principais elementos: tipos de memória, esquemas, conexões e acesso às informações.

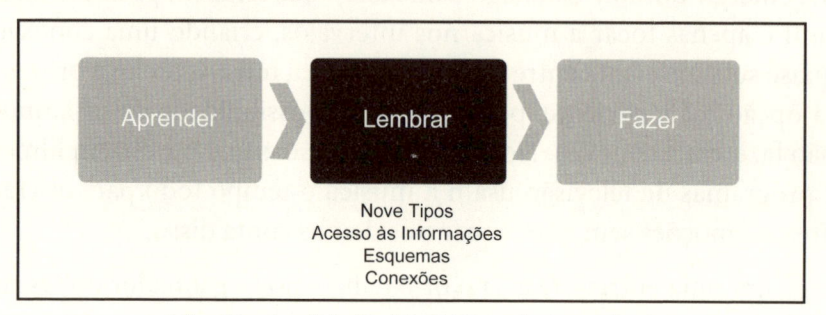

A fase "Lembrar" do Modelo Trifásico de Aprendizado

Como existem nove tipos diferentes de memória, você precisa adaptar suas ações ao tipo de memória que deseja criar. Seguem algumas dicas para as memórias semânticas e episódicas (abordaremos as memórias procedimentais na seção III).

Para as memórias semânticas, certifique-se de usar o maior número possível de sentidos e de obter as melhores informações sensoriais que puder. Além disso, ative seus esquemas de maneira deliberada, associando o aprendizado a algo que você já saiba. Use várias dentre as seguintes conexões (não é necessário usar as seis ao mesmo tempo):

- Metacognição/elaboração
- Jogos de palavras
- *Insight*
- Interação social
- Mapas mentais
- Música

Depois que aprender algo, faça três sessões de acesso às informações, com intervalos de sono entre elas. Se possível, use realidade virtual para transformar uma memória semântica em episódica, na qual você seja a estrela da cena.

O dr. Henry Roediger, III e o dr. Jeffrey Karpicke foram os primeiros pesquisadores a reconhecer os benefícios das sessões de acesso a informações, também conhecidos como o efeito do teste. Eles escreveram o livro *The Power of Testing Memory: Basic Research and Implications for Educational Practice*. Em conjunto com o dr. Adam Putnam e o dr. Victor Sungkhasettee, Roediger também escreveu um artigo intitulado "Optimizing Learning in College: Tips from Cognitive Psychology", no qual são apresentadas diversas sugestões, cada qual fundamentada em comprovações científicas. As sugestões são as seguintes:

Antes da aula

Organize seu tempo, anotando não apenas as datas de provas e entregas de trabalhos, mas também as sessões de estudo que você precisará fazer para preparar-se para aquelas datas.

- Compre livros novos, para não se sentir tentado a usar as anotações e destaques do dono anterior do livro (principalmente porque eles podem estar errados).

- Encontre um lugar tranquilo para estudar, de modo a eliminar distrações e conseguir o nível de concentração necessário para aprender.

- Responda perguntas de compreensão do material antes de estudá-lo. De acordo com os autores: "Pode parecer contraintuitivo responder perguntas sobre temas que ainda não foram estudados, mas pesquisas sugerem que [...] responder perguntas de antemão ativa todo e qualquer conhecimento preexistente relacionado ao tópico e facilita a associação de novas informações àquelas que você já conhece".

- Crie suas próprias perguntas sobre conceitos importantes, pois isso o ajuda a pensar a respeito do conteúdo e também a associá-lo ao conhecimento que já tem.

- Em vez de fazer resumos do material, evoque o que você lembra e, em seguida, revise o conteúdo, anotando o que deixou passar e o que acertou. A essa técnica eles chamam "ler-recitar-revisar."

Durante a aula

- Frequente as aulas, mesmo que elas apenas repitam o que está no material de leitura. Ouvir o conteúdo de forma diferente cria outra memória, o que fortalece o conhecimento e a retenção.

- Escreva as anotações à mão, sem usar o computador. Vários estudos mostram que esse tipo de escrita produz mais compreensão e possibilidade de acessar as informações do que a digitação.

- Se puder, consiga uma cópia dos *slides* da aula com antecedência e faça anotações diretamente neles durante a aula. Assim, você usa as próprias anotações para agregar conteúdo às ideias em vez de copiar o conteúdo de cada *slide*.

Depois da aula

- Estude um pouco todos os dias, pois isso cria os intervalos entre momentos de acesso às informações, o que, como comprova a ciência, melhora a retenção. Reler parece inútil, por isso, releia apenas se você ainda estiver confuso ou precisar esclarecer algum ponto.

- Use ferramentas como *flash cards* e *quizzes* para criar sessões de acesso às informações em vez de repeti-las.

- Faça "reaprendizados sucessivos", reforçando o conhecimento do conteúdo por meio de recursos mnemônicos, mapas mentais, etc.

- Para memórias episódicas, cuide de conseguir também as melhores informações sensoriais que puder, valendo-se de esquemas e conexões. Sempre que possível, desperte as emoções, de modo que a amígdala esteja envolvida no processo.

Sua Jornada de Aprendizado

Ao final de cada seção, aproveite para aplicar os conceitos à sua própria vida e àquilo que você quer aprender. Use as seguintes perguntas para ajudá-lo a identificar possíveis estratégias que facilitem o objetivo de aprendizado.

- Observe seu ritmo natural diário e identifique o momento de pico (o período em que é mais fácil se concentrar), a baixa (o período em que é mais difícil se concentrar) e a recuperação. Qual é o melhor período para trabalhar em seu objetivo de aprendizado?

- Ultimamente, ao acessar memórias na mente, qual sensação toca uma "corda" de memória que a traz à tona? Como você poderia usar de modo deliberado os cinco sentidos para que a memória atue da melhor forma possível no tocante a seu objetivo de aprendizado?

- Revise o diagrama do capítulo 8, que mostra os nove tipos de memória: sensorial, de trabalho, semântica, episódica, procedimental, perceptual ou de pré-ativação, habituação/sensibilização, emocional e somática. Encontre um exemplo de cada uma delas em sua vida. Quais tipos de memórias você criará com seu objetivo de aprendizado?

- Como você pode fazer três sessões de acesso a informações separadas por intervalos de sono para atingir seu objetivo de aprendizado?

- O aprendizado se "fixa" melhor quando o associamos a coisas que já sabemos (esquemas). Como você pode associar o que quer aprender a esquemas que já tem?

- Identifique quais dos seis tipos de conexões você pode usar deliberadamente para seu objetivo de aprendizado: metacognição/elaboração, jogos de palavras, *insight*, interação social, mapas mentais, música.

Fazer: Construir Habilidades + Criar Hábitos

*"Não se aprende a andar seguindo regras.
Aprende-se andando e caindo."*

Sir Richard Branson, fundador do Virgin Group, Ltd.

16. Entenda o que são Habilidades e Hábitos

A maior parte do ensino direcionado a adultos busca a mudança de comportamentos, em geral por meio do desenvolvimento de habilidades e da criação de hábitos. A terceira fase do modelo diz respeito à mudança de comportamento: Fazer. Para tanto, vamos estudar a criação de hábitos, as repetições, as recompensas e a prática.

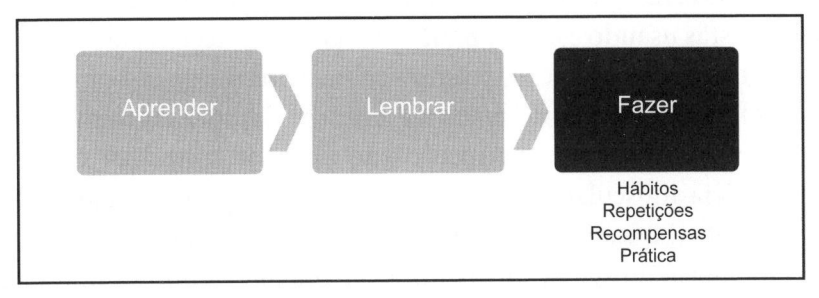

Fase 3: Fazer

Habilidades, comportamentos e hábitos são exemplos de memória procedimental, um dos quatro tipos de memória implícita. Como aprendemos na seção II, este é o aspecto do "saber fazer" e envolve coisas como, por exemplo, usar uma ferramenta, movimentar o corpo, evitar perigos ou colocar uma habilidade em prática. Nós adquirimos ou construímos essas memórias mediante experiências sensório-motoras. Como afirma o pesquisador de memória, dr. Richard Clark: "Esse tipo de memória se expressa por meio de mudanças no modo de fazer as coisas, mudanças que se dão com base na experiência".

Como já vimos, é com a memória procedimental que aprendemos a realizar tarefas que acabam se transformando em comportamentos automáticos, como dirigir um veículo ou usar um computador. Uma vez que você tenha aprendido, isso estará lá para ser acessado no futuro. Esse tipo de memória depende de repetição e *feedback* contínuo na forma de recompensas. As memórias procedimentais estão relacionadas aos núcleos da base, ao corpo estriado e ao córtex motor. De acordo com o dr. Boris Suchan, neuropsicólogo, tais estruturas se localizam bem no centro do crânio, protegidas pelo córtex cerebral e, portanto, são raramente comprometidas, mesmo em casos de lesões cerebrais traumáticas. É por isso que pacientes famosos como Henry Molaison e Clive Wearing (outro homem que não era capaz de formar memórias de longo prazo) não só conservaram as habilidades que tinham antes das lesões como desenvolveram novas, embora não pudessem criar novas memórias semânticas ou episódicas.

Como cresci no Colorado, meus esportes da infância eram descer encostas usando esquis e patinar no gelo. Comecei a participar de competições de patinação, fazendo saltos triplos e giros complexos, acumulando milhares de horas de prática. Embora eu tenha parado de patinar aos 18 anos, meu corpo ainda se lembra de como é. A memória muscular é algo real, e ainda consigo fazer alguns dos movimentos, mesmo sem patinar há anos. A boa notícia é que tenho memória muscular. A má notícia é que não tenho os músculos (risos!), por isso, hoje, são apenas saltos simples. Mas, o modo como memórias procedimentais podem se estabelecer tão profundamente é algo que ainda me surpreende.

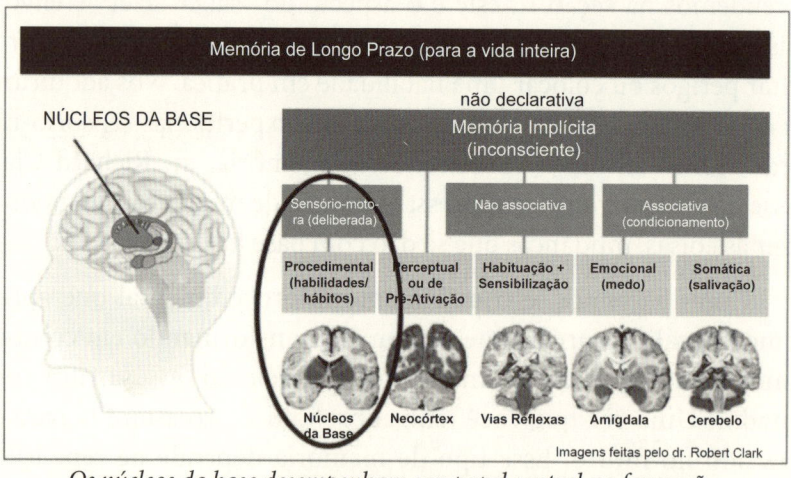

Os núcleos da base desempenham um papel central na formação de memórias procedimentais

À medida que crescemos, aprendendo e aperfeiçoando toda uma gama de habilidades para o trabalho e a carreira, criamos mais memórias procedimentais. Todo adulto que trabalha precisa contar com habilidades e hábitos, por isso, é útil saber o que eles são e como maximizar sua eficiência. Qual é a definição de habilidade? Habilidade é competência, aptidão ou destreza adquirida ou desenvolvida mediante treino ou experiência. Habilidades são comportamentos conscientes que intencionalmente buscamos melhorar.

Graças à tecnologia, isso passou a ser um ciclo interminável, pois a meia-vida de qualquer habilidade aprendida é de cerca de cinco anos, ao passo que nossa vida profissional se estendeu para 60 anos ou mais, de acordo com Lynda Gratton e Andrew Scott, autores de *The 100-Year Life: Living and Working in an Age of Longevity*. Ao subirmos os degraus de qualquer carreira ou organização, nossas habilidades são aprimoradas por meio da experiência e da pura repetição. (A esta altura de minha vida, já criei tantas aprensentações de PowerPoint que seria capaz de fazer isso dormindo.) Uma pessoa comum tem cinco carreiras ao longo da vida e, em média, 11 a 12 empregos. A geração mais jovem muda de emprego com frequência, em uma média de quatro empregos nos primeiros dez anos após a graduação. Uma mudança de carreira costuma exigir o desenvolvimento de habilidades completamente novas, e pode ser desconfortável ter de voltar ao nível de iniciante depois de se alcançar certo nível de competência.

Acho útil pensar em níveis de *expertise*: do iniciante ao especialista, com graus como aprendiz, intermediário e avançado entre eles. Processos seletivos e entrevistas de emprego não passam de instrumentos para encontrar a pessoa com as habilidades certas para atender às necessidades de um cargo ou projeto. Se se contrata alguém inexperiente demais, essa pessoa pode se esforçar para ter êxito. Se se contrata alguém avançado demais, é provável que essa pessoa fique entediada e seja atraída com facilidade para outro cargo mais compatível com sua habilidade e experiência.

Muitos estudos mostram que fazemos o nosso melhor quando deparamos com o nível adequado de desafio e sucesso. Isso foi observado pela primeira vez por Mihaly Csikszentmihalyi, autor de *Flow: The Psychology of Optimal Performance*. Ele define fluxo como "um estado em que as pessoas estão tão envolvidas em uma atividade que nada mais parece importar; a experiência é tão gratificante que as pessoas continuam a realizar aquela atividade mesmo a grandes custos, apenas pela pura vontade de realizá-la." A concentração ou foco é tão grande que não damos atenção a problemas nem a qualquer outra coisa. Você se perde na atividade e o tempo passa depressa. Esse estado de fluxo é o que gera felicidade e até mesmo êxtase.

Pense no fluxo como o equilíbrio entre seu nível de habilidade e o grau do desafio envolvido na tarefa ou trabalho. Se o desafio for grande demais para sua habilidade, você pode sentir ansiedade e frustração. Se o desafio é pequeno demais, você provavelmente ficará entediado. Seres humanos têm sede de crescer e aprimorar-se, por isso, entrar no fluxo significa aumentar o nível de desafio no momento certo para que você aprimore as habilidades que tem. (Saiba mais assistindo à *TED talk*, de Csikszentmihalyi.)

Em termos neurológicos, estudos do dr. Arne Dietrich revelam que, durante o estado de fluxo, o lobo pré-frontal apresenta uma redução de atividade, permitindo que mais regiões cerebrais se conectem, o que potencializa a criatividade. Outros pesquisadores acreditam que o estado de fluxo esteja relacionado com o circuito de recompensa da dopamina no cérebro, visto que a curiosidade é muitíssimo intensificada durante o fluxo.

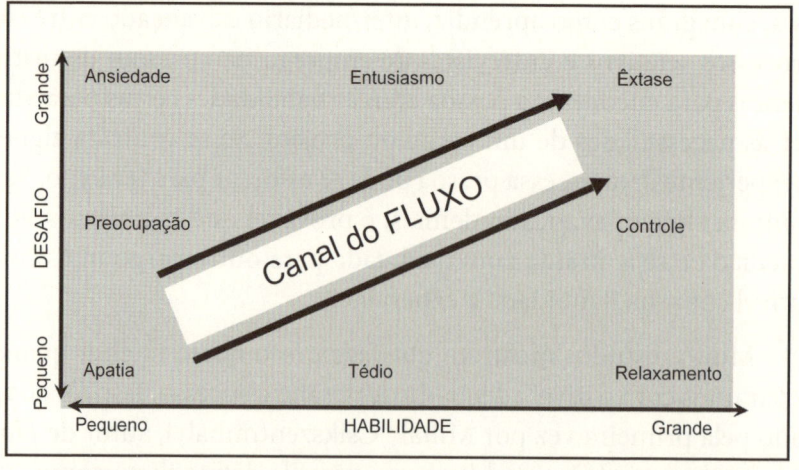

O fluxo acontece com o equilíbrio adequado entre habilidade e desafio

Muitas habilidades também são hábitos: padrões de comportamento recorrentes, geralmente inconscientes, adquiridos por repetição frequente. Habilidades podem englobar muitos hábitos, e hábitos também podem ser habilidades. Vejamos um exemplo. Sou escritora e desenvolvi a habilidade de pesquisar e escrever livros. Essa habilidade depende de vários hábitos – comportamentos inconscientes como ler artigos e digitar, uma vez que não preciso tentar ler ou digitar (são coisas que acontecem sem eu pensar). Mas preciso pensar em como escrever um livro. Trata-se de um ato intencional, e me aprimorei com o passar do tempo, sobretudo com a ajuda de minha editora, Jenefer Angell. Existe um pouco daquela coisa do ovo ou da galinha aqui, então, não se preocupe tanto com a diferença porque, para ser sincera, em adultos que trabalham, habilidades e hábitos estão muitíssimo entrelaçados no cotidiano.

De uma perspectiva científica, hábitos são vias neurais muito bem estabelecidas. Criamos hábitos quando fazemos algo tantas vezes que isso se torna automático. Pense em como, hoje, você liga o computador e começa a trabalhar. Você provavelmente nem pensa nisso, porque o cérebro processa a ação como um *loop* habitual. Aprender algo novo como, por exemplo, dirigir um carro ou usar um novo *software* exige muita energia cognitiva. Você se lembra de quando aprendeu a dirigir? Certificar-se de que os espelhos estavam na posição correta, lembrar-se dos pedais, aprender a trocar as marchas, ficar de olho nos outros carros, lembrar-se de dar seta. Tudo isso exigia muita atenção e foco, o que faz o cérebro gastar muita energia. Mas nosso corpo tem essa maravilhosa arma biológica chamada hábito, que nos permite transferir comportamentos que repetimos constantemente para uma parte diferente do cérebro, de modo que eles demandem menos energia, liberando as partes que fazem o trabalho pesado quando aprendemos algo novo.

Isso é uma função dos núcleos da base, a estrutura cerebral que controla movimentos e recompensas. Coisas que fazemos repetidas vezes são condensadas em um pequeno pacote de energia, para que possam ser realizadas no piloto automático. Pesquisadores do MIT conseguiram ver a mudança na atividade cerebral quando essa transferência ocorre, pois a queima de glucose no cérebro cai de modo significativo.

Hábitos são poderosos e duradouros. O livro *The Power of Habit*, de Charles Duhigg, mudou a maneira como vejo meu trabalho: hoje, considero-me uma criadora de hábitos. Ele fez uma síntese da pesquisa de muitos cientistas que estudam hábitos e descobriu que estes podem ser divididos em três partes, que formam o que ficou conhecido como o *loop* do hábito. Primeiro, há um gatilho ou deixa para que se inicie um comportamento. Por exemplo, entrar no carro é o gatilho ou deixa para dar início ao comportamento de dirigir. Ir para a cozinha de manhã é a deixa para começar a fazer café. A segunda parte é a própria rotina do comportamento. É o ato de dirigir – olhar para os espelhos, girar o volante, pisar no freio – ou de ligar a cafeteira e tirar a xícara do armário. A terceira parte – e talvez a mais importante – é a recompensa que obtemos ao realizar o comportamento. No caso de dirigir, a recompensa é chegar ao destino. Quando eu era adolescente, a recompensa também incluía uma tremenda sensação de independência. E para a rotina do café, a recompensa pode ser um delicioso grão arábico somado à cafeína!

Mas o problema é justamente este: os núcleos da base precisam de um senso de recompensa para criar o *loop* de um hábito, por isso, o comportamento rotineiro tem de ser, de alguma forma, irresistível. Não é interessante? Se quiser criar um novo hábito ou mudar um hábito antigo, cuide de atrelar a ele uma recompensa imediata e irresistível. Se você não o fizer, bem, é por isso que tantos de nós não conseguem alcançar objetivos cheios das melhores intenções, como começar a praticar exercícios ou mudar hábitos alimentares. A recompensa está distante demais para compelir os núcleos da base a criar o hábito e, assim, voltamos a nossas práticas anteriores.

17. Como Criar um Hábito: Repetição, Não Acesso a Informações

Quando tentamos produzir uma mudança de comportamento, precisamos pensar nos hábitos que estão vigorando e em como criar hábitos novos e melhores que sejam mais irresistíveis do que se ater ao conforto dos antigos.

Como hoje me considero uma criadora de hábitos, todos os meus planos de ensino começam com a identificação do *loop* de hábito desejado. A partir daí, trabalho com o caminho inverso. Para tanto, eu me pergunto o seguinte:

- Quais são as palavras e as ações que quero das pessoas?
- Em que contexto elas precisarão usá-las?
- Existem hábitos vigorando agora?
- Como posso tornar o novo hábito mais fácil e irresistível que o antigo?

Já vimos que os hábitos são compostos de três partes: uma deixa, uma rotina ou comportamento e uma recompensa. Quando se está criando um hábito, para si próprio ou para outra pessoa, é preciso saber algumas coisas importantes sobre esses três elementos.

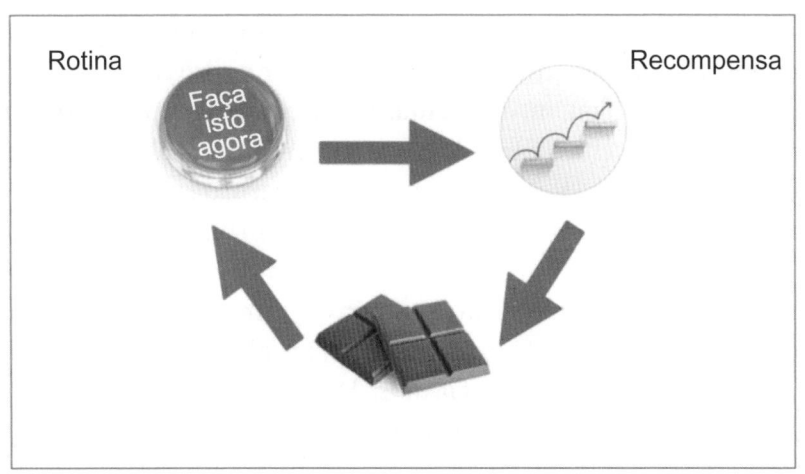

Um loop de hábito é constituído de uma deixa, uma rotina e uma recompensa

Para ser lembrada com regularidade, a deixa ou gatilho precisa ser algo óbvio, algo que as pessoas verão ou ouvirão. Simbolicamente, a deixa é como um botão gigante de "faça isto agora". Uma emoção não deveria ser uma deixa, visto que pode variar demais em termos de intensidade e momento de acontecer. Se possível, o melhor é associar o novo hábito a um hábito que já existe. Por exemplo, se você quisesse usar o fio dental com mais frequência, a deixa poderia ser o ato de guardar a escova de dentes. É algo que você consegue ver, e escovar os dentes já é um hábito bem estabelecido, de modo que associar o novo hábito a ele tende a ser mais efetivo.

Qualquer coisa pode ser uma deixa: um horário do dia, refeições, ou uma atividade rotineira como chegar ao trabalho ou ligar o computador. As possibilidades são infinitas e dependem apenas do que você está tentando fazer. Quando ajudo líderes a aprender novos comportamentos para gerenciar seus subordinados, associamos a deixa às segundas-feiras e à preparação para suas reuniões individuais com os funcionários. Se você estiver mudando de sistemas de *software*, a deixa poderia ser ligar o computador (agora iniciar o Google mail em vez do Outlook) ou processar um pedido (agora vá ao SalesForce em vez do Dynamics).

Quando se está mudando um comportamento, é importante dividir a rotina em pequenos passos. Rotinas costumam ser longas e complexas. Pense outra vez sobre aprender a dirigir. Se você estivesse ensinando alguém, apresentar todos os passos à pessoa de uma só vez seria a receita de um desastre. O cérebro se sobrecarrega e a pessoa fica propensa a cometer erros. Cada parte da rotina complexa mais longa deve ser separada do todo e transformada em um pequeno passo exequível. Na realidade, esse passo deve ser tão simples e fácil que seja impossível errar. *Primeiro, ajuste os espelhos para que você consiga enxergar. Ótimo! Em seguida, posicione o banco para que você alcance facilmente os pedais. Muito bem.* E assim por diante. Notou o incentivo após a realização de cada passo?

Todo passo correto da sequência deve ter uma recompensa, por menor que seja. A recompensa pode ser um elogio, um bater as mãos com outra pessoa ou mesmo um som, como um "ding" de um jogo ou um clique, como os que vemos usados com animais. Para ver um ótimo exemplo do funcionamento disso, assista ao vídeo de três minutos de uma garota de 9 anos aprendendo a dar um salto em altura (em https://tagteach.com/TAGteach_track_and_field/). Embora seja sua primeira tentativa, em 15 minutos de instrução, ela executa um salto em altura perfeito. Enquanto assiste ao vídeo, perceba como a professora usa deixas, pequenos passos e recompensas (neste caso, cliques) para criar um hábito do início ao fim.

A instrutora facilitou a criação de uma nova via neural usando uma técnica de desenvolvimento de hábitos que ilustra com clareza a Lei de Hebb: "Neurônios que são ativados juntos se interconectam". O neurocientista Donald Hebb percebeu que, quando se repete um comportamento ou movimento, os neurônios daquela via neural começam a ser ativados cada vez mais depressa. E, é claro, essa via neural se fortalecerá com mais repetições.

Como vimos no capítulo 10, a repetição não é um método eficaz para transferir o aprendizado para a memória. O que faz isso é o acesso às informações. No entanto, com relação aos hábitos, ocorre o inverso – hábitos consistem em repetição. Um velho ditado diz que são necessários 21 dias para criar um hábito. Embora a ideia esteja correta, os detalhes estão errados. Estudos revelam que são necessárias cerca de 20 repetições de um comportamento para que se ative uma via neural, e de *40 a 50* repetições para criar um hábito – desde que a deixa e as recompensas adequadas estejam presentes. Com 66

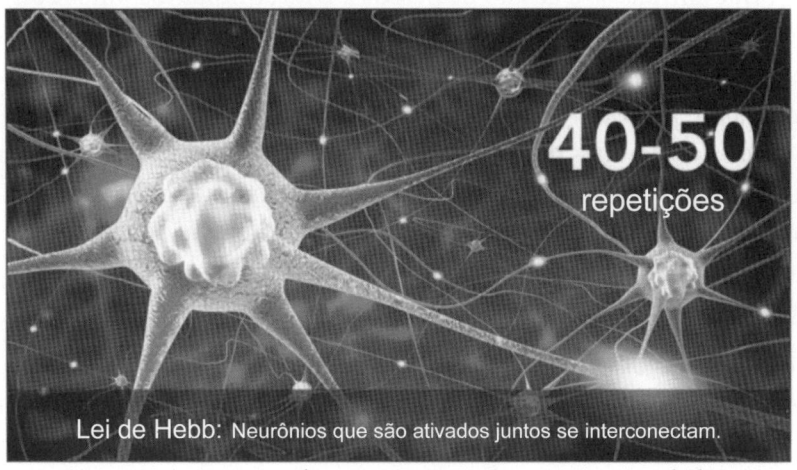

São necessárias, em média, 40 a 50 repetições para criar um hábito.

repetições, os cientistas já conseguem ver e mensurar o espessamento dos neurônios daquela via neural. A instrutora de salto em altura deve chamar a menina outras vezes e repetir o *loop* do hábito, para que a soma de repetições crie um hábito bem estabelecido. Outro ditado – "Cão velho não aprende truques novos" – também está errado. Com repetições suficientes, sem dúvida é possível. Muitos dos avanços da neurociência com pacientes acometidos por AVCs ou lesões espinhais devem-se à pura repetição, feita em novas formas que imitam ou auxiliam o funcionamento natural de nosso sistema nervoso.

É nesse aspecto que podemos realizar um trabalho mais efetivo ao desenvolver atividades de aprendizado. Para construir uma habilidade, ou um hábito, não devemos apenas falar sobre ele. Os alunos precisam *realizar* o comportamento, na sequência correta, a fim de construir a via neural certa. Já não sei dizer quantos foram os *workshops* ou treinamentos de que participei nos quais o palestrante falava acerca de determinados princípios, e chegávamos até mesmo a discuti-los, sem nunca os COLOCAR de fato EM PRÁTICA. Por exemplo, em um treinamento obrigatório de três dias sobre como ser um gerente melhor, apresentaram-nos alguns modelos e teorias de boas práticas de gestão. Conversamos a respeito de tais modelos em pares e pequenos grupos, mas não fizemos uma única atividade sequer que simulasse a gestão de pessoas. Não simulamos uma reunião individual. Não tentamos delegar uma tarefa ou fazer uma prática de *coaching*. E, como não realizamos nenhuma prática relacionada à gestão de pessoas, não será surpresa descobrir que, de acordo com as respostas de uma pesquisa anual quanto ao engajamento de funcionários, o programa não tenha produzido nenhuma mudança nas habilidades de gestão das pessoas. Embora os participantes tivessem "gostado" do programa, ele não produziu resultados reais.

Experiências como essa são um dos motivos pelos quais continuei a desenvolver meus próprios programas de treinamento com base na neurociência. Faço com que as pessoas comecem a construir os comportamentos e *loops* de hábito corretos durante o próprio evento de aprendizado. Elas praticam as habilidades várias vezes durante o treinamento, para que consigam aplicar o aprendizado no ambiente normal de trabalho. Se não fizermos isso, as deixas existentes no local de trabalho farão com que os funcionários retomem a antiga maneira de fazer as coisas, por isso, neutralizo esse impulso com repetições durante o treinamento. Nesse processo, as pessoas também melhoram a capacidade de enfrentar questões reais e difíceis, pois aprendem a solucioná-las em um ambiente em que é seguro cometer erros.

Essa ideia de construir hábitos pode ser aplicada a qualquer situação de aprendizado profissional. Digamos que você esteja implementando um novo sistema de *software* na empresa e quer que as pessoas se acostumem rapidamente a usá-lo. E digamos que elas usarão esse *software* duas vezes por semana. Quantas semanas serão necessárias para que o hábito seja criado? No mínimo 20 semanas, correto? Mas, se você fizer com que usem o *software* de 5 a 10 vezes na sessão de treinamento, elas já darão um importante passo inicial na criação do hábito. É muito mais proveitoso para todos do que apenas ouvir acerca das mudanças e, então, ter de se arranjar por conta própria ao voltar para a mesa de trabalho.

Esse é um dos grandes motivos pelos quais 70% de todas as iniciativas de mudança fracassam. Todo ano, empresas gastam bilhões de dólares na implementação de mudanças. No entanto, raramente levam em consideração as implicações dos hábitos ao tentar promover tais mudanças, ignorando também o que isso significa para a rotina gratificante e já bem estabelecida de uma pessoa. As pessoas sempre tentarão resistir à mudança, em geral porque é comum exigir que, além de criar um hábito novo (e, portanto, difícil e desconfortável), elas desistam de um hábito fácil e bem estabelecido. Quando uma empresa introduz uma mudança, pode ser que os líderes se frustrem com a inevitável resistência e as reclamações, mas as pessoas resistirão ou reclamarão apenas por aquele período previsível das 40 a 50 repetições. Se for algo que acontece todos os dias, os funcionários levarão de sete a oito semanas para passar pelo processo de mudança. Se for um comportamento que eles realizam semanal ou mensalmente, o período de adaptação será mais longo e cansativo, a menos que se promovam algumas repetições em um momento de aprendizado específico, ou durante a fase de implementação, para abreviar o período e diminuir a frustração. (Saiba mais em meu livro sobre mudanças, intitulado *Wired to Resist: The Brain Science of Why Change Fails and a New Model for Driving Success*.)

Utilize o poder do hábito a seu favor e pense em como você poderia estabelecer uma deixa, uma rotina e uma recompensa para construir os hábitos positivos que promoverão sucesso em todas as áreas da vida.

18. As Recompensas Certas

Os hábitos são uma parte natural de nosso funcionamento biológico e estão no cerne de milhares de comportamentos diários no mundo todo. Se você parar para pensar, verá que acontece toda uma gama de *loops* de hábito na vida cotidiana. E se os dividir em seus componentes, conseguirá identificar a deixa ou gatilho, a rotina e a recompensa. Veja a Tabela 2.

Tabela 2. *Exemplos de* loops *de hábito comuns*

DEIXA	ROTINA	RECOMPENSA
entrar no carro	dirigir	chegar ao destino + sensação de liberdade
acordar	fazer café	cafeína + sabor
chegada do pedido	processamento do pedido	ganhar dinheiro
ir dormir	escovar os dentes	sabor refrescante + evitar cáries
8h da manhã	começar a trabalhar	ser produtivo + não ser demitido
chegada da conta	pagá-la	assistir a seus programas da tevê a cabo preferidos + navegar na rede

Perceba que uma recompensa pode ser positiva, como aquela sensação de limpeza na boca ao escovar os dentes, ou algo que evite coisas negativas, como ter cáries e ir ao dentista. Embora as pessoas se sintam motivadas a alcançar uma recompensa positiva ou evitar uma penalidade negativa, a pesquisa mostra que o positivo é sempre mais atraente e, portanto, melhor para a criação de hábitos.

Todos nós já vivenciamos isso. Racionalmente, sei que fazer mais exercícios melhorará minha saúde e ajudará a evitar que eu ganhe peso, mas isso não parece muito atraente quando estou confortável em minha cama quentinha. O livro de Duhigg me ajudou a fazer uma mudança: percebi que não havia recompensas atraentes nas áreas em que eu sentia não progredir. Para me motivar a fazer exercícios, hoje salvo os *podcasts* de meus programas favoritos e me permito ouvi-los apenas quando estou malhando. Fazer exercícios na companhia de outras pessoas é mais uma boa motivação para mim, o que me deixa mais disposta a ir àquela aula de *spinning* logo no início da manhã.

E o fato é que não sou a única. A ciência dos hábitos pode ser usada para mudar todo tipo de comportamento. A dra. Daphne Bavelier e o dr. Shawn Green fazem pesquisas na área da neurociência dos *video games* de ação e descobriram que os jogadores auferem muitos ganhos das horas que passam jogando (repetições!) e recompensas pelas escolhas acertadas. Dentre tais ganhos é possível citar o aumento da capacidade de concentração, maior rapidez no processamento de informações e na tomada de decisões, e maior flexibilidade para transitar entre tarefas.

Urbanistas de Estocolmo, na Suécia, também estão utilizando o poder das recompensas certas. Como na maioria das cidades, eles enfrentavam o problema de pessoas dirigindo em alta velocidade e tentaram solucioná-lo por meio da aplicação de leis e punições como multas. Adivinhe em que medida essa estratégia mudou o comportamento? Quase nada. E isso porque dirigir em alta velocidade oferece sua própria recompensa de fazer a pessoa chegar mais depressa ao destino e, talvez, até certa empolgação de não ser flagrado infringindo as regras.

Então, as autoridades de Estocolmo decidiram usar as pesquisas sobre criação de hábitos e tentar algo diferente. Eles desenvolveram dispositivos com radares embutidos e os instalaram em cruzamentos. Quando um motorista atravessa o cruzamento, o dispositivo registra a velocidade e a mostra em um visor. Para os motoristas em alta velocidade aparecem a velocidade e uma mão fazendo um sinal de negativo em vermelho, e o aparelho tira uma fotografia da placa do carro para que o motorista seja multado. Embora muitos de nós estejamos acostumados com aparelhos semelhantes que registram e mostram a velocidade para pegar esses motoristas, Estocolmo fez algo revolucionário: os dispositivos também recompensam motoristas que *não* dirigem em alta velocidade. O aparelho mostra a velocidade e uma mão fazendo um sinal de positivo em verde, e tira uma fotografia da placa do carro do motorista para inscrevê-la em uma loteria cujo prêmio corresponde às multas pagas pelos motoristas que dirigem em alta velocidade!

O dispositivo de monitoramento de velocidade e loteria da Suécia

Uma ideia brilhante, não? E funcionou. As ocorrências de alta velocidade ao volante caíram 22% e permaneceram nesse patamar. É um resultado fenomenal e significativo, pois revela que a possibilidade de punição é motivadora apenas nessa medida, mas a possibilidade de uma recompensa, ainda que remota como ganhar naquela loteria, é suficiente para nos fazer mudar de comportamento.

Como Duhigg nos mostra, nossos hábitos atuais não são nosso destino. Todos nós temos a capacidade de mudar hábitos e criar os comportamentos positivos e eficientes que queremos ver em nossa vida. Portanto, quando quiser mudar um velho hábito ou criar um novo, cuide de agregar recompensas relevantes.

A conexão social pode ser uma recompensa poderosa, pois respondemos a reconhecimento e incentivo. Ouvir aquele "muito bem!" funciona porque provoca a liberação de dopamina. Quando há contato de pele humana com pele humana – pense em um bater de mãos, um toque de punhos ou um abraço – nosso cérebro também libera ocitocina, outra substância química de bem-estar que é codificada como recompensa nos núcleos da base.

E, é claro, prêmios, pontos e chocolate também funcionam. Duhigg compartilha um estudo realizado com um grupo de pessoas que queriam se exercitar mais. Dividido em dois grupos menores, ambos tinham a mesma deixa (acordar) e rotina (sair para correr). No entanto, o grupo A ganhava uma barrinha de chocolate quando voltava, e o grupo B, não. Isso foi feito apenas até que o hábito estivesse bem estabelecido. Mas os resultados não deixaram dúvidas. Os integrantes do grupo A criaram o hábito e o mantiveram por muito mais tempo que os integrantes do grupo B. Outro fato interessante é que o grupo A manteve o hábito por muito tempo depois da retirada do chocolate, o que sugere que, uma vez estabelecido o hábito, as recompensas podem mudar, e geralmente se mostram implícitas na própria atividade (como as endorfinas liberadas e a sensação de conquista proporcionada pela corrida).

As recompensas não necessitam ser grandes nem pomposas. Precisam apenas indicar que o comportamento foi realizado de forma correta. E devem ter algum tipo de significado para a pessoa. O livro de Duhigg está repleto de histórias e exemplos de pessoas que fizeram grandes transformações na vida trabalhando com seus *loops* de hábito, desde escolhas óbvias envolvendo saúde e bem-estar até gestão de pessoas e comando de organizações. (Visite o *website* Charles-duhigg.com para vídeos e materiais úteis.)

É isso que está por trás do poder da *gamification* ou ludificação. A sensação agradável de ganhar uma recompensa motiva as pessoas a aprender e/ou realizar tarefas e, com isso, elas desenvolvem hábitos e habilidades. Karl Kapp, autor de *The Gamification of Learning and Instruction*, afirma: "Soluções lúdicas oferecem a mistura certa de conteúdo com os elementos de engajamento dos jogos, como a sensação de progresso ou *feedbacks* imediatos e sinais visíveis de avanço ao longo do tempo, para motivar os alunos".

E hábitos não estão reservados a adultos. O dr. Alan Kazdin, da Universidade de Yale, aplicou pesquisas e técnicas de desenvolvimento de hábitos a crianças e criou um método eficaz de criação e educação dos filhos que pode mudar até mesmo a criança mais difícil e desafiadora. Muitas pessoas tentam controlar o comportamento dos filhos com castigos, o que entra em conflito com a programação natural do cérebro no tocante a hábitos e recompensas. O simples recompensar "bons" comportamentos pode promover mudanças enormes em qualquer pessoa, de qualquer idade. (Pais e professores, recomendo seriamente que vocês consultem os materiais oferecidos pelo Yale Parenting Center [Centro de Criação e Educação Infantil de Yale].)

19. Potencialize a Habênula para Aprender com o Fracasso

Outra estrutura cerebral poderosíssima desempenha um papel importante no aprendizado e no desenvolvimento de novas habilidades e hábitos: a habênula. Foi apenas há pouco tempo que a tecnologia de exames por imagem permitiu que os cientistas realmente vissem e estudassem a habênula, que se localiza bem no centro do cérebro, perto do tálamo. O papel da habênula é nos ajudar a evitar fracassos futuros pela criação de proteções químicas que moderam nosso comportamento e nos levam a tomar decisões melhores e a praticar ações melhores.

Quando fazemos algo da maneira correta, o cérebro de maneira natural libera dopamina e serotonina, as substâncias químicas da "satisfação". Essa é uma parte do sistema de recompensa do cérebro. Você provavelmente já a sentiu ao realizar uma tarefa ou receber um elogio por um trabalho bem feito. No entanto, quando fazemos uma escolha ruim que não leva a uma recompensa, a habênula restringe o fluxo daquelas substâncias químicas, secando a fonte, por assim dizer, e fazendo com que nos sintamos mal.

O papel da habênula é muito importante para a sobrevivência de nossa espécie. Em nossos dias de coletores-caçadores, ela nos ajudava a repetir boas escolhas, como voltar a uma trilha que levou a uma boa fonte de alimento (recompensa), e nos deixava desconfortáveis diante da trilha que não oferecia comida. É quase como um jogo químico de "está quente/está frio" que nos leva a boas escolhas ou nos afasta delas.

No mundo moderno, ela ainda nos ajuda a repetir comportamentos bem-sucedidos, como voltar a um restaurante em que fizemos uma boa refeição ou abordar um novo projeto profissional da mesma forma que o último projeto bem-sucedido foi abordado. Os cientistas também descobriram que a habênula é hiperativa em pessoas com depressão grave, restringindo tanto a liberação de serotonina e dopamina que elas se sentem mal o tempo todo.

Mas a habênula faz mais do que nos ajudar a repetir comportamentos que proporcionarão recompensas. Ela também ajuda a evitar punições. De acordo com o dr. Okihide Hikosaka, dos Institutos Nacionais de Saúde e do Laboratório de Pesquisas Sensório-motoras, "Não conseguir uma recompensa é frustrante e desalentador, mas ser punido pode ser pior." Estudos revelam que a habênula também se mostra muito ativa quando estamos diante de uma tarefa em que fomos punidos anteriormente. Na realidade, ela suprime nossa motivação e nossos movimentos físicos por intermédio do córtex sensório-motor do cérebro. Em outras palavras, é mais difícil fazer nosso corpo realizar o comportamento. Pense num desastre duplo! Ninguém tem entusiasmo para isso, mas, ainda que consiga animar-se, o corpo não acompanha. Se você já se pegou pensando: *Parece que não consigo me obrigar a fazer isto*, você provavelmente está preso nesse ciclo.

A pressão agrava todo o processo. O corpo de uma pessoa sob pressão contínua e incontrolável produzirá várias respostas imunológicas, tal como o aumento da liberação de substâncias químicas inflamatórias. O corpo trata a pressão [ou estresse] como uma ameaça física e responde como se estivesse enfrentado uma bactéria ou vírus, como o da gripe, inclusive suprimindo a motivação e os movimentos motores. Ou seja, você se sente cansado o tempo todo, com pouca energia ou desejo de fazer as coisas.

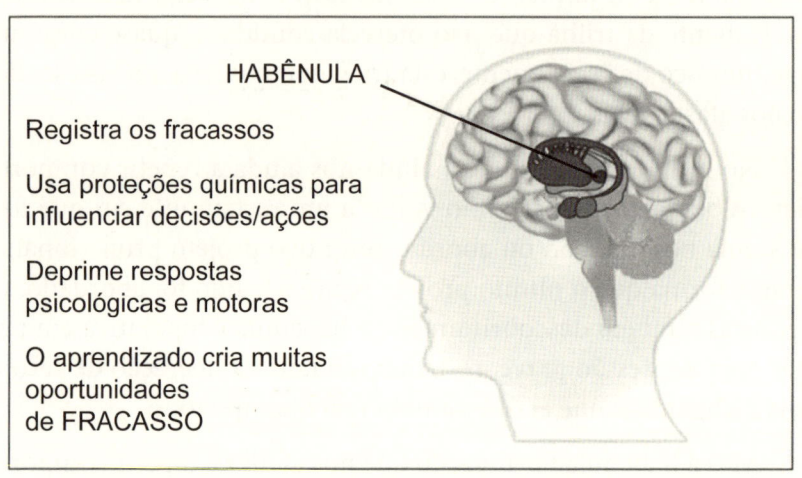

HABÊNULA

Registra os fracassos

Usa proteções químicas para influenciar decisões/ações

Deprime respostas psicológicas e motoras

O aprendizado cria muitas oportunidades de FRACASSO

A habênula registra nossos fracassos a fim de influenciar escolhas futuras

Quando estamos fisicamente doentes, essa resposta ajuda na recuperação, pois nos obriga a descansar, poupando energia que o sistema imunológico usará para conseguir vencer a enfermidade e nos restituir a saúde. Contudo, em situações de pressão ou estresse prolongado, ela cria uma depressão e uma letargia que podem perdurar por muito tempo.

Uma combinação doentia de estresse com a função natural da habênula de evitar fracassos pode acabar criando condições que levam ao "desamparo aprendido." O dr. Martin Seligman, psicólogo e fundador do movimento de psicologia positiva, identificou o quadro pela primeira vez durante um experimento com cães que estavam sendo condicionados da forma clássica, recebendo choques leves – uma forma de punição – quando ouviam um sino. Concluído o condicionamento, ele colocou os cães em uma sala em que podiam se afastar da fonte dos choques. Mas, o que aconteceu? Eles se deitaram e desistiram.

As pesquisas de Seligman e muitos estudos subsequentes mostraram que uma quantidade razoável de experiências negativas nos condiciona a esperar o fracasso e, assim, simplesmente desistimos de tentar. Muitos psicólogos já identificaram o desamparo aprendido em todos os tipos de situações: em pessoas que não conseguem sair de um relacionamento abusivo, em alunos que já não tentam passar em uma matéria difícil, em pessoas com problemas de saúde que continuam a tomar as mesmas decisões erradas. No ambiente de trabalho, o desamparo aprendido pode afetar pessoas e equipes.

Se as condições foram desfavoráveis por um intervalo de tempo razoável, mudanças nem sempre serão capazes de superar o desamparo aprendido. Chegamos a um ponto em que simplesmente não encontramos motivação emocional ou física para continuar tentando, mesmo que haja um fio de esperança. Muitas vezes, vi situações em que uma boa solução foi implementada – como a substituição de um líder inadequado ou o fornecimento de mais recursos – mas a atitude das pessoas envolvidas não se ajustou na mesma medida.

O fracasso na idade adulta também pode trazer à tona algumas de nossas memórias mais dolorosas de fracasso e vergonha na infância. Como a internacionalmente reconhecida estudiosa dos efeitos da vergonha, dra. Brené Brown, descreve no livro *Daring Greatly*: "experiências de vergonha na infância mudam quem somos, o que pensamos sobre nós mesmos, bem como a ideia que fazemos de nosso valor". Em regra, crianças são constrangidas por pais e professores quando cometem erros em casa e na escola.

Infelizmente, situações desse tipo não deixam de existir quando nos tornamos adultos. Já vi gerentes tentando "motivar" seus funcionários envergonhando-os em público. E colegas de trabalho podem constranger os outros como defesa ao se sentirem vulneráveis. A pesquisa da dra. Brown mostra ainda os impactos profundos e negativos do constrangimento no ambiente de trabalho, além do quanto ele prejudica a criatividade, a inovação, a colaboração e a produtividade. E se há uma associação entre fracasso e vergonha, os sentimentos negativos suprimirão por completo a motivação e a disposição para tentar outra vez.

A verdade é que o fracasso faz parte do aprendizado, tendo um papel no modo como programamos nosso cérebro para fazer coisas novas e em como nos aprimoramos ao longo do tempo. Portanto, se não se pode falhar, não se pode aprender. Nossa maneira de encarar o fracasso é tão ou mais importante que nossa maneira de encarar o aprendizado. Já visitei organizações que afirmam adotar uma cultura positiva de fomento do aprendizado, mas cujos líderes e gerentes empregam, na realidade, técnicas de "constranger e culpar" sempre que um funcionário comete um erro. A habênula registrará essa experiência e, por um processo biológico, levará tais pessoas a assumir menos riscos e esconder erros. Isso obviamente fará com que a empresa não melhore nem inove. E qual é a solução? Segurança psicológica – e é dela que falaremos a seguir.

20. Desenvolva Segurança Psicológica

A segurança psicológica foi descoberta pela dra. Amy Edmondson, professora da Escola de Administração de Harvard e autora de *Teaming: How Organizations Learn, Innovate, and Compete in the Knowledge Economy*. A pesquisa da dra. Edmondson revelou que a segurança psicológica não é a simples ausência de intimidação ou assédio, mas algo que cria a atmosfera para que as pessoas deem o seu melhor. Ela a define como "uma sensação de confiança de que a equipe não constrangerá, rejeitará ou punirá alguém por falar abertamente sobre suas ideias, dúvidas, preocupações ou erros. É uma crença coletiva de que a equipe é um ambiente seguro para a assunção de riscos interpessoais. Ela implica um clima coletivo caracterizado por confiança interpessoal e respeito mútuo, no qual as pessoas se sentem confortáveis sendo quem são." Saiba mais assistindo à *TEDx talk* da dra. Edmondson ou ao curso dela na LinkedIn Learning.

O sucesso de qualquer grupo ou organização depende da capacidade das pessoas de expressar a própria opinião, mencionando possíveis obstáculos ou ameaças ao progresso delas. Na realidade, no estudo da dra. Edmondson, as equipes de melhor desempenho também apresentavam os números mais altos de relatos de erros. Isso pode parecer paradoxal, mas é o indicativo de uma equipe saudável. Quando as pessoas se sentem seguras o suficiente para relatar os próprios erros, isso significa que também se consideram responsáveis, e o grupo inteiro pode aprender com a experiência, o que, por sua vez, sustenta seu sucesso. Além disso, quando as pessoas reconhecem os próprios erros, estes podem ser trabalhados e corrigidos em vez de ignorados (quando, então, podem se transformar em problemas maiores no futuro).

Não obstante, a realidade é que muitas pessoas não falam por medo de ser constrangidas, rejeitadas ou punidas. Um estudo da VitalSmarts constatou que 50% dos funcionários em geral não dizem o que pensam no trabalho, seja para colegas, seja para chefes. E apenas 1% deles se sente "extremamente confiante" quando se trata de manifestar suas apreensões em momentos críticos. Se você correr os olhos por manchetes recentes, é bém provável que encontre histórias em que alguém permaneceu em silêncio e isso trouxe consequências terríveis, fatais até. Na investigação que se seguiu ao desastre com o Ônibus Espacial Columbia, ficou evidente que, na cultura da NASA, os funcionários não se sentiam confortáveis para externar suas preocupações aos supervisores (Edmondson apresenta transcrições de depoimentos em juízo no livro *Teaming*). Esse tipo de ambiente deletério pode ser encontrado em locais de trabalho de todo tipo, de salas de cirurgia a diretorias. Por isso, a segurança psicológica é particularmente importante – e eu diria fundamental – para o sucesso de qualquer organização.

A dra. Edmondson não é a única a defender o caráter crucial da segurança psicológica. Em um amplo estudo mundial chamado Projeto Aristóteles, o Google descobriu que ela é o principal fator que diferencia as equipes de melhor desempenho. O estudo analisou o que distingue as melhores equipes das medianas e ruins, e os resultados, publicados em um artigo de Charles Duhigg no *New York Times*, ecoaram as conclusões de Edmondson. A segurança psicológica era mais importante que qualquer outro fator, inclusive a qualidade ou o nível de desempenho de cada membro. De modo específico, eles descobriram que as melhores equipes fazem duas coisas: os membros delas se relacionavam uns com os outros em uma constante prática de empatia e cuidavam para que todo membro fosse ouvido. Isso ia além de convidar as pessoas a compartilhar os pensamentos:

eles buscavam ativamente pela contribuição de cada membro. A dra. Edmondson chama esse comportamento de *"teaming"* [formar um time], uma maneira diferente de engajar que possibilita e dá condições para que as equipes façam o seu melhor.

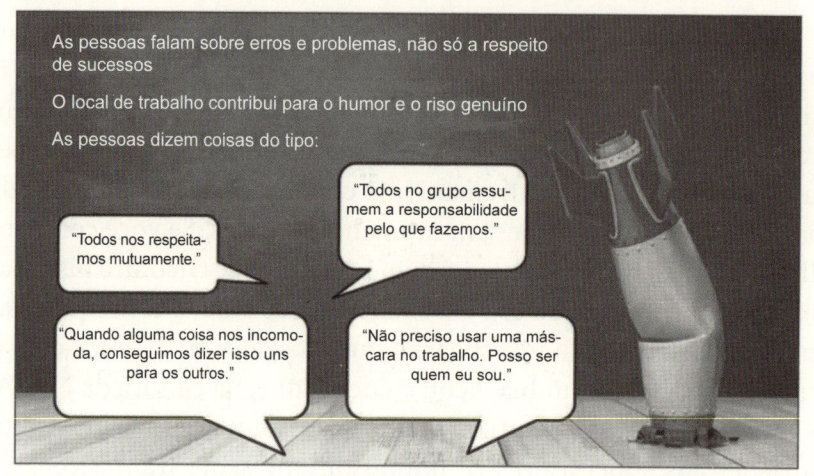

> As pessoas falam sobre erros e problemas, não só a respeito de sucessos
>
> O local de trabalho contribui para o humor e o riso genuíno
>
> As pessoas dizem coisas do tipo:
>
> "Todos nos respeitamos mutuamente."
>
> "Todos no grupo assumem a responsabilidade pelo que fazemos."
>
> "Quando alguma coisa nos incomoda, conseguimos dizer isso uns para os outros."
>
> "Não preciso usar uma máscara no trabalho. Posso ser quem eu sou."

Sinais que indicam que um grupo tem segurança psicológica

A dra. Edmondson observa que, para que o *teaming* seja bem-sucedido, o líder precisa agir de modo a criar a segurança psicológica, porque sua posição de poder ou *status* suprime naturalmente a capacidade do grupo de falar o que pensa. Líderes eficientes dão passos deliberados no sentido de incentivar as pessoas a expressar ideias, opiniões, dificuldades e críticas, e o fazem reconhecendo abertamente a própria falibilidade e enfatizando a necessidade da contribuição de cada um. Eles também respondem de forma adequada quando as pessoas dizem o que pensam, reconhecendo a coragem que isso exige. Por fim, líderes eficientes celebram fracassos como aprendizado, colhendo lições importantes para promover melhorias e sucessos futuros. Abraçam a ideia de que fracasso [*FAIL*] significa "primeira tentativa de aprendizado" [*First Attempt In Learning*].

Quando dou treinamentos para líderes e gerentes, ressalto sempre que a capacidade de criar segurança psicológica é a habilidade mais importante que eles precisam ter. No entanto, a maioria das pessoas sequer sabe o que é isso, que dirá como criá-la. E com certeza não avaliamos nem recompensamos equipes ou seus líderes por esforços nesse sentido. Mas deveríamos.

É importante observar que segurança psicológica não significa ser benquisto por todos nem estar protegido de opiniões ou crenças que julgamos incômodas. Segurança psicológica é cuidar que as pessoas não sejam penalizadas por falar o que pensam. Ponto final. Ainda que as pessoas discordem e que você ou elas se sintam extremamente desconfortáveis com o que alguém diz, uma equipe saudável é receptiva a comentários, pontos de vista e *feedbacks*, porque eles podem ser a chave para o sucesso. Também se trata de respeitar as pessoas e confiar nelas, o que é resultado de reconhecermos o valor de suas contribuições para os esforços do grupo e sentirmos que podemos realmente contar com elas.

Ensinar segurança psicológica é só o começo. É de vital importância observar, em seguida, se surgirão sinais de que os grupos estão saudáveis. Ao constatar sinais como o aumento de reclamações ao RH, mais pedidos de licença-saúde ou maior rotatividade de funcionários, ou ainda a diminuição do engajamento, é preciso agir depressa. Do contrário, você corre o risco de ver o grupo paralisado pelo desamparo aprendido, que é difícil de combater quando se instala.

21. Passe de Objetivos a Solução de Problemas

Outra forma de estimular mudanças de comportamento é transferir o foco de objetivos para a solução de problemas. De acordo com a dra. Kyra Bobinet, professora da Universidade de Standford: "Em regra, objetivos dizem respeito a resultados, o que significa que ou somos bem-sucedidos em nossas tentativas de alcançá-los – ou fracassamos. Se 'fracassamos' em algo, a habênula mata nosso incentivo para tentar outra vez". Já a solução de problemas trabalha com a função de busca de recompensas do cérebro. Ao procurarmos e encontrarmos uma solução, a experiência se torna um sucesso, algo que funciona tanto com a habênula quanto com os núcleos da base. Além disso, a solução de problemas é um tipo de *design thinking* (projeto de pensamento) em que fazemos tentativas e ajustes experimentais, melhorando a cada interação.

Pensemos em como a maioria dos projetos e planos de mudança é estruturada. Em geral, esses planos e projetos têm objetivos inflexíveis e pontos intermediários que precisam ser atingidos, e raramente – ou nunca – se desenrolam como o esperado, o que transforma a experiência em uma sequência de frustrações e fracassos. Para evitar isso, estruture cada fase como um exercício de solução de problemas. Isso permite que as pessoas se tornem participantes ativos, além de ajudar a fazer com que os funcionários passem de uma mentalidade inflexível para uma mentalidade de crescimento. Uma pesquisa da dra. Carol Dweck, psicóloga da Stanford, analisou o que diferencia pessoas que têm êxito de pessoas que não o têm. Ela descobriu que as pessoas que não têm êxito costumam apresentar uma mentalidade inflexível, ou seja, creem que seus traços ou características inerentes – tais como Q.I. (quociente intelectual) ou habilidade de interação social – se cristalizam quando chegam à idade adulta. Por sua vez, as pessoas com mentalidade de crescimento acreditam que sempre podem melhorar, sempre podem aprender algo novo ou praticar mais, e que o estudo e o esforço são o caminho para o aprimoramento e até mesmo a excelência em algo. (Falaremos mais sobre a mentalidade de crescimento na seção IV).

O reconhecimento do esforço e do progresso também é importante. Reconhecer o esforço faz parte de cultivar uma mentalidade de crescimento, o que também cria uma cultura de aprendizado. Quanto mais o esforço é recompensado, maiores as chances de os núcleos da base e a habênula responderem positivamente à pessoa e a qualquer projeto em que ela esteja trabalhando. Vários estudos revelam que as pessoas se mostram mais motivadas no trabalho quando sentem que podem contribuir com seus talentos e os outros reconhecem ou valorizam essas contribuições. A avaliação anual de desempenho é esporádica demais e repleta de outras questões para ter algum valor. Em vez dela, recomendo que você procure ou crie outras oportunidades frequentes de reconhecer os esforços dos funcionários.

Perceber o progresso é outro aspecto desse processo. As pessoas têm melhor desempenho quando sabem o que se espera delas e conseguem ver o próprio progresso ao longo do projeto. Isso ajuda as pessoas a não só se manter no curso programado como administrar sua energia e expectativas, além de proporcionar uma sensação de conquista. Informações regulares sobre o progresso fazem com que você e os outros alcancem muito mais.

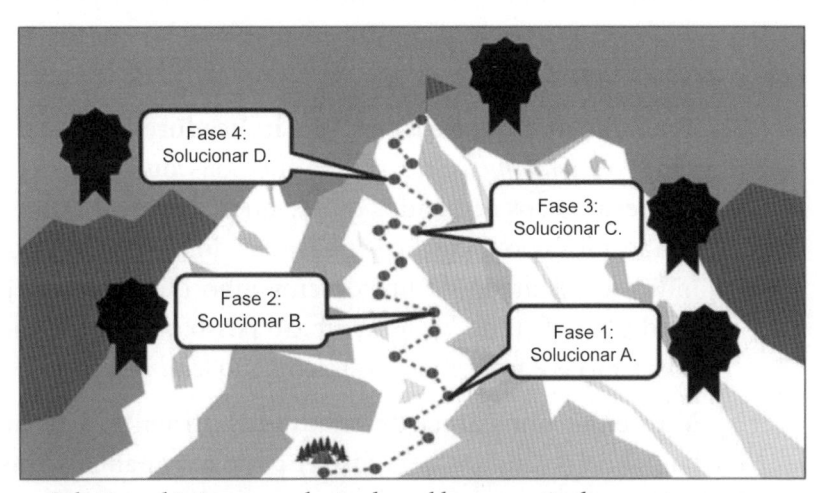

Substitua objetivos por solução de problemas e estipule recompensas para cada etapa vencida.

Mais ainda, o progresso precisa ser comemorado! Quando você e sua equipe vencem uma etapa, reconheça a contribuição de cada um. Ainda que você esteja atrasado ou tenha estourado o orçamento, mesmo que esteja sozinho no projeto, deve encontrar meios de identificar cada etapa do progresso e comemorar, do contrário, a habênula tenderá a codificar a experiência como "fracasso". Isso não significa que você não deve ter conversas honestas sobre desempenho e qualidade. É preciso tê-las também. No entanto, existe um número muito grande de líderes que dão importância demais ao *feedback* construtivo e crítico, mas negligenciam as comemorações porque estão ocupados ou o projeto está atrasado, não oferecendo nada que o cérebro interprete como recompensa. Não deixe de criar momentos que mostrem às pessoas que elas estão progredindo, mesmo que ainda não tenham chegado ao resultado final.

O livro *The Four Disciplines of Execution*, de Chris McChesney, Sean Covey e Jim Huling, traz um procedimento que é um dos meus preferidos para assegurar que o progresso está sendo adequadamente mensurado e reconhecido. Ele é muito efetivo para controlar todo tipo de resultado. As quatro disciplinas são:

1. **Concentre-se nos objetivos de extrema importância.** Trata-se de identificar os objetivos com maior potencial de fazer a organização avançar e colocá-los no topo da lista de prioridades.

2. **Trabalhe as *lead measures* [ou indicadores de condução].** As *lead measures* são as medidas ou indicadores que levarão aos resultados que se quer alcançar (também conhecidos como *lag measure* [indicador "passado", pois indica o resultado de um desempenho que já passou]). Perder peso é uma *lag measure*, ao passo que ingerir menos calorias e fazer mais exercícios são *lead measures*.

3. **Mantenha um painel de resultados atraente.** Use um painel de resultados bem visível para acompanhar constantemente as suas *lead* e *lag measures*, de modo a fazer os ajustes necessários para chegar aos resultados.

4. **Crie uma cadência de responsabilidade.** Faça reuniões frequentes (porém, curtas) com foco na avaliação do progresso, identificando novas medidas a tomar e comprometendo-se com elas. No início da reunião seguinte, cada pessoa apresenta um relatório de suas obrigações.

Esse é um modelo muito eficiente que ajuda os líderes a ter clareza com relação a suas métricas de sucesso e as "ludifica", de modo que os funcionários se sintam motivados a atingir tais métricas e assumam essa responsabilidade. O processo envolve aprender com os fracassos (mentalidade de crescimento) e celebrar sucessos. A ludificação promove sensações positivas: recompensa e motiva as pessoas a aprender e/ou realizar tarefas, o que pode desenvolver habilidades e hábitos.

Obviamente, reconhecimento e elogio são recompensas, mas não são as únicas. Lembre-se de que as recompensam desempenham dois papéis fundamentais na neurociência da mudança: (1) ajudam a habênula a codificar uma experiência como um sucesso em vez de um fracasso que ela tentará evitar, e (2) ajudam o cérebro a querer repetir o comportamento, pois os núcleos da base veem as recompensas como o terceiro componente do *loop* do hábito. Todo tipo de recompensa pode funcionar, e não precisam ser grandes nem pomposas – elas devem marcar um sucesso e ter significado para as pessoas.

Ao longo dos anos, tenho visto equipes criando toda sorte de recompensas. Por exemplo, tocar um gongo barulhento quando um objetivo é alcançado ou ganhar estrelas douradas ou fichas azuis, que se tornam símbolos de orgulho. Vales-brinde também são excelentes (de pequeno valor, como cinco reais, a muito mais). Os modelos mais efetivos parecem ter dois níveis. O primeiro abrange pequenos símbolos ou objetos que indicam reconhecimento ou sucesso, como estrelas ou fichas, expressões de "aclamação" em voz alta ou elogios eletrônicos. Tais coisas devem ser distribuídas prodigamente, mas de forma autêntica e sincera. O segundo nível envolve prêmios maiores e especiais, dados a uns poucos que apresentam desempenho exemplar, e exige uma indicação ou um processo de seleção, pois é fundamental que o sistema pareça justo e reconheça de maneira precisa os funcionários de melhor desempenho. É importante lembrar que tudo isso será mais eficiente se refletir o que é mais importante para os funcionários e for adequado para sua cultura e contexto.

22. Ative os Neurônios-Espelho com Demonstrações

Uma das principais ferramentas do cérebro para o aprendizado é nosso sistema de neurônios-espelho. Descobertos na década de 1980 pelo dr. Giacomo Rizzolatti e outros neurocientistas italianos, os neurônios-espelho são uma classe ou tipo de neurônio cerebral que é ativado quando (1) realizamos um ato que tem um objetivo específico, como levar comida à boca para nos alimentarmos ou segurar uma ferramenta para usá-la, e (2) sentimos uma emoção. Acontece que esses neurônios também são ativados no cérebro quando vemos alguém fazer essas mesmas coisas, criando assim uma "experiência interior" do que estamos observando em outras pessoas.

Todos nós podemos usar esse processo biológico para aprender pela observação de demonstrações. Somos uma espécie tribal e fomos projetados para aprender observando os outros. Isso é óbvio em crianças – elas observam o que os adultos fazem e, então, reproduzem o ato até desenvolverem a habilidade. No passado, quando vivíamos em tribos, era assim que todos aprendiam habilidades essenciais como cozinhar, caçar, construir abrigos e se defender de ataques de predadores. Hoje, um funcionário recém-contratado é um novo membro da tribo e também aprende observando e fazendo. Costumávamos ter indústrias que se utilizavam do aprendizado por observação por meio do modelo da aprendizagem. As pessoas aprendiam o ofício observando um mestre-artesão altamente qualificado e, em regra, passavam anos observando antes de, de fato, tentar e fazer. No entanto, noto que muitas organizações, inclusive escolas e faculdades, não usam a demonstração como uma ferramenta de ensino. Mas deveriam. Quando lançamos mão de profissionais de excelente desempenho para demonstrar, treinar e ensinar outros, trabalhamos com o modo como nosso corpo foi construído para aprender.

Além do aprendizado por observação, os neurônios-espelho nos ajudam a nos compreendermos mutuamente. O dr. Marco Iocaboni, neurocientista da UCLA, estuda diversos aspectos das relações sociais e o modo como comunicamos nossas intenções e sentimentos. Ele escreve: "Quando vejo alguém sorrir, meus neurônios-espelho do sorriso também são ativados, desencadeando uma cascata de atividade neural que evoca o sentimento tipicamente associado ao sorriso. Não preciso fazer nenhuma inferência quanto ao que a pessoa está sentindo: vivencio, de pronto e sem esforço (de forma atenuada, é claro), o que ela está vivenciando".

Esse é o fundamento da empatia: a capacidade de compreender ou se identificar com a perspectiva, as experiências e as motivações de outra pessoa e entender e partilhar do estado emocional dela. Empatia é diferente de solidariedade, que consiste em se importar com o sofrimento dos outros, mas de uma posição apartada, mais distante. Solidariedade é lamentar por alguém, ao passo que empatia é sentir a dor do outro com ele. Talvez você tenha tido essa experiência quando um colega deu risada e você se pegou rindo também, ou quando um amigo chorou e você também desatou a chorar. Os neurônios-espelho atuam ainda quando vemos alguém se machucar ou ferir e sentimos aquele frio na barriga. O dr. Iocaboni publicou um trabalho revolucionário que mostra que a atividade dos neurônios-espelho é reduzida em pessoas com autismo – as quais, em geral, têm dificuldades de interação social e na identificação correta de emoções em outras pessoas. Ele afirma haver um déficit de neurônios-espelho nas regiões do cérebro relacionadas com o envolvimento social, a aquisição da linguagem e as habilidades motoras, as três principais searas de sintomas do autismo. Você pode descobrir mais sobre isso em seu livro *Mirroring People: The Science of How We Connect to Others*.

*Os neurônios-espelho são ativados quando observamos
outra pessoa agir ou demonstrar emoções*

Os neurônios-espelho estão fortemente associados ao aprendizado de adultos. Quando trabalhamos em equipe, naturalmente externamos sentimentos, intenções e ações uns para os outros. E os neurônios-espelho estão ali, trabalhando nos bastidores para nos ajudar no rápido entendimento mútuo. Dentre os resultados posivitos temos o aprendizado por observação, uma melhora da comunicação e o aumento da empatia. Pela observação, somos capazes de aprender uns com os outros, acelerando o desenvolvimento de novas habilidades e competências em nós. Reunir pessoas de excelente qualificação e desempenho com outras pode elevar o nível do grupo, caso se propiciem as oportunidades adequadas para o aprendizado por observação.

Outro aspecto importante é que os neurônios-espelho podem ajudar equipes a comunicar e compreender emoções, o que permite que os membros sintam empatia uns pelos outros. Estudos revelam que a empatia é um componente fundamental na criação de segurança psicológica. A desvantagem é que o efeito dos neurônios-espelho também pode acelerar o declínio de um grupo. Se os membros não forem qualificados o suficiente, podem aprender maus hábitos uns dos outros. E quando os membros de uma equipe se sentem apreensivos ou desconectados, maiores são as chances de outros membros os acompanharem nesses estados negativos.

Os neurônios-espelho atuam no modo como trabalhamos em duplas e grupos todos os dias, influenciando essas atividades. Precisamos estar atentos ao enorme impacto do funcionamento desse sistema e cuidar para maximizar seus benefícios e minimizar os riscos. Embora seus efeitos sejam muito reais, os pesquisadores ainda não sabem ao certo como se dá o processo de funcionamento dos neurônios-espelho. Somente agora estão começando a descobrir quais as partes do cérebro envolvidas nele. Partes diferentes e desconexas do cérebro podem estar envolvidas ao mesmo tempo em processos complexos. Os sinais podem ser transmitidos por substâncias químicas ou pulsos elétricos. Talvez sejam transmitidos de uma pessoa a outra por vias invisíveis, como acontece com ondas de rádio e sinais de celular. Sem dúvida, estamos apenas começando a desvendar os muitos mistérios do cérebro.

E o funcionamento dos neurônios-espelho pode ser combinado com repetições com excelentes resultados, como acontece no *Model Mugging* ["Simulação de Assalto"], uma técnica de defesa pessoal para mulheres. Quando descobriu que mulheres com faixa preta no caratê e em outras técnicas eram atacadas e estupradas, o criador do método, Matt Thomas, percebeu que, sob a pressão de um ataque, as mulheres davam golpes leves, como faziam nos treinos para não machucar colegas. Elas precisavam da oportunidade para vivenciar uma luta real, para ganhar experiência no controle da descarga de adrenalina que ocorre durante um ataque de verdade. Assim nasceu o *Model Mugging*.

Já fiz aulas de *Model Mugging*. Em uma semana, um grupo de mulheres consegue aprender técnicas que funcionam, sobretudo caso sejam atacadas por um agressor maior e mais forte que elas. O "assaltante" veste um traje todo acolchoado e um capacete, assim, as participantes conseguem praticar a autodefesa em tempo real e com força total, sem freios. Elas também têm a chance de observar outras mulheres fazendo o mesmo. Isso proporciona repetições suficientes para que possam tirar proveito do treinamento, caso necessitem. É uma experiência transformadora e baseada nos princípios da neurociência da mudança de comportamento.

23. Fortaleça o Tipo Correto de Prática

A prática é um elemento fundamental do processo de aprendizado. Melhorar em algo requer prática. Ponto final. É óbvio que podemos transmitir informações com rapidez, mas as habilidades que precisam ser ensinadas, aquelas que realmente promovem o desempenho e a inovação, também exigem prática. É pela prática que criamos as vias neurais das ações e transformamos comportamentos em hábitos, e todos nós temos muito a ganhar *fazendo* as coisas.

O problema é que as pessoas estão sempre ocupadas. O trabalho é tão acelerado nos dias atuais que até mesmo os alunos mais bem-intencionados terão dificuldades de encontrar tempo para praticar. Por isso, é imperioso incluir momentos de prática em nossos eventos de ensino, tanto para criar aquele espaço seguro para o processo de tentativa e erro quanto para desenvolver os comportamentos e hábitos desejados, de modo que os alunos possam repeti-los no trabalho. E essa é na realidade a única maneira de assegurar que as coisas serão feitas de maneira correta, porque podemos instrui-los e orientá-los a melhorar.

Analisemos algumas opções de práticas:

Faça com que, durante o aprendizado, as pessoas pratiquem as habilidades que estão aprendendo. Seja usar um *software*, dar um *feedback* de desempenho ou gerenciar um projeto, realizar o comportamento umas poucas vezes já é eficaz e começa a criar as repetições que culminarão no hábito. É incrível o quanto as pessoas conseguem realizar em uns poucos minutos de esforço focado. Descobri que meros cinco ou dez minutos de prática podem fazer uma diferença enorme.

Diante de uma habilidade ou comportamento complexo, eu o divido em segmentos e faço com que os alunos pratiquem cada parte separadamente, depois em sequência. Por exemplo, ensino habilidades de *coaching* a gerentes e líderes. Divido uma sessão típica de *coaching* em quatro etapas distintas. Dedicamos de dois a dez minutos a cada etapa e conversamos sobre como foi a experiência em cada uma delas. Essa é uma excelente maneira de promover momentos importantes de aprendizado e aproveitar *insights* do grupo. Depois de passar por todas as partes, dou 30 minutos para que eles realizem a sessão inteira como uma única experiência ininterrupta. E, é claro, sempre peço que invertam os papéis, para que todos tenham a oportunidade de ser o *coach*. Essa estratégia pode ser usada para toda uma gama de comportamentos e com certeza ajuda os alunos a ganhar aptidão e confiança.

Também é possível formar duplas de alunos para que sejam companheiros de prática fora do evento de ensino. Isso cria responsabilidade e ajuda a transferir o aprendizado para o ambiente real de trabalho. Faço com que as pessoas pratiquem na sala e, depois, formando as duplas ou grupos, peço que realizem mais duas sessões de prática e apresentem relatórios delas. Isso também funciona com pessoas que estão em localidades geográficas diferentes, além de ajudá-las a criar novos relacionamentos.

Reproduzir comportamentos ideais é muito eficaz. Muitas pessoas se beneficiam de primeiro ver um comportamento bem executado por um especialista. E, é claro, isso utiliza o sistema de neurônios-espelho e nossa capacidade de aprender observando os outros. Para tanto, uma das minhas ferramentas favoritas é uma ferramenta de vídeo de *coaching* para colegas chamada Practice (vejam só!) e faz parte de um pacote de serviços oferecido pela Bridge. Ela usa o poder do vídeo interativo para fazer demonstrações de comportamentos ideais e criar um ambiente para que os alunos recebam avaliação e treinamento efeitvos de colegas e especialistas. Já vi essa ferramenta produzir resultados incríveis em empresas como Domino's, Comcast, Bayada Home Health Care e Cox Automotive.

Outra opção é criar ambientes realistas para prática. Todos nós temos acesso a atividades de representar papéis, as quais não requerem muita tecnologia, e elas são bastante eficientes. Mas, agora, a tecnologia é capaz de criar cenários virtuais realistas, também conhecidos como simuladores de treinamento por imersão, que reproduzem as realidades do trabalho em um ambiente seguro. Por exemplo, uma grande rede de hotéis queria ajudar os recepcionistas a aprender a lidar com diversos cenários. Essa rede criou saguões virtuais em que vários avatares de "clientes" chegavam ao balcão da recepção, proporcionando aos funcionários uma experiência realista e impressionante de como lidar com uma variedade de solicitações e atitudes. Essa é apenas uma dentre as novas opções de realidade estendida (XR) para treinamentos.

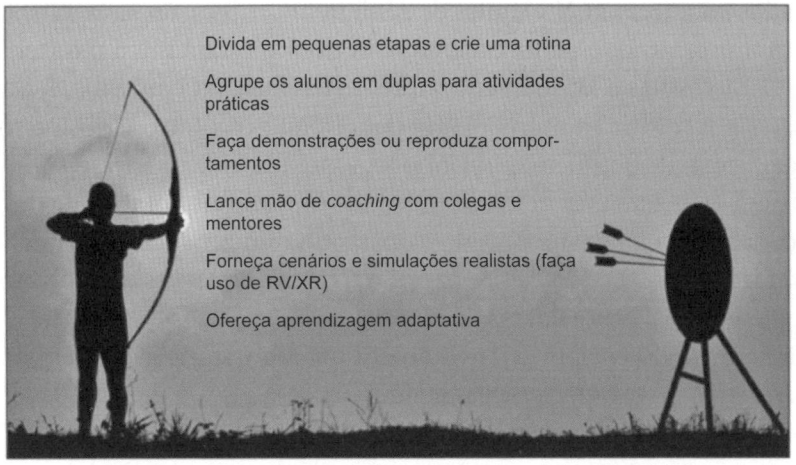

- Divida em pequenas etapas e crie uma rotina
- Agrupe os alunos em duplas para atividades práticas
- Faça demonstrações ou reproduza comportamentos
- Lance mão de *coaching* com colegas e mentores
- Forneça cenários e simulações realistas (faça uso de RV/XR)
- Ofereça aprendizagem adaptativa

Existem muitas maneiras de aproveitar o poder da prática

Também é possível criar cenários totalmente responsivos em tempo real. As pessoas podem animar avataras de computador, tornando a interação espontânea e genuína. Tais sessões podem ser gravadas e revisadas, o que permite que funcionários e *coaches* tenham *insights* importantes. Pesquise empresas como Mursion, Cubic, Strivr e Academy925. Como os gráficos são muito realistas, o cérebro e o corpo vivenciam uma experiência muito "real" de prática que ativa as mesmas vias neurais.

Outra excelente opção é usar a aprendizagem adaptativa. Empresas como a Amplifire e a Area9 Innovation criam soluções de ensino únicas para todo e qualquer tipo de pessoa, atendendo a seu nível de habilidade inicial e avançando no ritmo de cada um. Elas oferecem recursos para prática em cenários seguros, mas realistas. Por exemplo, é fundamental que profissionais da saúde estejam sempre atualizados em termos de informações, técnicas e habilidades. Eles podem praticar em cenários realistas que simulam salas de hospitais, analisando dados em aparelhos e gráficos nessas salas, observando e interagindo com pacientes e dando diagnósticos.

Simulações reais também têm uma eficácia incrível e deveriam ser usadas sempre que possível. A maioria das profissões médicas tem oportunidade de praticar em manequins antes de começar a atender pessoas. Mecânicos de automóveis desmontam e consertam muitos carros reais usados para treinamento antes de ganharem certificação para trabalhar com a propriedade de um cliente. Um exemplo fantástico é o Centro de Conferências e Treinamentos Robert, da Shell, na Louisiana. A Shell usa essa estrutura multimilionária para treinar os funcionários de suas plataformas de petróleo, simulando totalmente a vida no mar. Os alunos passam duas semanas *in loco*, cumprindo os mesmos horários de trabalho, comendo a mesma comida e operando o mesmo maquinário. São submetidos a experiências de imersão total em situações de problemas e emergências. Nas palavras de Elliott Masie, especialista em ensino: "A maior parte do ensino se dá como em um laboratório de experiência, oferecendo aos alunos as dificuldades, os desafios e a possibilidade de 'falhar até ter êxito' nas simulações. Isso reforça minha crença de que devemos acrescentar um conjunto mais amplo de experiências de imersão em todos os nossos modelos de ensino – presenciais e *on-line*".

Hoje, a realidade virtual nos oferece opções mais acessíveis e escaláveis de criar simulações realistas que podem ser usadas em uma miríade de aplicativos de treinamento. Empresas como a Pixvana e a SilVR Thread filmam ambientes de trabalho reais em que funcionários altamente qualificados realizam tarefas da forma correta. Funcionários em treinamento podem usar um *headset* de realidade virtual acessível para desenvolver uma memória real, física, do local e da habilidade. Além de acelerar o aprendizado, isso cria um ambiente psicologicamente seguro para a pessoa tentar, errar e melhorar. Esses são apenas alguns exemplos de soluções de ensino inovadoras que oferecem prática. E outras são desenvolvidas a todo momento.

A prática também é o caminho para a excelência. A excelência pode exigir centenas ou milhares de repetições. Na verdade, o dr. Anders Ericsson, autor de *Peak: Secrets from the New Science of Expertise*, conduziu uma pesquisa do que é necessário para desenvolver a excelência e estudou centenas de funcionários de ótimo desempenho em uma diversidade de áreas. Ele é um dos pais da ideia das "dez mil horas" necessárias para dominar a realização de uma tarefa, teoria analisada por Malcolm Gladwell no livro *Outliers*. Contudo, a pesquisa do dr. Ericsson mostra que não é o simples acúmulo de horas que cria a excelência, mas o tipo correto de prática. Ele identifica três níveis:

1. A **prática inexperiente ou desatenta** não tem objetivos específicos nem recebe *feedback*. É apenas um experimentar às cegas, com a esperança de alcançar o resultado.

2. A **prática com propósito** tem objetivos bem definidos e alvos claros, um plano de pequenas etapas para alcançar aqueles objetivos, *feedback* interno para identificar desvios e erros, e esforços constantes e máximos fora da zona de conforto atual.

3. A **prática deliberada** é a prática com propósito com a orientação de um professor especialista que dá *feedback* e leva de maneira gradual ao desenvolvimento de um automonitoramento interno.

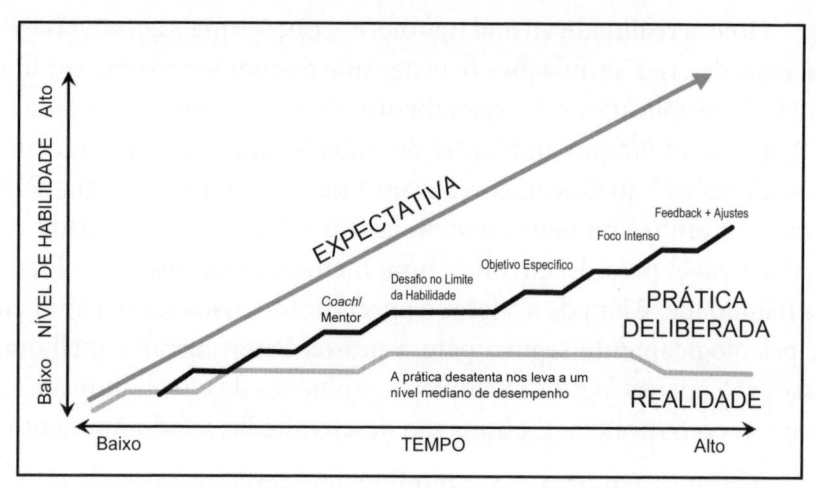

Prática desatenta versus prática deliberada

Desse modo, a combinação ideal para se chegar mais rápido à excelência é prática somada a *coaching*, porque o *feedback* nos permite mensurar e identificar o nível de nossa habilidade e fazer os ajustes necessários para melhorar. De acordo com o dr. Ericsson: "O tipo correto de prática realizado ao longo de um intervalo de tempo suficiente leva ao aprimoramento, e nada mais".

Ele também descobriu que a maioria de nós faz uso da prática com propósito ou da prática deliberada no início do aprendizado de algo novo, mas, ao alcançarmos um nível suficiente da habilidade, passamos à prática desatenta, o que significa que repetimos o comportamento, mas deixamos de aprimorá-lo. É preciso tomar muito cuidado com isso, já que podemos nos iludir com uma falsa noção de competência, afinal, em nossa mente, estamos repetindo o comportamento e, portanto, "praticando", mas, sem objetivos claros, sem esforço e trabalho desconfortável e sem *feedback*, ficamos "estacionados".

É óbvio que não precisamos alcançar o nível de especialista em toda e qualquer habilidade, mas é importante compreender esse modelo para que você possa fazer uma escolha consciente no tocante a como e quanto quer crescer pelo uso de diferentes tipos de prática.

24. Desenvolva Suas Habilidades de Realização

Assim, os principais componentes da fase do Fazer são os hábitos, as repetições, as recompensas e a prática. Observe que, agora, as três fases de nosso modelo se encontram dentro do conceito mais amplo de segurança psicológica.

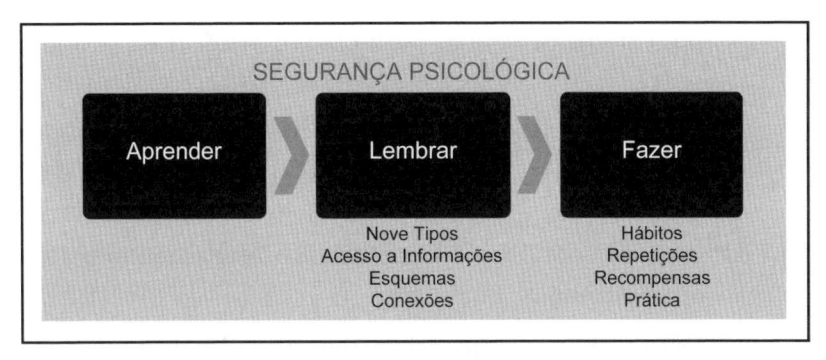

```
SEGURANÇA PSICOLÓGICA

  Aprender  >  Lembrar  >  Fazer

               Nove Tipos              Hábitos
          Acesso a Informações       Repetições
               Esquemas             Recompensas
               Conexões                Prática
```

A fase "Fazer" do Modelo Trifásico de Aprendizado

Aqui estão algumas dicas e estratégias que você pode usar para melhorar as habilidades de "Fazer".

1. Procure formas de entrar no estado de fluxo no maior número possível de seus compromissos de vida. Encontre aquele equilíbrio entre o nível de habilidade e o desafio para sentir que está evoluindo, mas sem demasiada tensão ou tédio.

2. Pense em suas habilidades e hábitos atuais e naqueles que deseja desenvolver. Tenha clareza do que você precisa construir para conseguir estabelecer objetivos mais adequados e sustentar a transição proativamente.

3. Identifique a deixa, a rotina e a recompensa que já existem e, então, planeje e estruture a mudança que deseja ver. Lance mão de uma recompensa atraente para as primeiras semanas, até que hábito esteja estabelecido.

4. Preste atenção às repetições, ciente de que você precisa de 40 a 50 delas para criar um hábito sólido. Qualidade

é importante, por isso, busque o tipo correto de *coaching* ou treinamento para garantir a prática das ações certas.

5. Neutralize os efeitos negativos da função da habênula reconhecendo o progresso e celebrando conquistas e vitórias. Utilize ferramentas como gráficos de estrelas e aplicativos de celular para fazê-lo avançar de forma positiva.

6. Encontre o tipo certo de apoio. Procure por especialistas que você possa observar e/ou que possam ser seus treinadores. E preste atenção ao nível de segurança psicológica do ambiente. Esse é um elemento fundamental para um aprendizado de qualidade.

7. Faça o tipo correto de prática. Escolha de forma consciente a prática com propósito ou a prática deliberada de modo a maximizar o aprendizado e mudar o comportamento. Essa é a única maneira de conseguir os resultados que você quer ver.

Sua Jornada de Aprendizado

Ao final de cada seção, aproveite para aplicar os conceitos à própria vida e àquilo que você quer aprender. Use as seguintes perguntas para ajudá-lo a identificar possíveis estratégias que facilitem o objetivo de aprendizado.

- Como você poderia estruturar uma experiência de aprendizado com o equilíbrio adequado entre desafio e níveis de habilidade, de modo a encontrar seu estado de fluxo?
- Pense no hábito que deseja desenvolver. Escolha duas possíveis deixas. Como poderia dividir a rotina em etapas

pequenas e exequíveis? Que recompensas viáveis e com significado você poderia se dar sempre que finalizasse a rotina?

- Como alcançará 40 a 50 repetições? Experimente criar um cronograma para assegurar o desenvolvimento do hábito por completo.
- Qual nível de excelência deseja atingir nisso que quer aprender? A prática inexperiente ou desatenta será suficiente ou você precisará de prática deliberada, estabelecendo objetivos desafiadores, buscando *coaching* e respondendo a *feedback*?

Aprender:
Onde Tudo Começa

"Se você não está aprendendo, não está realizando seu potencial."

Jim Rohn, autor de *7 Strategies for Wealth & Happines: Power Ideas from America's Foremost Business Philosopher*

25. O Aprendizado e o Aprendizado de Adultos

Agora que estabelecemos as bases do Modelo Trifásico de Aprendizado, explicando os diferentes tipos de memórias (Lembrar) e como produzir mudanças de comportamento (Fazer), podemos voltar nossa atenção para a primeira fase do modelo: Aprender. Aqui, o foco estará nos sentidos, na divisão do aprendizado em segmentos, no uso de narrativas ou histórias e demonstração e no poder da preparação para o aprendizado.

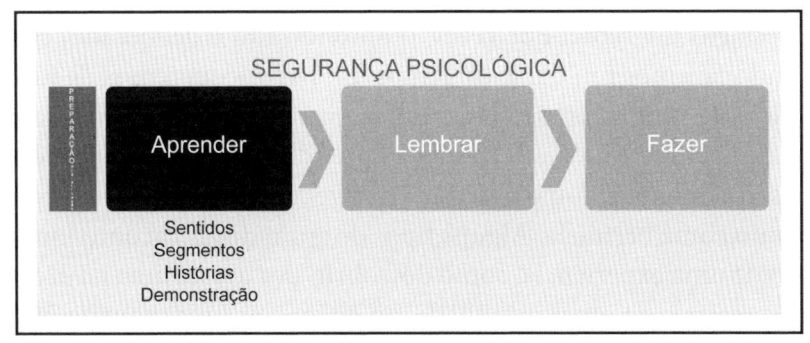

Fase 1: Aprender

O aprendizado ocorre quando adquirimos informações e experiências que nos modificam de alguma forma. De acordo com o dr. Eric Kandel, ganhador do Prêmio Nobel e autor de *Principles of Neuroscience*: "Aprender é o processo pelo qual adquirimos conhecimento acerca do mundo, ao passo que memória é o processo pelo qual aquele conhecimento do mundo é codificado, armazenado e posteriormente acessado". No processo de aprendizado, o cérebro converte nossas percepções sensoriais em representações carregadas de significado por meio de um complexo sistema de reações químicas e elétricas.

Como vimos na seção II, existem nove tipos de memória: cada aspecto do aprendizado começa com a memória sensorial e a memória de trabalho e, em seguida, dependendo do tipo de memória, é processado em diferentes partes do cérebro. Esta seção tem por foco principal os quatro tipos de memória de longo prazo: a semântica (fatos e conceitos), a episódica (experiências), a procedimental (habilidades e hábitos) e a de pré-ativação ou perceptual.

Como espécie, aprendemos todos os dias. E o que aprendemos vai do simples ao complexo, do irrelevante ao extremamente impactante. O propósito do aprendizado também varia: da necessidade básica de sobreviver ao atendimento de exigências educacionais da vida escolar, e da busca por nossos interesses ao desenvolvimento de nossas habilidades profissionais para sermos melhores em nosso emprego atual ou candidatos mais adequados a uma nova posição neste mundo em constante mudança.

Passamos de um estágio de conhecimento ou compreensão a um estágio diferente. Por vezes, o aprendizado é deliberado, como quando fazemos um curso ou lemos um livro – queremos de forma consciente mudar nossa compreensão ou habilidade e, para tanto, nos dedicamos a uma atividade de aprendizado. Alguns aprendizados são acidentais, como descobrir que você tem uma reação alérgica quando come berinjela. Alguns tipos de aprendizado acontecem por meio de uma experiência, como descobrir, por acaso, uma nova cafeteria ao sair para uma caminhada, ou encontrar uma maneira ímpar de fazer seu trabalho com mais eficiência.

Na realidade, o aprendizado começa no útero. Como mencionei na seção II, vários estudos revelam que fetos de apenas 30 semanas já aprendem coisas sobre linguagem e têm memórias de sons e sensações. Nascemos com cem milhões de neurônios e nosso cérebro desenvolve conexões neurais (sinapses) com rapidez à medida que vivenciamos a experiência do mundo. De fato, aos 2 anos, temos 50% mais sinapses do que teremos na vida adulta, porque processamos volumes imensos de informação. Quando chegamos ao primeiro ano escolar, a crescente formação sináptica se nivela e permanece relativamente estável até o início da fase adulta.

Nosso volume de aprendizado é extraordinário, tanto dentro quanto fora de sala de aula. Já adultos atuantes no mercado profissional, continuamos a aprender, e o desenvolvimento profissional é um aspecto fundamental de nosso aprimoramento e crescimento na carreira. Aprendemos o tempo todo, até exalarmos o último suspiro. Muitos profissionais da saúde e da espiritualidade que acompanham pessoas em estágio terminal dizem que alguns de nossos aprendizados mais profundos acontecem no fim de nossas vidas.

Diante da amplitude e profundidade do campo do aprendizado humano, para os propósitos deste livro, a presente seção se concentra no aprendizado de adultos e no desenvolvimento profissional. Mas seus princípios se aplicam facilmente a uma variedade de contextos e idades. Aos aducadores de crianças e jovens, recomendo o estudo das conferências realizadas pela Learning and the Brain, e também a leitura dos livros *How the Brain Learns*, de David Sousa; *Make It Stick*, de Peter Brown; *Why We Learn*, de Benedict Carey; e *The Whole-Brain Child*, de Daniel Siegel.

A Definição de Aprendizado de Adultos

Antes de mergulharmos nas particularidades do assunto, examinemos como pessoas adultas aprendem. Alexander Kapp, importante teórico do aprendizado de adultos na Alemanha, criou o conceito de *andragogia* – como adultos aprendem – em contraposição à *pedagogia* – como crianças aprendem. Malcolm Knowles, educador norte-americano, tomando as teorias de Kapp por base, ajudou a integrar o conceito na teoria humanista do aprendizado, desenvolvida por luminares como Abraham Maslow e Carl Rogers, que foram os primeiros a descrever o aprendizado como um meio de transformar potencial em realidade.

Knowles identificou cinco postulados fundamentais referentes a alunos adultos que tornam o aprendizado deles diferente do aprendizado infantil:

1. À medida que crescemos, nós nos tornamos mais independentes da família em que nascemos. Isso nos permite agir com mais autonomia no que aprendemos e nos dá a visão única que fazemos de nós mesmos.

2. Conforme envelhecemos, acumulamos uma base sempre crescente de conhecimento e experiência, e essa base se torna um recurso de aprendizado. Por exemplo, você pode ter hoje um momento "a-ha!" relacionado a algo

que leu cinco anos atrás ou que aconteceu em seu emprego anterior.

3. Como adultos independentes, temos muitas responsabilidades, o que, na verdade, aumenta nossa disposição de aprender, porque tentamos vencer desafios da vida real. Isso torna o aprendizado muito mais importante para nós.

4. Do mesmo modo, nossa inclinação geral muda. Em vez do aprendizado mais abstrato da infância, nossa inclinação passa a ser encontrar soluções para problemas do dia a dia. Quando buscamos aprender algo na idade adulta, geralmente é para resolver um problema atual.

5. Nossa motivação para aprender se internaliza. Embora todos nasçam com o impulso de aprender, a estrutura e a pressão da escola tendem a apresentar o aprendizado como um dever ou responsabilidade. Ser forçado a aprender todos os dias de acordo com os planos de uma secretaria regional de educação costuma diminuir nossa paixão pelo aprendizado. Como adultos, podemos reivindicar aquela motivação interna e aprender algo apenas porque o assunto nos interessa.

Esses postulados levaram Knowles a identificar alguns princípios fundamentais para o trabalho com alunos adultos, princípios esses que orientam os criadores de atividades educacionais dos dias de hoje:

- Os materiais de ensino precisam respeitar e reconhecer o grande leque de formações e experiências que os alunos trazem consigo, e devem ser estruturados de modo a atender diferentes níveis de habilidade, preferências e modalidades de aprendizado, etc.

- O ensino precisa permitir que os alunos descubram as coisas por si mesmos, mediante experiências autônomas. E o erro deve ser considerado uma parte importante do processo de aprendizado.

- O ensino deve ser contextualizado, de modo a mostrar como o aluno aplicará de fato as informações na própria vida, inclusive com a compreensão do "porquê" daquilo que é ensinado.

Essa lista também funciona com crianças, mas sinto dizer que ela não costuma ser aplicada em muitos sitemas escolares, pelo menos nos Estados Unidos. Bons professores buscam criar ambientes interessantes que estimulem a autonomia, mas acabam encontrando entraves como o tamanho das salas, por exemplo, somado aos objetivos rígidos e impessoais de órgãos regionais, estaduais e federais. Muitos sistemas escolares alternativos para crianças tentam incentivar o aprendizado independente, sobretudo os sistemas Montessori e Waldorf. Em minha opinião, se nosso foco nas escolas fosse o aprendizado, não a educação, conseguiríamos preparar melhor as pessoas para se tornarem os cidadãos, líderes e pais conscientes e sérios que queremos que sejam.

Nos três capítulos a seguir, concentraremos nossa atenção em algumas relevantes teorias do aprendizado que atuam em conjunto para criar uma abordagem coesa do aprendizado de adultos.

26. Níveis de Conhecimento e o Ciclo de Aprendizado

A taxonomia do conhecimento, de Bloom, é outra teoria relacionada à fase do Aprender. Esse modelo resistiu ao teste do tempo porque já se valia de princípios de neurociência antes mesmo de serem descobertos. O dr. Benjamin Bloom percebeu que nem todo conhecimento é igual e que diferentes níveis de conhecimento indicam diferentes níveis de aprendizado também.

O nível mais básico é a memorização: a repetição mecânica do que nos é dito. Por exemplo, uma criança pode enunciar que "dois mais dois é igual a quatro" sem saber o que isso significa. O nível subsequente é a compreensão ou entendimento. ("Estou fazendo uma soma aqui. Posso somar três com cinco para obter oito.") O nível a seguir é a aplicação, quando você leva o que aprendeu para um novo contexto. Nesse caso, você usaria a matemática na vida real. ("Vou usar soma e subtração para calcular se tenho dinheiro suficiente para ir ao cinema e comprar pipoca.") Esses três primeiros níveis costumam ser característicos do jardim de infância ao 12º ano escolar e funcionam com todas as matérias. Por exemplo, pode-se memorizar história, é possível realmente compreender as forças que levaram a diferentes acontecimentos históricos, bem como aplicar tal conhecimento aos acontecimentos atuais. Os alunos conseguem vivenciar todos esses níveis por meio de deveres como redações e provas.

Os três níveis seguintes – chamados raciocínio de ordem superior – são característicos da educação superior e do aprendizado profissional. Utiliza-se aquele conhecimento básico e se realiza algo novo com ele. Algumas pessoas classificam esses níveis em uma ordem hierárquica, mas os considero igualmente complexos, motivo pelo qual os coloco no mesmo plano. Na análise, divide-se algo em partes menores. Por exemplo, usar matemática – neste caso, cálculos estatísticos – para analisar uma miríade de dados. Ou estudar os últimos meses de seu negócio para analisar os produtos mais vendidos e descobrir onde os clientes vivem. A avaliação exige que você julgue algo de acordo com critérios específicos. Por exemplo, avaliar seu negócio usando indicadores-chave de desempenho (KPIs), como satisfação dos consumidores, rentabilidade e impacto ambiental. Por fim, temos a criatividade, que implica fazer algo totalmente novo com as informações que você já tem. Você poderia pegar o que aprendeu sobre processos produtivos e reestruturá-lo. Ou poderia inovar, criando uma nova forma de gerenciar ou fornecer um serviço.

A tabela a seguir mostra os seis níveis da taxonomia de Bloom, evidenciando que as habilidades de raciocínio de ordem superior – análise, avaliação e criatividade – têm por base a memorização, a compreensão e a aplicação. A tabela apresenta ainda ações comuns relacionadas a cada nível.

Avalie quais níveis explícitos da taxonomia de Bloom você precisa para seu objetivo de aprendizado. A maioria dos adultos profissionalmente ativos necessita de experiências de aprendizado que abarquem todos os seis níveis e, assim, proporcionem um conjunto robusto de habilidades. Por vezes, porém, é difícil trabalhar com todos eles em pouco tempo, por isso, talvez você prefira optar por se concentrar em um ou dois em cada ocasião de aprendizado e, depois, agregar os demais.

Tabela 3. *A taxonomia do conhecimento de Bloom*

CRIAÇÃO – Produzir ou imaginar uma obra nova ou original; criar algo novo. *Ações: Planejar, Inventar, Produzir, Construir, Compor, Formular, Desenvolver, Criar algo autoral.*	**AVALIAÇÃO** – Avaliar ou julgar de forma crítica o valor de algo com base em critérios específicos. *Ações: Avaliar, Julgar, Testar, Estimar, Criticar, Justificar, Categorizar, Recomendar.*	**ANÁLISE** – Identificar os componentes de algo e estudar relações. *Ações: Analisar, Comparar, Contrastar, Organizar, Fazer Experimentos, Examinar, Autenticar.*
APLICAÇÃO – Selecionar, transferir e usar informações, ideias e princípios em situações novas com um mínimo de direcionamento. *Ações: Aplicar, Usar, Demonstrar, Resolver, Executar, Operar, Ilustrar, Implementar.*		
COMPREENSÃO – Entender, explicar ou interpretar informações, ideias ou princípios baseados em aprendizados anteriores. *Ações: Explicar, Resumir, Ilustrar, Exemplificar, Parafrasear, Discutir, Classificar.*		
MEMORIZAÇÃO – Lembrar ou reconhecer informações, ideias e princípios na forma aproximada em que foram aprendidos. *Ações: Definir, Descrever, Reconhecer, Identificar, Escrever, Rotular.*		

Vejamos um exemplo de como usar os níveis de Bloom para maximizar o aprendizado profissional. Desenvolvi um treinamento gerencial baseado em neurociência que é dividido em seis sessões. Ele capacita gerentes a usar a biologia humana para formar melhores funcionários e equipes. Quando o criei, tomei o cuidado de utilizar elementos dos diversos níveis da taxonomia de Bloom.

Inicio cada sessão apresentando aos gerentes vários modelos conceituas no âmbito do tópico abordado, tais como *coaching*, inteligência emocional ou como gerar responsabilidade. Em seguida, peço que apliquem os modelos aos funcionários, de modo que ajustem a experiência ao contexto atual deles. Os gerentes analisam a equipe usando avaliações específicas, o que lhes dá dados concretos que deverão acompanhar. Avaliam os desafios e implementam soluções. É aí que entra a criatividade. Talvez o modelo não se ajuste com exatidão ao contexto. Pode ser que precisem adaptá-lo, combiná-lo com outro modelo para funcionar melhor, ou criar algo de fato novo e eficiente. A capacidade de inovar e o pensamento criativo são fundamentais aqui, bem como a habilidade de ajudar os outros a fazer o mesmo.

O Ciclo de Aprendizado

Criado pelo dr. David Kolb em 1984, o ciclo de aprendizado de Kolb mapeia o aprendizado no âmbito de dois *continuums*. Primeiro, temos o eixo da percepção, que vai do conceitual ou abstrato em uma extremidade à experiência concreta na outra. O segundo eixo é o *continuum* do processamento, que vai da observação de outra pessoa ao faça você mesmo.

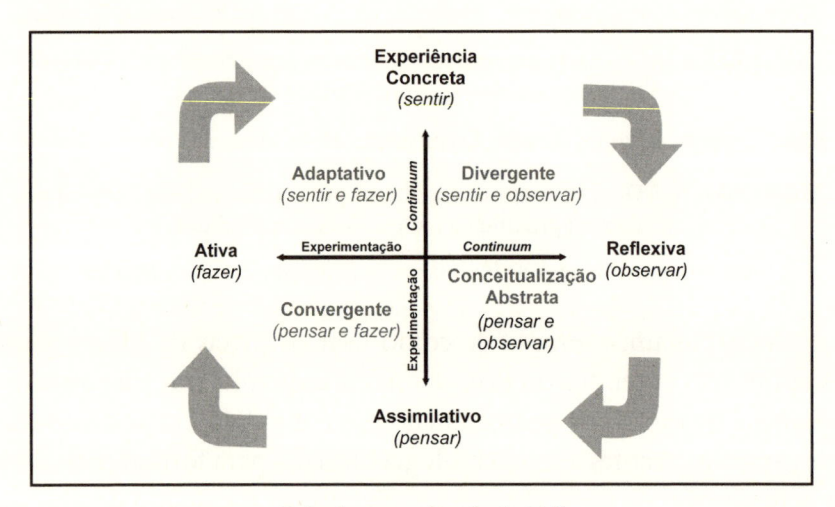

Ciclo de aprendizado de Kolb

Kolb demonstrou que o bom ensino é o que conduz o aluno pelos quatro quadrantes. Pode-se começar em qualquer ponto do modelo, mas é preciso garantir que o estudante passe pelo ciclo inteiro, bem como pelas intersecções do *continuum* da percepção e do *continuum* do processamento.

Se retomarmos meu exemplo da seção anterior a respeito da formação em gestão de mudanças, o aprender sobre modelos de mudança está na extremidade abstrato-conceitual do *continuum* da percepção, ao passo que aplicá-los a um projeto ou equipe se encontra na extremidade oposta, ou seja, a da experiência concreta. Quando líderes implementam uma mudança, eles provavelmente refletem e observam seu desenrolar, talvez fazendo análises, e, se surgirem problemas durante o processo, farão experimentos com novas soluções. Por fim, avaliar o ROI ou "retorno sobre investimento" da mudança leva de volta ao campo abstrato e, assim, o aluno tem a oportunidade de passar por todos os quadrantes.

É claro que os modelos de Bloom e Kolb também têm pontos em comum. E, quando pesquisas realizadas por pessoas diferentes em épocas diferentes se alinham, fico atenta. Ao avançarmos no estudo do Modelo Trifásico de Aprendizado, você verá que tanto Bloom quanto Kolb tomaram por base a neurociência do aprendizado e o modo como nosso cérebro e nosso corpo estão programados para aprender por experiência prática.

27. Inteligências Múltiplas e a Mentalidade de Crescimento

Um terceiro componente do aprendizado de adultos é a teoria das inteligências múltiplas, proposta pelo dr. Howard Gardner, professor de Harvard, na década de 1980. Como já estudamos no capítulo 2, um dos avanços recentes da neurociência do aprendizado é a comprovação neural das oito inteligências: linguística, lógico-matemática, musical, corporal-cinestésica, espacial, intrapessoal, interpessoal e naturalista.

Mas, o que isso tem que ver com o aprendizado de adultos? Primeiro, significa que muitas das suas crenças sobre sua própria inteligência, habilidades e limitações talvez estejam incorretas e você tenha muito mais potencial do que pode ter sido levado a acreditar. Segundo, essa teoria pode ajudá-lo a encontrar novas formas de exaltar e cultivar as diversas inteligências. Se você aceitar que é inteligente de várias maneiras diferentes, poderá buscar experiências de aprendizado e professores mais adequados para lhe dar suporte e orientação. Terceiro, isso pode ajudá-lo(a) a reconhecer e valorizar os diferentes pontos fortes que as pessoas trazem para nossa vida profissional e pessoal. Toda pessoa tem dons e talentos únicos, mas, mesmo assim, somos sempre julgados por um conjunto estreito e estático de critérios. E se você começasse a procurar e reconhecer esses dons nos outros? Talvez você os ajude a prosperar e crescer – e é bem provável que eles façam o mesmo por você. Quarto, você pode criar para outras pessoas experiências de aprendizado que respeitem e promovam inteligências diferentes. Isso se aplica em especial a pais, educadores e instrutores. Pense em como você poderia criar uma atividade ou transmitir informações atendendo a diferentes inteligências.

Julgo de igual importância lembrar que as pessoas talvez não tenham tido as melhores experiências na escola e, por isso, tendem a chegar a eventos de aprendizado de adultos com atitudes de ceticismo e cinismo. Acho que todos nós guardamos um pouco de medo da escola, mas acredito que o aprendizado de adultos seja uma oportunidade de reacender nossa curiosidade natural e o desejo de aprender e crescer.

Mentalidade de Crescimento

Identificada pela primeira vez pela dra. Carol Dweck, autora de *Mindset: The New Psychology of Success*, a mentalidade é a maneira como enxergamos nossas capacidades. Como vimos no capítulo 21, a pesquisa de Dweck constatou que as pessoas que não têm sucesso costumam apresentar uma mentalidade inflexível. Em suma, elas acreditam que seus traços ou características inerentes – como Q.I. ou habilidades sociais – se cristalizam, quando chegam à idade adulta. Pessoas bem-sucedidas, ao contrário, têm uma mentalidade de crescimento, pois acreditam que podem sempre melhorar.

A mentalidade de crescimento também rende uma míriade de outros resultados positivos. Observe esta comparação de como a mentalidade influencia tudo, desde o modo como encaramos o esforço, os desafios e *feedbacks* até o sucesso dos outros.

Mentalidade Inflexível *leva a um desejo de passar uma boa impressão, por isso, tende a:*	Mentalidade de Crescimento *leva a um desejo de aprender, por isso, tende a:*
Acreditar que a maioria das habilidades depende de traços cristalizados e não pode mudar;	Acreditar que as habilidades podem ser sempre melhoradas com esforço;
Ver o esforço como desnecessário, algo que deve ser feito apenas quando não se é bom o bastante;	Ver o esforço como um caminho à excelência, sendo, portanto, essencial;
Evitar desafios porque eles poderiam revelar habilidades insuficientes; tendência a desistir com facilidade;	Aceitar desafios e encará-los como oportunidades de crescimento;
Ver *feedbacks* como uma ameaça à noção de individualidade pessoal, ficando na defensiva;	Ver *feedbacks* como úteis para aprender e melhorar;
Considerar reveses desencorajadores e culpar os outros;	Considerar reveses como alertas de que deve haver mais esforço da próxima vez;
Sentir-se ameaçado pelo sucesso dos outros e boicotá-los em um esforço de causar boa impressão;	Encontrar lições e inspiração no sucesso dos outros;
Em consequência, tais pessoas podem estagnar cedo e não realizar todo o seu potencial.	*Em consequência, tais pessoas alcançam níveis cada vez mais elevados de desempenho e concretização de potencial.*

Comparação da atuação das duas mentalidades

Enquanto as pessoas com mentalidade de crescimento alcançam níveis cada vez mais elevados de desempenho e realização de potencial, as organizações para as quais elas trabalham colhem os benefícios. Tenha em mente que, de fato, a mentalidade de crescimento é a realidade da natureza humana, pois a neuroplasticidade e a neurogênese são atributos naturais do cérebro. É um desafio fazer com que pessoas de mentalidade inflexível mudem a visão de mundo e se alinhem com o próprio potencial, mas a boa notícia é que elas são capazes de fazê-lo, sobretudo se tiverem acesso a essas informações sobre as diferentes mentalidades e as pesquisas que comprovam que nosso cérebro está sempre alterando estruturas e produzindo novas delas.

O modo como falamos com as pessoas quanto ao aprendizado delas também faz diferença. Um estudo com alunos de Ensino Médio realizado pela dra. Ruth Butler, professora de psicologia da educação, dividiu os alunos em dois grupos e aplicou-lhes um exame dividido em duas partes: questões de 1 a 5 e questões de 6 a 10. Você se lembra do modelo tradicional da curva de sino em exames escolares, o qual comparava seu desempenho com o da classe e dava uma classificação que ficava entre as notas mais alta e mais baixa? Nesse estudo em questão, o primeiro grupo foi informado de que o exame de cada um seria comparado na íntegra aos exames do grupo. Quando instados a especular o motivo disso, os alunos descreveram o objetivo da atribuição de notas comparativas como: "Mostrar o quanto você é bom ou não". Percebe o que as especulações dos alunos revelaram? Comparações ativam a mentalidade inflexível.

O segundo grupo recebeu uma informação diferente. Os estudantes foram informados de que estariam fazendo o mesmo exame em duas partes, mas estas seriam comparadas apenas entre si. Ou seja, o desempenho deles nas questões de 1 a 5 seria comparado ao desempenho nas questões de 6 a 10. Quando instados a sugerir qual seria o objetivo disso, eles disseram: "Mostrar o progresso", que traduz basicamente a mentalidade de crescimento, que é melhorar.

Os resultados foram incríveis. Na primeira parte do exame – as questões de 1 a 5 – ambos os grupos tiveram mais ou menos o mesmo desempenho. As notas foram estatisticamente idênticas. Mas, na segunda parte, aconteceu algo surpreendente: os alunos que foram comparados aos outros do grupo tiveram mais ou menos o mesmo desempenho da primeira parte. Não se pôde notar nenhum progresso. Mas, adivinhe o que aconteceu ao grupo que foi informado de que seu progresso importava? O desempenho melhorou! E não pouco, mas muito!

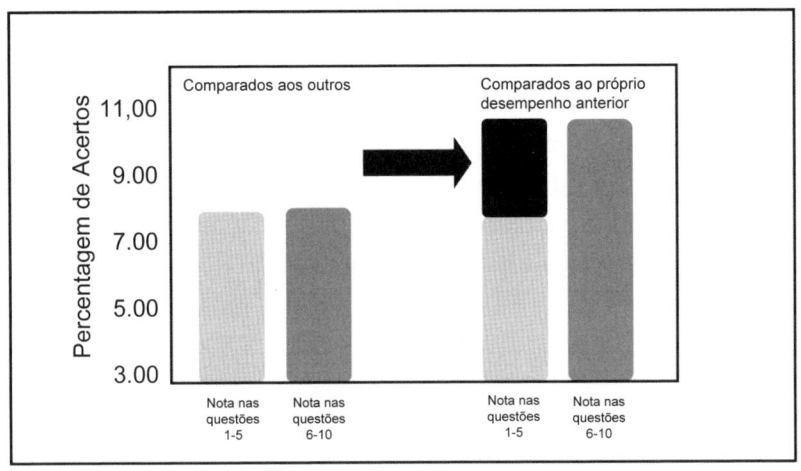

O valor de mensurar progresso

Nesse diagrama, a zona mais escura mostra a mentalidade de crescimento. Quando se diz às pessoas que crescimento é importante, elas se esforçam e melhoram. Para mim, aquela porção em preto indica potencial. Aqueles estudantes tinham habilidades latentes com relação ao conhecimento do material. E não foi mais estudo que trouxe tais habilidades latentes à tona, mas a motivação que deriva de saber que progredir é importante.

Sabemos que essa mesma dinâmica se aplica a avaliações de desempenho no ambiente de trabalho. Muitas organizações estão repensando os processos de avaliação de desempenho que utilizam, abandonando os sistemas de classificação e focando em crescimento e progresso. Quando, em qualquer cenário, classificamos o desempenho das pessoas como "mediano", "excelente" ou "insatisfatório", estamos basicamente replicando a mentalidade inflexível, dizendo: *Você é o que* é. No entanto, quando passamos a avaliar crescimento e progresso, ativamos a motivação e potencial máximos delas, dizendo: *Você é o que busca alcançar.*

Em meu trabalho de consultoria, já ajudei algumas empresas de âmbito global a mudar as avaliações de desempenho utilizadas de modo a criar uma mentalidade de crescimento. Um funcionário que esteja com dificuldade de atingir objetivos receberá a mensagem de "não foi desta vez", em vez de ser visto como "insatisfatório" ou "abaixo das expectativas". Por exemplo, "não atende às expectativas" passa a ser "*ainda* não atende às expectativas". O significado dessa alteração é imenso, pois diz que a pessoa tem potencial e que a organização acredita que ela pode melhorar. E constatamos que essa expectativa positiva e cheia de aspiração tende a motivar mais o funcionário do que ser rotulado como alguém de desempenho abaixo dos padrões.

Também podemos fazer isso com crianças. Como mãe, o livro de Po Bronson e Ashley Merryman, *NurtureShock: New Thinking about Children*, mudou minha vida ao mostrar como podemos cultivar mentalidades em nossos filhos pela maneira como os criamos e ensinamos. Vejamos o exemplo típico de uma criança que traz uma boa nota para casa. Parabenizá-la com base em características – "Querido(a), você é tão inteligente" – introjeta uma mentalidade inflexível, ao passo que parabenizá-la por seu progresso e esforço – "Querido(a), você estudou tanto e veja o ótimo resultado" – introjeta uma mentalidade de crescimento.

A própria dra. Dweck alerta que um dos maiores erros cometidos por pais e professores é usar linguagem de mentalidade inflexível para recompensar o esforço mesmo quando o aprendizado não aconteceu, como em: "Boa tentativa. Você fez o seu melhor". Ou usar a mentalidade para esconder uma falha de desempenho ou habilidade: "Ele tem uma mentalidade inflexível". Em vez disso, o foco deveria ser ajudar alunos e funcionários a ver que precisam de uma variedade de conjuntos de habilidades para melhorar, inclusive esforçar-se, dar asas à própria curiosidade, desenvolver a capacidade de experimentar coisas novas, a disposição de procurar mais informações ou ajuda de outras pessoas, e persistência quando as coisas são difíceis.

Dweck apresenta alguns exemplos claros de como usar uma linguagem de mentalidade de crescimento com crianças. Assim podemos assegurar que professores e pais usem a linguagem correta, além de ajudar crianças e adultos a reformular o modo como falam consigo mesmos, passando de uma mentalidade inflexível a uma mentalidade de crescimento. (Veja a Tabela 4.)

Tabela 4. *Comparação de comentários e conversas consigo mesmo de adultos em cada uma das mentalidades*

Comentários de Adultos que Cultivam uma Mentalidade Inflexível	Comentários de Adultos que Cultivam uma Mentalidade de Crescimento
"Ninguém é bom em matemática. Apenas faça o melhor que puder."	"Aquela sensação de que matemática é difícil é a sensação do seu cérebro crescendo."
"Está tudo bem. Talvez matemática não seja um dos seus pontos fortes."	"Se você se pegar dizendo: 'Não sou bom em matemática', acrescente a palavra 'ainda' no início da frase."
"Não se preocupe. Você fez o que pôde."	"O objetivo não é entender tudo de uma vez. O objetivo é aumentar sua compreensão aos poucos. O que você pode tentar agora?"
Conversas Consigo Mesmo que Cultivam uma Mentalidade Inflexível	**Conversas Consigo Mesmo que Cultivam uma Mentalidade de Crescimento**
"Isto é difícil demais."	"Talvez eu possa tentar isto de outra forma."
"Não sei matemática."	"Se eu praticar, posso melhorar meu cérebro matemático."
"Errei."	"Vou aprender com meus erros e melhorar."
"Desisto."	"Desistir só vai dificultar as coisas. Vou tentar outra vez."
"Sou o máximo nisto!"	"Como sou muito bom nisto, eu deveria me colocar desafios."

Mas, será que é realmente importante ativarmos a mentalidade de crescimento? Sim, pois ela está vinculada a toda uma miríade de outras questões também importantes. Em 2018, a dra. Dweck realizou vários outros estudos para investigar o impacto que a mentalidade inflexível e a mentalidade de crescimento têm em nossa capacidade de desenvolver nossos interesses e paixões. Os resultados revelaram que as pessoas de mentalidade inflexível tendiam a acreditar que interesses e paixões são descobertos (e não desenvolvidos). Além disso, elas não conseguiam prever dificuldades, de modo que a motivação diminuía quando se deparavam com desafios. Dweck afirma que: "Estimular as pessoas a encontrar sua paixão pode levá-las a apostar tudo em uma única alternativa e, em seguida, desistir quando ela se mostra difícil de levar adiante".

Um artigo que Dweck escreveu em conjunto com Paul O'Keefe e Greg Walton, publicado na *Harvard Business Review*, generaliza essa conclusão para o ambiente de trabalho dos dias atuais: "Inovação requer que atuemos em vários campos e, em regra, adquiramos algo mais que uma compreensão superficial de tais campos. Isso significa que, quando as pessoas atuam em vários campos, elas precisam manter o interesse, mesmo quando o material se torna complexo e difícil. Uma mentalidade de crescimento relacionada ao interesse pode ser útil para promover esse tipo de resiliência".

Como promover a mentalidade de crescimento quando as pessoas precisam competir entre si? Afinal, nem todos conseguem tirar *As* consecutivos na escola ou ser os melhores funcionários no trabalho. Ainda que possa acontecer de as recompensas se restringirem às pessoas de melhor desempenho e de algumas empresas precisarem controlar o acesso a determinadas recompensas, os líderes também podem se valer de um processo em que haja uma distribuição proporcional de recompensas e que crescimento e progresso sejam mensurados juntamente com o desempenho. Essas e outras mudanças semelhantes estão revolucionando os ambientes de trabalho da atualidade.

A comprovação dos benefícios da mentalidade de crescimento é tão contundente que Satya Nadella, CEO da Microsoft, decidiu se concentrar em levar os princípios da mentalidade de crescimento a todos os níveis da organização e seus produtos. A *Forbes* atribui a essa reformulação cultural a triplicação do valor da empresa, de acordo com um artigo especial de 2018. "Nadella transformou o aprendizado contínuo em uma prioridade da Microsoft – isso é ressaltado até mesmo nos crachás dos funcionários. O foco passou de 'Saber tudo a aprender tudo'". A fim de reforçar a cultura, Nadella desenvolve práticas de mentalidade de crescimento, compartilhando o próprio aprendizado em vídeos mensais.

Ao lidar com seus objetivos pessoais de aprendizado, lembre-se do mantra da mentalidade de crescimento: *ainda*. Acrescentar a palavra "ainda" costuma ser a maneira mais simples de passar de uma mentalidade inflexível para uma mentalidade de crescimento. Alguns exemplos seriam: *Ainda não sei como fazer isso*. Ou: *Ainda não sou bom nisso, mas posso ser*. Portanto, faça uso do poder do ainda e descubra aonde você quer chegar com as coisas que deseja aprender.

28. O Ciclo de Renovação

Outro aspecto do aprendizado de adultos é o papel crucial que ele desempenha no que o dr. Frederic Hudson denomina o "ciclo de renovação". No livro *The Adult Years: Mastering the Art of Self-Renewal*, o dr. Hudson afirma que os adultos passam por uma série de capítulos de vida que começam com sonhos e planos, transformam-se em conquistas e vitórias e, em seguida, começam a declinar, gerando sentimentos de conflito. Ao término de um capítulo de vida, entramos no que ele chama uma transição de vida, um período de renovação interna. De início, nosso foco é nos curarmos ou nos recuperarmos daquele capítulo, mas, em seguida, passamos a estabelecer novos objetivos e encontrar um novo senso de propósito. Esse ciclo se estende por toda a nossa vida pessoal e profissional, nossos anos de aposentadoria, e continua até a morte.

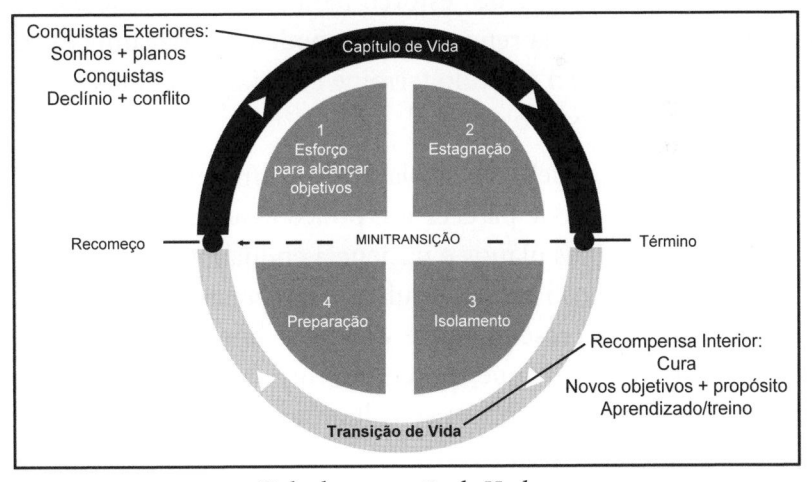

Ciclo de renovação de Hudson

Capítulos de vida envolvem "fazer", ao passo que transições de vida envolvem "ser". Cada um é dividido em duas fases, formando um total de quatro. No capítulo de vida, a Fase 1 é a fase do "esforço para alcançar o objetivo" e nela nós nos atiramos a uma nova aventura. Esse é um período de estabilidade, no qual estamos tomados por uma sensação de propósito e nos concentramos na conquista de objetivos. Costuma ser a fase em que alcançamos algo que desejávamos muito, por isso, podemos sentir que realmente chegamos lá. Em regra, esse é um período muito criativo, de destemor e até júbilo. Mas, em algum momento, atingimos uma espécie de platô que nos leva para a Fase 2.

A Fase 2 é chamada "estagnação" porque sentimos certo desencanto após nossa grande conquista. Talvez ela não tenha proporcionado tudo o que esperávamos ou, agora que foi alcançada, já não pareça tão atraente. É comum termos sentimentos de decepção, estresse, até mesmo raiva, dependendo da situação. O dr. Hudson argumenta que, nessa fase, tomamos um de dois caminhos. Podemos entrar em uma minitransição, quando tentamos reorganizar ou reestruturar nosso capítulo atual. Aqui, as pessoas tendem a buscar novos aprendizados, a fim de munir-se de novas habilidades ou informações para fazer com que a minitransição aconteça. Trata-se de tentar aprimorar aquilo que você já inicou e, para muitos, pode desencadear uma nova fase de "esforço para alcançar o objetivo" que trará propósito e alegria renovados. Ou podemos criar uma estratégia de saída para que o capítulo termine e, assim, passemos à transição de vida e a um estado de "ser".

A Fase 3 do modelo é o "isolamento", um período de reflexão e introspecção que pode parecer um pouco assustador, pois exige o abandono dos antigos planos e paciência enquanto se espera o surgimento de uma nova visão. Aqui, muitas pessoas buscam novos aprendizados para crescimento e desenvolvimento pessoal, talvez fazendo retiros ou aulas que ajudem na cura, na contemplação e no renascimento. Muitas também se voltam para práticas espirituais e de conscientização nessa fase.

Em algum momento, esse trabalho interior frutifica, e a pessoa passa por um momento decisivo em que começa a ter uma nova visão. A Fase 4 é a da "preparação", quando a pessoa se prepara para o capítulo seguinte. É um período de exploração e experimentação enquanto se cultivam novas formas de pensar, ser e fazer. Vivencia-se uma nova aceitação de si mesmo, inclusive de pontos fortes e vulnerabilidades. Essa fase também pode incluir um período de aprendizado, como se preparar para o início do novo capítulo.

Outra maneira de encarar o modelo é pensar no lado esquerdo como fases de construção, nas quais a pessoa reconstrói a si mesma e à sua vida, e o lado direito como fases de desconstrução, nas quais a vida e a identidade pessoal são desmanteladas em preparativo para uma reforma. É algo semelhante a quando a lagarta se transforma em borboleta, exceto pelo fato de termos de voltar a nosso estado de casulo e ressurgir em um novo voo de mudança.

Como afirma a consultora de criatividade e liderança Lisa Slavid: "É importante respeitar o lugar em que você se encontra no círculo, pois cada fase traz consigo necessidades diversas, como refletir, explorar, produzir, etc. Muitas pessoas podem se sentir paralisadas na fase da 'estagnação', que tende a ser um bom período para se buscar apoio para enfrentar as reflexões, as conversas e até mesmo a tristeza que são comuns nessa fase".

O dr. Hudson fundou o Hudson Institute, que oferece certificações e cursos de *coaching* com base em seu modelo, desenvolvidos para ajudar as pessoas a passar pelas fases do processo. Com Pamela McLean, ele escreveu *LifeLaunch: A Passionate Guide to the Rest of Your Life*, um livro cheio de dicas e estratégias proveitosas para qualquer adulto.

Em minha opinião, o modelo de Hudson é útil porque me ajuda a perceber que a vida não é uma escadaria sem fim que sempre sobe rumo ao aperfeiçoamento. É normal vivenciar períodos em que não sabemos ao certo o que queremos em seguida, intercalados por períodos em que conquistamos sonhos e, logo depois, nos sentimos decepcionados outra vez. Essa compreensão me deixou muito mais confortável e me permitiu aceitar os ciclos naturais do crescimento e desenvolvimento humano. Como alguém que auxilia outras pessoas em seu aprendizado, o modelo me ajuda a desenvolver melhor minhas atividades de ensino, de modo a respeitar o ciclo atual do estudante. Para mim, também é evidente que organizações passam por ciclos semelhantes, independentemente da atividade ou do setor. Uma grande parcela do desenvolvimento organizacional é amparar líderes e funcionários a vencer os altos e baixos naturais que acontecem no curso da vida.

29. O Aprendizado e o Cérebro

O cérebro humano é um órgão fascinante e muito complexo. Na verdade, você carrega sobre os ombros o objeto mais complexo do universo conhecido. O dr. Floyd Bloom, neurocientista e psicofarmacologista do Instituto Scripps, sugere que é melhor não considerar o cérebro um órgão simples, mas um complexo agregado de sistemas neurais que se regulam uns aos outros mediante sinais elétricos e químicos.

O cérebro tem cerca de 100 bilhões de neurônios, de 10 mil tipos diferentes. Cada neurônio se comunica com 5 mil a 200 mil outros neurônios, produzindo um total de mais ou menos 100 trilhões de conexões neurais. Ou seja, existem 300 vezes mais conexões no cérebro do que há estrelas na Via Láctea.

Moral da história? Use um capacete. É sério. Se quiser tirar uma lição deste livro, saiba apenas que é na sua cabeça que tudo começa e termina – a personalidade, o senso de individualidade e a capacidade de controlar cada aspecto do corpo. Por isso, faça todo o possível para protegê-la de lesões.

Uma descoberta importantíssima da neurociência foi a extrema flexibilidade da estrutura cerebral, que cresce ao longo da vida. Estudos mostram que isso não é apenas parte do processo de cura, mas também acontece durante o aprendizado. Cientistas constataram que, quando aprendemos de forma ativa, o hipocampo cria novos neurônios. Os autores de *Make it Stick: The Science of Successful Learning* afirmam: "A intensificação da neurogênese começa antes da realização da nova atividade de aprendizado, o que sugere a intenção do cérebro de aprender, e continua por um período depois de finda a atividade de aprendizado, o que indica que a neurogênese atua na consolidação da memória [...]".

Por exemplo, se você chegasse à conclusão de que é ruim em matemática ou não é bom no relacionamento com pessoas, ou alguém lhe dissesse o mesmo, os cientistas que estudam o cérebro diriam que isso não é verdade. Embora você não tenha via neurais bem desenvolvidas nessas áreas, é absolutamente possível alterá-las se começar a usá-las e desenvolvê-las. E aqui temos um componente crucial da saúde do cérebro: devemos tratar o cérebro como tratamos a musculatura corporal. Podemos desafiá-lo a tentar coisas novas e, com a prática, ficaremos cada vez melhores nelas. Hoje, os cientistas conseguem ver e mensurar como tais células ganham espessura com o uso. Quanto mais se usa um neurônio ou uma via neural, mais fortes eles se tornam, como nosso bíceps ao ser exercitado. E isso se dá em todo e qualquer tipo de aprendizado, tanto cognitivo quanto comportamental.

E a conclusão importante a que chegamos é: o que pensamos e fazemos importa. A cada escolha que fazemos, estamos fortalecendo vias neurais. Podemos fortalecer vias de felicidade e alegria, ou de julgamento e frustração. Temos condições de fortalecer comportamentos saudáveis como exercícios, jogos e atenção, em vez de reforçar a alimentação descuidada, a distração e o excesso de trabalho.

Psicólogos da linha da psicologia positiva descobriram que aspectos que costumávamos considerar traços de personalidade, como alegria e resiliência, são, na verdade, vias neurais que qualquer pessoa pode desenvolver. Para mais informações a esse respeito, veja as pesquisas e os livros do dr. Rick Hanson (*Hardwiring Happiness*), da dra. Brené Brown (*Rising Strong*) e de Shawn Achor (*The Happiness Advantage*), dentre outros.

Estruturas e Sistemas Cerebrais Importantes

Quando aprendemos, mudanças visíveis ocorrem no cérebro. De fato, alguns pesquisadores se sentem inclinados a *definir* o aprendizado como um evento que cria uma mudança física no cérebro. No entanto, como já vimos em capítulos anteriores, o aprendizado envolve várias estruturas e sistemas cerebrais. Segue uma rápida revisão:

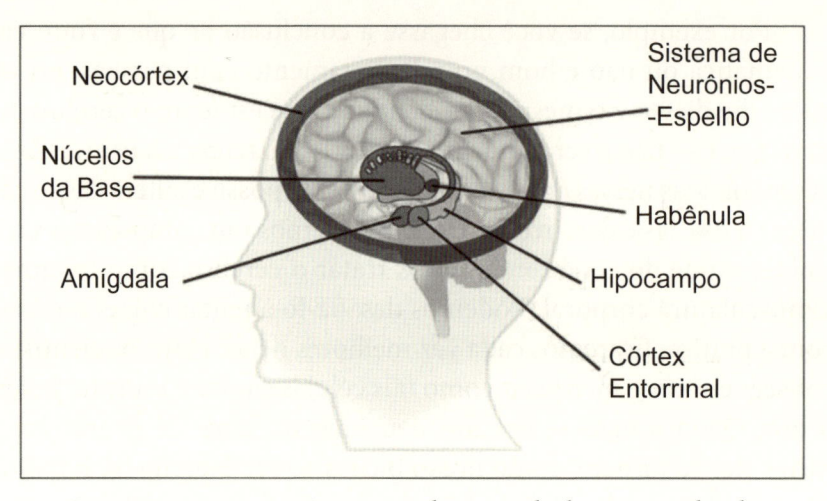

Principais estruturas e sistemas cerebrais envolvidos no aprendizado

- **Hipocampo:** região cerebral que desempenha um papel importante na memória e na orientação espacial. Está localizado no centro do crânio e tem ramificações que se estendem para os hemisférios direito e esquerdo, basicamente unindo o cérebro. Possui ao menos 27 tipos diferentes de neurônios e desempenha funções essenciais, dentre elas transferir o que aprendemos para a memória. Na realidade, as pessoas com lesão no hipocampo não conseguem formar novas memórias.

- **Amígdala:** estrutura fisicamente unida ao hipocampo e mais conhecida por seu papel em nossa sobrevivência mediante a resposta lutar-fugir-paralisar. Todos os nossos principais nervos sensoriais – óptico, auditivo, olfativo – se inserem diretamente na amígdala. Memórias associativas se formam quando a amígdala é ativada por emoções intensas como o medo, e as informações são transferidas de imediato para a memória de longo prazo a fim de ajudar na sobrevivência futura.

- **Córtex entorrinal:** localiza-se dentro do hipocampo e atua em nosso sistema de posicionamento global (GPS) interno, ajudando-nos a fixar memórias no espaço e no tempo. Ele cria mapas mentais tridimensionais dos lugares em que vivemos e trabalhamos à medida que nos locomovemos por nossos arredores físicos. Além disso, o córtex entorrinal nos ajuda a mapear redes de cunho social, identificando o nível de influência das pessoas com as quais interagimos, bem como nossa afinidade com elas. Como estudamos na seção II, campeões de memorização (memória semântica) ativam essa estrutura mediante o uso do "palácio da memória", que associa memorização de conteúdo com espaços físicos.

- **Neocórtex:** camada mais externa do cérebro, de estrutura muito complexa. É a sede da consciência e também é organizada em regiões que desempenham funções bastante específicas. Por exemplo, planejamento e tomada de decisões acontecem na parte frontal, ao passo que o controle motor ocorre nas laterais, junto aos ouvidos. O processamento visual se dá na parte traseira da cabeça, e há duas regiões específicas que lidam com a linguagem no lado esquerdo. O neocórtex participa da absorção de aprendizado e também armazena a rede de memórias detalhadas de longo prazo que acessamos posteriormente, nos momentos de acesso a informações.

- **Neurônios-espelho:** um tipo de neurônio que é ativado por emoções e quando realizamos atos que tenham objetivos específicos. Quando observamos outra pessoa, nossos neurônios-espelho são ativados, criando uma "experiência interna" do que vemos. Os neurônios-espelho controlam o aprendizado por observação e também constituem a base da empatia e da compaixão.

- **Núcleos da base:** responsáveis pela criação de memórias procedimentais que envolvem habilidades e/ou hábitos. Transformam comportamentos comuns e rotineiros em comportamentos automáticos que consomem pouquíssima energia cognitiva. Tudo o que você costumava fazer com muito esforço e concentração, mas, agora, é automático – por exemplo, dirigir o carro ou usar um *smart phone* novo – é prova da função dos núcleos da base. Habilidades trazem em si muitos hábitos e alguns hábitos também constituem habilidades.

- **Habênula:** responsável pelo aprendizado a partir de experiências anteriores, sobretudo de fracassos e erros. Localiza-se bem no centro do cérebro, perto do tálamo, e usa neurotransmissores químicos para influenciar nossas futuras decisões e comportamentos. Quando ativada, pode suprimir a motivação de agir, e também as ações sensório-motoras.

- **Outras estruturas importantes no processo de aprendizado:** neurônios (células que se comunicam por meio de sinais elétricos e químicos) e as vias neurais (sequências de neurônios interligados para uma atividade ou pensamento específico) criadas por eles. As comunicações acontecem na extremidade de seus prolongamentos em formato de gavinha, que se estendem por todo o corpo e são chamadas sinapses. As sinapses participam de todas as funções humanas, do pensamento ao sentimento, do movimento ao sono.

Embora saibamos que o cérebro é um órgão de enorme complexidade, estudos mostram de maneira sistemática que tais estruturas são responsáveis pelos principais processos do aprendizado. Ao menos é isso o que sabemos hoje.

30. Para Aprender, Primeiro é Preciso Codificar

Várias estruturas cerebrais participam do processo de codificação. O aprendizado começa com nossos sentidos – absorvemos informações e experiências por meio dos cinco sentidos. Quatro deles têm nervos no cérebro que se ligam diretamente à amígdala, que, por sua vez, está conectada ao hipocampo. Quando processamos o que vemos, ouvimos, degustamos, cheiramos e tocamos, o neocórtex é ativado em regiões específicas, atribuídas a cada sentido. Por exemplo, informações visuais chegam pela retina, mas são processadas no córtex visual primário, na parte traseira da cabeça. Informações auditivas são processadas no lado esquerdo do cérebro, em regiões destinadas ao processamento de sons e linguagem.

A qualidade das informações absorvidas é importante, por isso, se tais informações (visuais, auditivas, cinestésicas, etc.) forem prejudicadas de alguma forma, o cérebro terá menos material com que trabalhar. Como nossos cinco sentidos estão constantemente absorvendo milhares de informações por minuto, é preciso haver um sistema que determine o que constitui aprendizado. Se você olhasse pela janela agora, seu cérebro processaria todas as informações visuais que você captasse (cores, formatos, objetos, etc.), mas talvez nenhuma delas fizesse parte de um processo de aprendizado. No entanto, ao retomar a leitura deste parágrafo, você está aprendendo.

É aqui que entra o foco ou atenção. O ato de concentrar-se em algo dá início ao processo de transformação de informações sensoriais em aprendizado, pois ativa o hipocampo, a estrutura responsável pela criação de memórias.

O hipocampo é a primeira parada de uma jornada longa e complexa, e ele atua de forma invariável e previsível. Na realidade, muitas dificuldades de aprendizado surgem porque, em regra, as pessoas não agem de acordo com o modo como o hipocampo foi feito para funcionar. Essa estrutura funciona como uma câmera ou gravador de vídeo (eu o chamo de "hipo*cam!*") e, como qualquer aparelho, tem um botão para "ligar". Fisiologicamente, quando nossos olhos e ouvidos se fixam em algo – ou seja, quando nos concentramos – o hipocampo é ativado e começa a "gravação". O dr. Richard Davidson, da Universidade de Wisconsin, chama isso de "captura de fase" e ela constitui o início de todo e qualquer aprendizado.

Sem foco, não conseguimos capturar as informações importantes e elas não podem ser transferidas para a memória nem promover mudanças de comportamento. Por isso, é importante criar ambientes de aprendizado que ajudem as pessoas a se concentrar, e também destruir o mito de que podemos fazer várias coisas enquanto estamos aprendendo. Pesquisas comprovam que, quando dividimos nossa atenção, nosso foco alterna entre duas atividades, o que também é conhecido como *switch-tasking* (alternância de tarefas). A isso chamo *"swiss-tasking"* porque, quando alternamos entre tarefas, o hipocampo perde informações essenciais de cada objeto de atenção, de modo que acabamos ficando com lacunas (como buracos em um queijo suíço) no registro e, portanto, com lacunas irreversíveis no aprendizado. O hipocampo é fisicamente incapaz de registrar duas sequências completas de informações ao mesmo tempo, por isso, é preciso dar ao aprendizado a atenção que ele merece.

Por exemplo, se você estiver com a televisão ligada enquanto tenta ler este livro, o cérebro alternará a atenção entre as duas coisas. Se você se concentrar na tevê por alguns segundos, o cérebro não conseguirá compreender de fato as palavras que você estiver lendo. E, do mesmo modo, se você começar a realmente se concentrar nas palavras desta página e o significado delas, a televisão passará ao segundo plano.

Fazer várias tarefas ao mesmo tempo traz em si dois grandes riscos. Primeiro, nós nos enganamos a nós mesmos, acreditando que conseguimos fazer bem duas coisas simultaneamente. Isso pode até acontecer com determinadas atividades – consigo lavar a louça e ouvir música, sem sombra de dúvida – mas, quando estamos tentando aprender, precisamos ser capazes de nos concentrar. Segundo, o hipocampo é afetado pelas pessoas que nos cercam. Estudos revelam que alunos que estão tentando se concentrar em algo são afetados de modo negativo pelo colega que está fazendo várias coisas ao mesmo tempo. Criei o termo "distração indireta" para descrever esse fenômeno. E ele é quase tão perigoso quanto o fumo indireto em termos de saúde do nosso aprendizado.

Desse modo, aprender exige a nossa atenção. E, não obstante, é difícil sustentá-la por longos períodos. A mente começa a divagar e se distrai com os milhares de outras coisas que disputam nossa atenção a cada instante, mesmo quando tentamos nos concentrar e aprender. Ao longo de anos, vários cientistas fizeram estudos sobre a duração dos períodos de atenção em seres humanos e publicaram as descobertas.

Agora, se eu estivesse aí com você, pediria que parasse um instante e tentasse adivinhar quantos minutos você acha que dura nossa atenção. Se quiser entrar na brincadeira, cubra o parágrafo abaixo com a mão por um minuto. Por quanto tempo você acha que conseguimos nos concentrar antes de começarmos a perder o foco? Outra forma de encarar a questão é lembrar-se da última vez em que se sentou em uma sala de aula ou assistiu a um webnário ou leu um livro para aprender algo. Quanto tempo levou para você se sentir meio saturado e distraído?

Quando faço essa pergunta em uma palestra, ouço de tudo, de uma hora a cinco minutos. Mas aqui está a grande surpresa... preparado? Estudos mostram que o período máximo é de 20 minutos. Isso mesmo, 20 minutos. E esse é o período máximo. Para a maioria das pessoas, ele gira em torno de 15 minutos.

O "Hipocam"
Demanda concentração
Quanto mais informações, melhor
Período de atenção
= máximo de 20 minutos

Segmentos de 20 minutos são ideais para o aprendizado

Ao nos distrairmos e perdermos o foco, o "hipocam" já não tem informações claras e completas para transferir para a memória de curto prazo (a primeira parada rumo à memória de longo prazo). Por isso, ainda que você permaneça ali por mais tempo, o aprendizado fica suspenso até que você se concentre outra vez. Também conhecida como teoria da restauração da atenção, um grande corpo de conhecimento [BOK] descobriu a importância de os estudantes perceberem que estão distraídos para poder trazer a atenção de volta. Ele também aponta mudanças que os educadores podem fazer no desenvolvimento e entrega de ensino.

Embora seja a abordagem de ensino mais largamente difundida, as aulas ao estilo de palestra nunca apresentaram resultados de boa retenção, e hoje sabemos por quê. Passar horas sentado tentando aprender algo vai na contramão do funcionamento natural do cérebro. Somos feitos para aprender em curtos picos de foco, os quais podem ser encadeados de modo a criarmos eventos mais longos de aprendizado.

E um intervalo na concentração não quer dizer que você precise se levantar e sair da sala. Significa apenas que você tem de mudar o foco para outra coisa por um curto intervalo antes de voltar. A boa notícia é que esses mini-intervalos também podem ser úteis ao aprendizado se mudarmos o foco para algum tipo de atividade de processamento. Seja um instante de reflexão individual, uma discussão com um colega ou uma atividade experiencial, processar o conteúdo recém-aprendido ajuda o hipocampo a transferi-lo para a memória de curto prazo. E pode restabelecer sua atenção, deixando-o pronto para aprender mais.

Atualmente, planejo todos os meus eventos de aprendizado em segmentos de 15 minutos de informação seguidos de uma atividade de processamento. Depois, encadeio esses minimódulos em uma sessão mais longa, entre uma e três horas – embora eu raramente me estenda por mais de meio dia, por causa do que aprendi sobre a necessidade que o cérebro tem de se afastar do aprendizado para refletir (o descanso do neocórtex que leva a momentos "a-ha!").

Desde que adotei essa abordagem, vi um aumento real na eficiência de meus eventos de ensino em termos de compreensão, retenção e, em última análise, mudança de comportamento. Isso também mudou a maneira como encaro meu próprio aprendizado.

Tendo feito mestrado e doutorado, já passei horas mais que suficientes em palestras, seminários de meio dia, programas que duravam o dia inteiro, e tentando ler materiais muito densos que não gozam do benefício de um protagonista ou de uma narrativa. Sempre tive consciência de que, depois de determinado ponto, eu já não conseguia reter informações, mas acreditava que era porque precisava me esforçar mais que as outras pessoas.

Isso não é verdade.

Durante todo esse tempo, construímos o ensino de acordo com um modelo empresarial de entrega, ignorando o modo como o cérebro aprende de fato. Quando as pessoas começam a desligar ou ficar inquietas, não é necessariamente porque estão entediadas. É porque estão saturadas de informação. Há uma diferença.

É preciso saber mais uma coisa a respeito do foco ou atenção. A amígdala desempenha um papel em nosso aprendizado, com a finalidade de sobrevivência. Localizada entre os nervos sensoriais e o hipocampo, a amígdala funciona como um filtro. Se nossos sentidos processam informações que podem ser indícios de perigo, tais como odor de fumaça ou um forte estampido, a amígdala ativa o hipocampo. Trata-se de uma espécie de ultra-atenção ou foco e é por isso que conseguimos nos lembrar de acontecimentos arriscados com riqueza de detalhes ou em câmera lenta. A amígdala está ativando o processo de aprendizado, como alguém que grita em um megafone: "PRESTE ATENÇÃO! É IMPORTANTE!" E tudo com vistas à nossa sobrevivência – uma memória clara do acontecimento nos ajudará a sobreviver naquela situação da próxima vez que ela acontecer. Estudos revelam que reações de grau moderado a forte ativam o hipocampo e o processo de aprendizado. Falaremos mais sobre isso no próximo capítulo.

31. A Área Emocional Mais Eficiente

A neurociência mostra que as emoções têm um papel importante na maioria dos setores de nossa vida, inclusive em como e quando aprendemos. Antes de mergulharmos no estudo das emoções, analisemos as camadas do cérebro que estão associadas a elas.

O cérebro tem três camadas de sofisticação crescente, conhecidas em conjunto como o cérebro trino. Embora essa seja uma descrição simplificada de um órgão tão complexo, ela é útil para entendermos as emoções. A camada mais interior é chamada cérebro reptiliano e está associada à sobrevivência. Por intermédio de nossos sentidos, estamos sempre perscrutando o ambiente e, se percebemos sinais de perigo, a amígdala dispara a resposta lutar-fugir-paralisar, inundando nosso sistema com adrenalina e cortisol em menos de 200 milissegundos. Essa descarga hormonal não é nada agradável, mas prepara o corpo para fugir literalmente, esconder-se ou enfrentar o perigo, acelerando o coração a fim de levar sangue para os músculos, expandindo os pulmões para maior absorção de oxigênio e fibrinogênio, e liberando endorfinas para permitir a coagulação de sangue e reduzir a dor (em caso de lesão).

A camada intermediária é o cérebro límbico, também conhecido como cérebro emocional. Essa camada possibilita a experiência de emoções mais complexas que o medo e a raiva, agregando categorias emocionais como alegria, tristeza, amor e repugnância. Além disso, é aí que se localiza nossa memória de trabalho. Nossa sobrevivência também está associada a essa estrutura, pois precisamos nos relacionar uns com os outros, cuidar de nossa prole e transitar por grupos sociais.

A camada mais externa é o neocórtex ou cérebro pensante. Também conhecido como centro executivo, constitui nosso máximo estágio de atuação, sendo usado para análises lógicas e tomadas de decisão efetivas. Nosso conjunto emocional se amplia ainda mais, agregando nuances e gradações de emoções (como as diferenças entre estar tranquilo, contente, entretido e radiante). Mais importante ainda é que ele nos permite ter pensamentos sobre as emoções e captar indicadores muito mais sutis do que os percebidos por outras camadas cerebrais.

Quando nosso cérebro reptiliano é ativado, ele desliga outras funções cerebrais, dentre elas a consciência da própria individualidade e a análise lógica. E isso atende a um objetivo importante: quando você está lutando para conservar sua vida, provavelmente não ficará fazendo cálculos complexos, e isso economiza energia. Ademais, caso você esteja ferido, a ausência da noção de si mesmo o impedirá de perceber a gravidade das lesões, o que reduz o risco de choque.

Esse sistema seria maravilhoso se a amígdala fosse ativada apenas quando estivéssemos realmente em perigo, como durante um acidente de carro ou um assalto. No entanto, nossa história pessoal molda a amígdala e o que ela entende como "perigo". Por exemplo, tive cachorros minha vida inteira, mas, aos vinte e alguma coisa, fui atacada por um cachorro. Durante o incidente, minha amígdala reagiu de forma adequada, mas continuou reagindo depois do acontecido. Por meses, minha amígdala era ativada sempre que eu via um cachorro, mesmo aqueles que eu conhecia. Até fotos de cachorros a ativavam!

Pessoas também podem ativar a amígdala. Se seu chefe lembra alguém que lhe fez mal, a coitada da sua amígdala pode ficar disparando no local de trabalho. E, em regra, não é bom perder o senso de si mesmo e o raciocínio lógico no trabalho! É por isso que, muitas vezes, pessoas boas fazem escolhas erradas. Esse fenômeno é chamado "sequestro da amígdala" e literalmente nos torna incapazes de ações inteligentes, no âmbito emocional ou em qualquer outro. Todos os dias, as manchetes estão repletas de exemplos de políticos, atletas, celebridades e até mesmo policiais que caíram vítimas do sequestro da amígdala.

Mas, o que isso tem que ver com aprendizado? Lembre-se: a amígdala está fisicamente ligada ao hipocampo. Os nervos sensoriais captam informações que são filtradas pela amígdala no quesito segurança. Se, neste exato instante, você sentisse cheiro de fumaça ou um desconhecido invadisse a sala, você ficaria em estado de alerta.

Como já vimos, quando a amígdala é ativada, ela ativa de modo automático o hipocampo e diz: "Isto é importante, lembre-se! Alguma coisa está acontecendo neste exato instante e você precisa começar a registrar para me ajudar a sobreviver a isto da próxima vez". É por isso, repito, que costumamos nos lembrar de momentos de tensão com riqueza de detalhes – e também de acontecimentos de grande alegria. (Ganhar na loteria também ativaria a amígdala e faria o hipocampo começar a registrar tudo.)

Logo, as emoções importam. Emoções muito intensas como fúria, pavor e grande alegria com certeza ativam o hipocampo. Mas outras também o fazem. Anos atrás, o psicólogo Abraham Maslow identificou uma hierarquia de cinco necessidades humanas vinculadas à motivação. E descobri que, reduzindo-as a apenas três categorias, temos um retrato de como as coisas funcionam nos ambientes de trabalho dos dias de hoje. Somos programados para fazer três coisas: sobreviver, pertencer e nos tornar [*Survive. Belong. Become*™].

1. **Sobreviver:** nossa principal motivação. Qualquer ameaça à nossa segurança física desperta a amígdala e ativa o hipocampo. Isso abrange perigos físicos iminentes, como um incêndio, mas também ocorre se estamos preocupados porque não ganharemos dinheiro suficiente para pagar as despesas da casa, ou com a possibilidade de sermos demitidos, porque abrigo e alimentação também dizem respeito à nossa segurança física.

2. **Pertencer:** quando estamos em segurança, concentramo-nos em nossa necessidade de vínculos significativos com os outros. Como seres sociais, nossas chances de sobrevivência aumentam quando fazemos parte de uma tribo. A conexão amígdala-hipocampo é ativada quando adentramos um novo cenário social, arriscamos algo na frente de nossos pares ou percebemos que alguém está descontente conosco ou nos excluindo.

3. **Tornar-se:** atendidas as outras duas necessidades, nossa necessidade final e talvez mais importante seja nos tornarmos a melhor versão de nós mesmos – realizarmos nosso potencial e fazermos a contribuição que estamos aqui para fazer. Essa "busca" que faz parte da natureza humana é o que nos distingue de todos os demais organismos vivos do planeta. A amígdala e o hipocampo são ativados quando vivenciamos as emoções de alegria e entusiasmo proporcionadas por momentos em que concretizamos nosso potencial ou estamos diante de um propósito cheio de significado, e também quando nos encontramos naquele estado de fluxo identificado por Mihaly Csikszentmihalyi.

Podemos usar o poder das emoções para melhorar experiências de aprendizado. Mas existe uma área de máxima eficiência: emoções levemente positivas criam os melhores ambientes de aprendizado. As emoções dos extremos do espectro, tais como o modelo em um incêndio na sala ou a alegria ao ganhar na loteria, acabarão por distrair os estudantes. E, embora seja possível usar o poder de leves ameaças (por exemplo, convocar as pessoas para falar sobre seu trabalho e criticá-lo) para ativar a amígdala e o hipocampo, se você quiser que haja aprendizado real, elas são muito menos eficazes do que medidas mais positivas como:

- **Compartilhar com outras pessoas** é algo associado àquela conexão social; crie duplas de discussão ou trabalhe com pequenos grupos.

- **Competições leves e jogos de perguntas** podem provocar reações positivas se moderados e desde que desenvolvidos para ser seguros, sem ativar receios de falhar ou ser ridicularizado.

- **Jogos e atmosfera descontraída** são ferramentas excelentes. Basta certificar-se de que são adequados para seu público e não pareçam infantis ou bobos. A ludificação funciona porque se vale naturalmente daquela parte do cérebro que busca recompensas.

- **Aplicação e reflexão** permitem que as pessoas personalizem o aprendizado, adaptando-o para si mesmas e seu contexto profissional, o que costuma gerar sentimentos positivos. Além disso, sendo formas de metacognição (uma das poderosas conexões que controlam a memória de longo prazo), você tem mais esse bônus.

- A **realidade virtual** pode otimizar o aprendizado, pois cria uma imersão profunda que o cérebro codifica como uma experiência vivenciada. Use-a para aprimorar a prática de habilidades, empatia e domínio geoespacial.

- O **aprendizado oriundo da curiosidade do aluno** sempre gera uma sensação de êxito quando a resposta é encontrada, pois desencadeia aquela liberação de serotonina e dopamina. Isso é o que torna o aprendizado sob demanda tão eficiente.

- O **lampejo de *insight* ou o momento "a-ha!"** também gera emoções positivas graças à ativação de sinapses e suas conexões.

- **Humor** também é bom, desde que adequado e não ofensivo. Pode ser algo difícil de manejar, pois o que parece divertido para você talvez faça com que outra pessoa se sinta ridicularizada ou excluída. Cuide para que seu humor gere inclusão e conexão para todos, não apenas para alguns de seus alunos.

- **Gratidão e atenção plena** *(Mindfulness)* geram emoções positivas moderadas no processo de aprendizado e propiciam toda uma gama de outros benefícios, por exemplo, ativando a inteligência emocional, acalmando uma amígdala hiperativa e intensificando a felicidade.

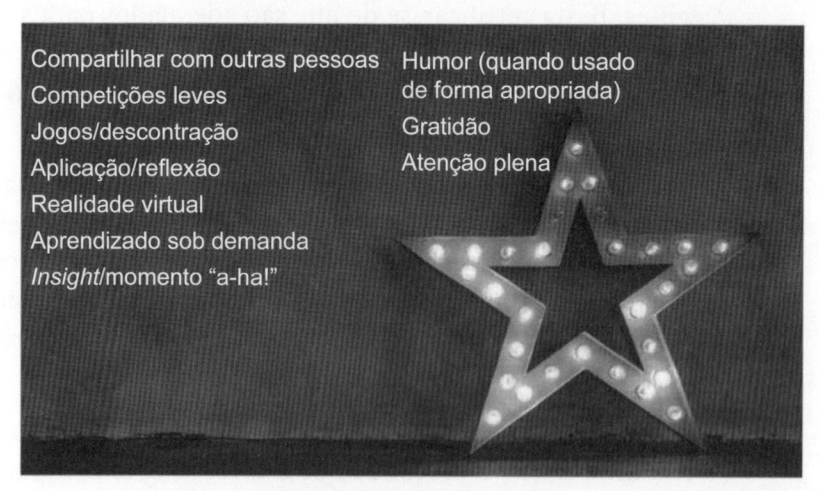

Compartilhar com outras pessoas	Humor (quando usado de forma apropriada)
Competições leves	
Jogos/descontração	Gratidão
Aplicação/reflexão	Atenção plena
Realidade virtual	
Aprendizado sob demanda	
Insight/momento "a-ha!"	

As estrelas do aprendizado

Em minhas palestras, as pessoas sempre perguntam sobre gratidão e atenção plena. Vários estudos revelam que a gratidão e a atenção plena tornam o cérebro mais receptivo ao aprendizado. O dr. Alex Korb resumiu algumas das principais descobertas acerca da gratidão no artigo "The Grateful Brain: The Neuroscience of Giving Thanks", publicado no *Psychology Today*. Práticas intencionais de gratidão melhoram tudo, desde atenção, determinação e entusiasmo, além de reduzir a ansiedade, aliviar a depressão e indisposições físicas.

A gratidão tem um efeito muito tranquilizador sobre o cérebro e o corpo porque altera nossa perspectiva do que de fato importa. Em meus eventos, ao convidar um líder ou gerente a avaliar o talento da equipe, às vezes peço que ele identifique quais membros ele se sente grato por ter ali. Ou, se estiverem implementando uma iniciativa de mudança, às vezes peço que identifiquem os recursos ou ferramentas disponíveis pelos quais se sentem gratos. E costumo encerrar o evento de ensino com uma espécie de questionário de gratidão (a metacognição descrita no capítulo 12), que também pode ajudá-los a expressar gratidão.

A atenção plena é um tipo de foco em que você fica totalmente presente no aqui e agora. Existem fortes indícios de que a atenção plena também é útil na educação. A dra. Patricia Broderick, autora de *Learning to Breathe: A Mindfulness Curriculum for Adolescents to Cultivate Emotion Regulation, Attention, and Performance*, descreve em detalhes os muitos resultados positivos da atenção plena em adolescentes e jovens adultos. A Associação pela Atenção Plena na Educação [Association for Mindfulness in Education] usa uma abordagem baseada em pesquisas para ajudar professores e escolas a implementar treinamentos de atenção plena, e identifica ao menos 14 benefícios principais da prática, dentre eles um aumento da função executiva, das habilidades de socialização e do cuidado com os outros. No mesmo sentido, o dr. Richard Davidson, renomado pesquisador de atenção plena, vem estudando os efeitos de uma grade curricular de bondade com base em atenção plena em crianças e observou notas mais altas e maior competência social naquelas que participavam de um programa de atenção plena em comparação com as crianças do grupo de controle.

A pesquisa de Davidson mudou minha opinião quanto à importância de práticas de atenção plena. Usando imagens de ressonância magnética para analisar alterações no cérebro, ele comparou o cérebro de pessoas que meditam há muito tempo (como monges tibetanos), pessoas que nunca meditaram e pessoas que meditaram pela primeira vez. Os resultados foram surpreendentes. Mesmo uma única experiência de meditação já provoca alterações mensuráveis no cérebro, e a repetição constrói vias neurais mais fortes. Pessoas que meditam com regularidade conseguem permanecer concentradas por mais tempo, são menos propensas a ruminar sobre acontecimentos futuros e a se preocupar com eles e, em situações de tensão, sofrem menos com o ocorrido e voltam mais depressa ao estado normal. Esses benefícios incríveis ajudam a aprender com a vantagem "colateral" de aumentar a resiliência e a felicidade. (Saiba mais no livro *Altered Traits: Science Reveals How Meditation Changes Your Mind, Brain, and Body*.)

Por causa da pesquisa de Davidson, eu mesma passei a meditar, usando as meditações diárias de 20 minutos do Centro Chopra, chefiado pelo dr. Deepak Chopra. Em conjunto com o dr. Rudolph Tanzi, neurocientista, ele escreveu o livro *Super Brain: Unleashing the Explosive Power of Your Mind to Maximize Health, Happiness, and Spiritual Well-Being*.

32. O Poder de Mostrar-e-Falar

Os seres humanos aprendem há mais de 200 mil anos e grande parte de nosso sucesso se deve ao poder das narrativas e do aprendizado por observação. Como vimos no capítulo 22, graças a nosso sistema de neurônios-espelho, aprendemos de forma natural ao observar os outros e, em seguida, tentar por nós mesmos, fazendo ajustes à medida que praticamos. Podemos melhorar nosso aprendizado por observação buscando oportunidades de observar outras pessoas (sobretudo aquelas muito habilidosas) para aprender algo. Além disso, também podemos aprender – e em qualquer idade – pelo poder na narrativa, que é o foco deste capítulo.

Nossa espécie se senta ao redor do fogo para ouvir histórias há muitas gerações. Chegamos mesmo a criar auxílios visuais para isso, fazendo pinturas nas paredes das cavernas – o primeiro PowerPoint.

Hoje, a televisão e os dispositivos inteligentes são versões das reuniões em redor da fogueira, mas, em lugar do brilho cálido das chamas, fixamos os olhos na luz azulada do mundo digital. Nosso cérebro é especialmente construído para histórias porque isso foi crítico na sobrevivência de nossa espécie. Precisávamos ser capazes de nos ouvir uns aos outros e de aprender uns com os outros. Por isso, nossa biologia desenvolveu um padrão interessante – quando ouvimos uma história, somos fisgados pelo suspense de não saber o que acontecerá em seguida. E, quando uma história é contada, recebemos uma recompensa neuroquímica na forma de dopamina, que nos faz ficar escutando, à espera da lição que nos ajudará. O cérebro é tão programado para histórias que estamos muito mais propensos a nos concentrar e aprender quando alguém conta uma história do que quando essa pessoa apenas compartilha informações.

O cérebro humano é singularmente programado para histórias

Histórias seguem um padrão que o cérebro reconhece – um dilema que não oferece um caminho claro à frente. Precisamos encontrar a solução de um desafio ou conflito e, quando o fazemos, chegamos vitoriosos ao outro lado.

Além disso, histórias têm começo, meio e fim. Na verdade, a receita para uma boa história deriva dos padrões apresentados por todas as histórias ao redor do mundo. Não é por acaso que todas as culturas, do passado até hoje, têm histórias semelhantes – que exista não só um padrão consistente, mas que os temas sejam universais. Por exemplo, a jornada do herói é um padrão que se repete nas histórias, de *Moby Dick*, de Herman Melville, a *Moana*, da Disney, com ocorrências em todas as línguas e comunidades. Os renomados pesquisadores dr. Carl Jung e o dr. Joseph Campbell acreditam que isso se dá porque as histórias emergem de algo a que denominaram inconsciente coletivo.

Nosso cérebro tem um envolvimento tão grande com histórias que pode chegar a ser prejudicial. Como afirma Benedict Carey: "Ele é mais que um intérprete; é um criador de histórias". No livro *How We Learn: The Surprising Truth about When, Where, and Why It Happens*, ele descreve em detalhes a incrível pesquisa do dr. Michael Gazzaniga, que estudou os efeitos da calosotomia.

Na década de 1960, cirurgiões realizavam cirurgias de calosotomia para controlar ou eliminar certos problemas de saúde, como convulsões, cortando literalmente a conexão entre os hemisférios direito e esquerdo do cérebro. Vários pesquisadores, dentre os quais Gazzaniga, começaram a estudar pacientes que foram submetidos à calosotomia (por exemplo, o já mencionado Henry Molaison) na tentativa de compreender melhor o cérebro. Depois de cinco décadas e centenas de estudos, hoje se sabe que o hemisfério esquerdo do cérebro narra de forma contínua nossa vida. E não é um mero intérprete das informações que chegam: ele também preenche as lacunas com suposições. Está sempre "procurando padrões e interpolando julgamentos baseados nas informações [...], criando significado, narrativas, causas e efeitos."

É evidente que isso nos ajuda a entender o que está acontecendo, mas também pode criar histórias que não são verdadeiras ou estão muito distantes da realidade. Em geral, é isso o que se dá no preconceito, um prejulgamento em favor ou contra uma coisa, uma pessoa ou um grupo em relação a outro, em geral de uma forma considerada injusta. Alguns de nossos preconceitos são conscientes, mas a maioria é praticamente inconsciente e determina sentimentos sutis de simpatia e antipatia que influenciam nossos pensamentos, crenças e, em última medida, nosso comportamento para com os outros.

Pense no que você faz quando alguém lhe diz: "Precisamos conversar". Pessoalmente, ficarei preocupada, pensando que fiz algo errado, e começarei a rever em minha mente todas as minhas interações recentes com a pessoa, tentando descobrir o que fiz. Mesmo que, pela lógica, eu saiba que provavelmente não é nada, não consigo parar de me preocupar até falar de fato com a pessoa e esclarecer tudo.

Estereótipos são outra prova do desejo que nosso cérebro tem por histórias. Pegamos algumas experiências – que em geral nem são nossas – e tecemos narrativas inteiras sobre como é determinado grupo de pessoas, atribuindo-lhes características positivas ou negativas.

A sede do cérebro por histórias tem um impacto diário em nossa vida pessoal, e tais histórias podem até mesmo causar grande angústia. Como a prioridade número um do cérebro é sobreviver, o mecanismo de proteção dele é sempre se precaver diante do pior cenário possível. Em nível biológico, é preferível supor que os colegas estão fofocando a nosso respeito do que nos surpreendermos quando a tribo nos expulsa. Por isso, quando não conhecemos os fatos, o cérebro tende a apresentar a interpretação mais negativa como forma de se proteger e aumentar as chances de sobrevivência. No entanto, isso nem sempre nos deixa felizes e pode até mesmo nos causar problemas quando interagimos com outras pessoas.

A dra. Brené Brown estuda a vergonha, a vulnerabilidade e a resiliência e já escreveu vários livros que foram sucesso de vendas em nível nacional. Suas duas *TED talks* são as mais visualizadas da história. No recente especial na Netflix, ela fala de uma temática comum que foi objeto de décadas de pesquisa. As pessoas mais felizes e as mais resilientes têm algo em comum: elas sabem que o cérebro adora uma boa história. E, na realidade, quase todas usam a expressão: "A história que conto a mim mesmo é...", o que permite que elas se afastem das suposições e vejam outras possibilidades.

Byron Katie, uma das líderes do movimento de autoajuda, teve a própria experiência dessa mudança ao perceber que grande parte da infelicidade que sentia vinha da atitude de acreditar nas histórias que contava para si própria. Ela criou um processo chamado *The Work* [A Obra], que tem por objetivo libertar as pessoas desse padrão. O processo se baseia em quatro perguntas-chave: É verdade? Você pode ter certeza de que é verdade? Como você reage ao acreditar nesse pensamento? Quem você seria sem esse pensamento? Testemunhei pessoalmente a transformação que ela levou várias pessoas a fazer, abandonando tristezas e raivas antigas em menos de uma hora.

Histórias constituem realmente o tecido de nossa vida e já estão no âmago do modo como aprendemos. Mas, elas devem ser usadas com consciência e intenção. Os melhores educadores lançam mão de histórias para criar experiências de aprendizado para as pessoas. Depois de aprender isso, passei a desenvolver melhor minhas atividades de ensino. Hoje, planejo todos os meus eventos de aprendizado como se fossem uma história – uma jornada que os estudantes e eu fazemos juntos, com começo, meio e fim. Também gosto de usar metáforas como estrutura do conteúdo, porque sei que isso ativará os esquemas dos alunos e aumentará a retenção do aprendizado. Utilizo muitas imagens e também crio um arco narrativo visual. E, principalmente, tomo cuidado para que cada pessoa consiga aplicar o conteúdo à própria vida. Faço as pessoas trabalharem em pares e pequenos grupos, para que possam compartilhar pensamentos e ideias, criando a famosa "fogueira" no meio da sala e em redor da qual todos nós nos sentamos. Pense em como você pode usar o gosto do cérebro por histórias para melhorar o próprio aprendizado e o de outras pessoas.

33. Pré-ativação, Anotações e Rabiscos Ilustrados

Uma das recentes descobertas no campo do aprendizado é o poder da pré-ativação ou preparação. A pré-ativação é basicamente a atividade de se expor a informações que você ainda não aprendeu. O ideal é que seja feita na forma de perguntas, ainda que a probabilidade de dar respostas corretas seja muito pequena. Um instrutor pode preparar os alunos fazendo perguntas quanto ao conteúdo antes de ensiná-lo. E o estudante pode se preparar lendo com rapidez um quadro de conteúdos ou tópicos principais e tentando descrever o que são, ainda que fazendo meras conjecturas.

Por que isso ajuda no aprendizado? A pré-ativação é um tipo de memória implícita relacionada ao neocórtex. Os cientistas acreditam que o cérebro basicamente deixa um espaço reservado para que, ao aprender de fato a informação, ela seja recordada com mais facilidade. Alguma coisa se encaixa – é um tipo especial de momento "a-ha!".

Além disso, a pré-ativação ativa os esquemas. Como afirmam Henry Roediger e Jeffrey Karpicke, autores de *The Power of Testing Memory: Basic Research and Implications for Educational Practice*: "Pode parecer contraintuitivo responder perguntas sobre temas que ainda não foram estudados, mas pesquisas sugerem que [...] responder perguntas de antemão ativa todo e qualquer conhecimento preexistente relacionado ao tópico e facilita a associação de novas informações àquelas que você já conhece".

A pré-ativação também ajuda naquilo que os cientistas chamam de "ilusão de conhecimento". Por vezes, pensamos saber mais do que de fato sabemos, e essa confiança pode nos causar problemas. Ao fazer uma atividade de pré-ativação, os estudantes se lembram do quanto não sabem, o que os torna mais receptivos às novas informações.

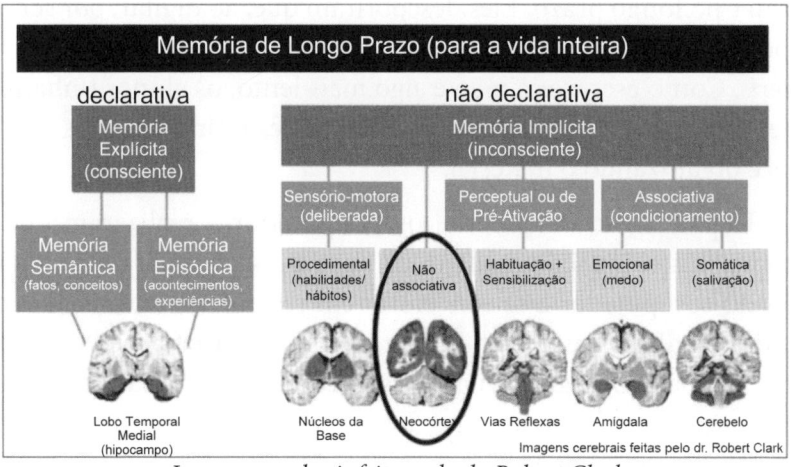

Imagens cerebrais feitas pelo dr. Robert Clark

Escreva suas anotações à mão

Descobriu-se que, durante o processo de codificação, o esforço faz diferença. Quanto mais nos esforçamos para aprender, maior a probabilidade de que o aprendizado seja retido, porque o esforço ajuda o hipocampo a levar o que aprendemos para a memória de curto prazo. Uma maneira de fazer isso é escrever suas anotações à mão. Tomar notas ajuda no aprendizado porque acrescenta mais um elemento sensorial além da visão e da audição, tornando a experiência mais cinestésica. E o que é ainda mais fascinante: fazer anotações à mão é mensuravelmente melhor que digitá-las. Com o advento dos *laptops*, é cada vez mais comum as pessoas usarem seus computadores para tomar notas em aula. Acontece que, embora sejamos mais rápidos ao digitar que ao escrever, retemos mais daquilo que aprendemos quando fazemos anotações à mão.

Uma série de estudos interessantes realizados por pesquisadores da Universidade de Princeton e da UCLA compararou alunos que faziam anotações à mão com alunos que usavam *laptops*. Os computadores tinham apenas programas de processamento de palavras, sem conexão com a Internet, para minimizar distrações. Os resultados mostraram sistematicamente que os alunos que faziam suas anotações à mão tinham melhor retenção do material no curto prazo *e* no longo prazo. Eles descobriram que, ao digitar, por ser um processo mais rápido, as pessoas acabam transcrevendo a aula *ipsis litteris*. Como escrever à mão é algo mais lento, os alunos tinham de fazer uma espécie de musculação mental, resumindo pontos principais e organizando o material.

Depois dessa descoberta, os pesquisadores realizaram outros estudos, instruindo de maneira clara as pessoas que faziam anotações no computador a se concentrar em resumir as informações em vez de digitá-las *ipsis litteris*. Porém, apesar das orientações, os alunos pareciam não conseguir evitar a transcrição das palavras dos professores que ministravam as aulas. E, na realidade, os *laptops* vêm com incontáveis oportunidades de distração, e muitas delas, como a Internet, fotografias e música, podem criar com facilidade uma experiência de alternância de tarefas que divide o foco e diminui a capacidade do hipocampo de registrar o aprendizado.

Tais descobertas foram replicadas por outros pesquisadores e retratam minha experiência e a de outras pessoas. Uma cliente minha, que é escritora e trabalha entrevistando pessoas, percebeu que, ao tomar notas no *laptop*, ela não retém o que a pessoa diz. Mas, quando faz anotações à mão, ela se lembra de detalhes e retém mais informações e por mais tempo do que quando digita. Fazer o esforço de tomar notas à mão melhorará seu aprendizado e a memória.

Faça seus Rabiscos Ilustrados

Rabiscar ilustrações (sim, rabiscar) é outra forma surpreendentemente eficaz de tomar notas que otimiza o aprendizado. Sunni Brown, autora de *The Doodle Revolution: Unlock the Power to Think Differently*, chama a atividade de rabiscar ilustrações "raciocínio visual aplicado". Vários estudos corroboram a opinião dela, revelando que anotações de cunho visual melhoram a retenção (até 29% mais que em pessoas que não rabiscam) e também potencializam o raciocício criativo.

No entanto, esse rabiscar ilustrações não é fazer um monte de riscos sem sentido – trata-se, na verdade, de "fazer marcações espontâneas para ajudá-lo a pensar." O ato de rabiscar ilustrações ajuda porque nosso cérebro foi projetado para ser visual. Nossa espécie já tinha milhares de anos de existência quando criamos a linguagem escrita, e os desenhos em cavernas mostram que as primeiras formas de comunicação escrita se davam pelo uso de imagens – os antigos rabiscos ou modernos *emojis*.

Pense em como aprende uma criança com a visão normal. Um bebê aprende o que é um gato e consegue apontar para a figura de um gato meses antes de conseguir dizer a palavra *gato*. E consegue dizer ou fazer sinais que representam a palavra *gato* anos antes de ser alfabetizado e aprender que G-A-T-O é a representação escrita de seu amigo peludo. Quando refletimos sobre a complexidade de idiomas diferentes e descobrimos que também existem as palavras *cat* (inglês), *chat* (francês), *kitte* (árabe) e *neko* (japonês) – bem, não admira que nossos ancestrais fizessem desenhos e que os *emojis* sejam tão populares.

O cérebro humano tende a compreender informações visuais muito mais depressa do que os mesmos conceitos explicados em palavras porque as informações visuais não precisam ser traduzidas por nosso centro de linguagem. Imagine ter de montar seus móveis da IKEA se a empresa escrevesse as instruções em parágrafos em vez de usar aqueles pictogramas legais? Os mapas mentais constituem outra forma visual de organizar conceitos e ideias, mas eles geralmente não têm as imagens características dos rabiscos ilustrados.

A série de vídeo *Animate*, da RSA (Royal Society for the Encouragement of Arts, Manufactures and Commerce), é popular porque consiste em murais de "rabiscos ilustrados" de palestras importantes. Criam-se animações para áudios de palestras importantes de especialistas de modo a enfatizar visualmente os pontos principais. Além de ouvir as informações, nós também vemos os conceitos ganhando vida diante de nossos olhos. Como desenvolvedora de atividades de ensino, às vezes uso a eficácia dos rabiscos ilustrados mostrando as versões da RSA de minhas *TED talks* preferidas em vez de exibi-las, como no caso de "Drive", de Dan Pink; "Empathy", de Brené Brown; e "The Empathic Civilization", de Jeremy Rifkin (veja os *links* nas Referências).

Também já notei que muitos eventos e conferências usam ilustradores profissionais para capturar as principais mensagens dos palestrantes. Por exemplo, a conferência Elliott Masie Learning (um dos meus eventos prediletos para profissionais do ensino) utiliza essa técnica para cada uma das palestras principais. Segue um exemplo da edição de 2018 (usado com autorização): a palestra de Dan Pink, que tratou de temáticas abordadas em seu livro mais recente, intitulado *When: The Scientific Secrets of Perfect Timing*.

[Sunni Brown argumentaria que observar outra pessoa rabiscando ilustrações não tem o mesmo efeito cinestésico de fazê-las por si mesmo(a), e ela tem razão. Mas descobri que o acréscimo de elementos visuais potencializa o aprendizado, e de uma forma divertida. De fato, como constatou Nitya Wahklu, sócia da Crowley & Co.:

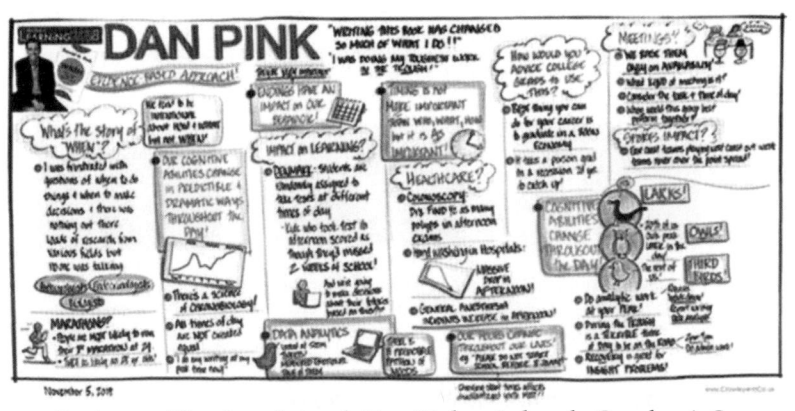

Registro gráfico da palestra de Dan Pink, criado pela Crowley & Co.

"Três dias depois de uma reunião convencional, a maioria das pessoas se lembra de apenas 10% do que aconteceu. Quando um ilustrador gráfico cria elementos visuais para reforçar o conteúdo auditivo, o percentual de recordação sobe para 65%. Esse salto gigantesco é chamado 'efeito da superioridade pictórica'".

Brown afirma que rabiscar ilustrações é uma forma de processamento mental, por isso, além de melhorar o foco, também pode ajudar o hipocampo a transferir informações para a memória de curto prazo. Ao fazer anotações que sejam uma combinação de rabiscos ilustrados (elemento visual) e palavras-chave ou frases (elemento linguístico), utilizamos mais vias neurais, acessando as respectivas regiões do cérebro. Portanto, da próxima vez que estiver aprendendo algo, pense duas vezes antes de pegar o *laptop*, a menos que você tenha um *tablet* para desenho acoplado a ele. Pegue suas canetas e veja o que acontece quando faz anotações e rabiscos ilustrados à mão.

34. Melhore Sua Capacidade de Aprendizado

Ao encerrarmos esta seção sobre a fase "Aprender" do Modelo Trifásico de Aprendizado, revisemos seus principais elementos: pré-ativação, sentidos, segmentos, histórias e demonstração.

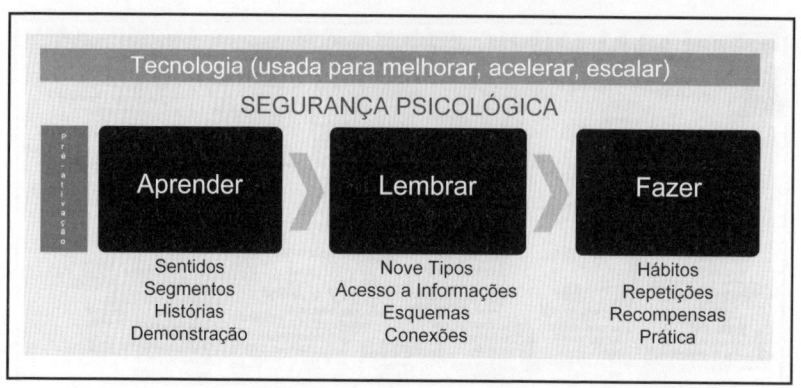

```
┌─────────────────────────────────────────────────────────────┐
│     Tecnologia (usada para melhorar, acelerar, escalar)     │
│                  SEGURANÇA PSICOLÓGICA                      │
│  p                                                          │
│  r   ┌──────────┐    ┌──────────┐    ┌──────────┐           │
│  é   │          │    │          │    │          │           │
│  -   │ Aprender │ >  │ Lembrar  │ >  │  Fazer   │           │
│  a   │          │    │          │    │          │           │
│  t   └──────────┘    └──────────┘    └──────────┘           │
│  i    Sentidos        Nove Tipos       Hábitos              │
│  v    Segmentos    Acesso a Informações Repetições          │
│  a    Histórias       Esquemas         Recompensas          │
│  ç    Demonstração    Conexões         Prática              │
│  ã                                                          │
│  o                                                          │
└─────────────────────────────────────────────────────────────┘
```

A fase "Aprender" do Modelo Trifásico de Aprendizado

Seguem algumas dicas e estratégias que você pode começar a usar hoje para aprimorar as habilidades de aprendizado:

1. **Tire proveito do processo de aprendizado de adultos:** Seja proativo na construção de seu próprio aprendizado. Quando possível, use conceitos das diversas teorias do aprendizado de adultos para desenvolver as próprias experiências de aprendizado ou avaliar a efetividade daquelas de que você participa.

2. **Faça atividades de pré-ativação:** Sempre que puder, leia rapidamente os tópicos e tente responder perguntas abrangentes acerca do conteúdo que ainda não aprendeu. Claro, é bem provável que as respostas estejam erradas, mas, no processo, você fará uso da neurociência da pré-ativação, preparando-se para aprender melhor e ter maior retenção mais adiante.

3. **Consiga o melhor *"input"* de informações que puder:** O aprendizado começa com os sentidos e, quanto mais informações você tiver, melhor. Quando quiser aprender algo, certifique-se de que nada esteja impedindo os sentidos de absorver o máximo possível. Garanta um lugar em que possa ver sem obstruções, para que consiga enxergar todas as informações. Aumente o volume do som, para que possa ouvir tudo o que tiver de ouvir. Acesse

materiais em seu idioma ou peça que sejam traduzidos. Se puder, absorva as informações por mais de um canal sensorial. Se tiver a opção de ver e ouvir algo, isso é o dobro de informações para o cérebro trabalhar. Se conseguir acrescentar tato, cheiro ou sabor a uma experiência de aprendizado, melhor ainda.

4. **Retome sempre o foco de atenção:** Uma das coisas necessárias para ser um bom estudante é prestar o máximo de atenção. Sua "hipocam" não será ativada sem a atenção, por isso, concentre-se de forma deliberada. Abandone a ideia de fazer várias coisas ao mesmo tempo. Não se consegue aprender enquanto se assiste a um programa de televisão, lê *e-mails* ou envia mensagens de texto para alguém. Algumas pessoas argumentam que se concentram melhor com barulho de fundo, como televisão ou música. Desde que seja de fundo e não desvie o foco do aprendizado, provavelmente não haverá problema. Mas apenas você terá condições de saber se o barulho o está distraindo.

- Para um aprendizado de mais qualidade, elimine distrações, para que fique mais fácil manter o foco naquilo em que quer se concentrar. Para mim, isso significa que preciso não só ficar longe do telefone, mas também deixá-lo no silencioso ou no modo avião porque, no instante em que ele fizer um barulho, ficarei tentada a ver o que é.

- Para aqueles de nós que trabalham em escritórios de espaço compartilhado, isso significa investir em *headphones* que anulem o barulho externo e encontrar os cantos sossegados para fugir de possíveis distrações.

- Por fim, é preciso perceber quando você se distrai e, então, trazer a atenção de volta. Lembre-se, nossa atenção se dispersa naturalmente a cada 15 ou 20 minutos, isso é normal. Mas, quando tenta aprender algo, é preciso saber como voltar a se concentrar e como preencher as lacunas do que você perdeu ao se distrair.

- O aprendizado não é a única atividade que se beneficia do foco. O livro *Focus: The Hidden Driver in Excellence*, de Daniel Goleman, detalha os efeitos positivos do foco na liderança, na tomada de decisões e na criatividade. E faz sentido. Se é o foco que ativa partes essenciais de nosso sistema nervoso, ele é o portal para todo tipo de habilidades importantes.

5. **Fracione o aprendizado em segmentos:** Quando puder, estude por curtos períodos (15 a 20 minutos) de muito conteúdo e, em seguida, faça uma rápida atividade de processamento ou um intervalo. Pesquisas no campo da neurociência do aprendizado estão mudando a indústria do ensino, por isso, você encontrará com facilidade muitos materiais de ensino estruturados dessa forma. Por exemplo, no Lynda.com (atual LinkedIn Learning), sempre fazemos os vídeos com menos de dez minutos e, em geral, com menos de cinco. Isso foi proposital e ajudou a lançar o movimento do microaprendizado. TED talks são outro exemplo, com tempo máximo fixado em 18 minutos. Mas, se aquilo que você quer aprender ainda não estiver segmentado, segmente-o. Em qualquer experiência de aprendizado *on-line* ou leitura, você pode controlar o próprio aprendizado e usar um cronômetro, assim você trabalha com o funcionamento natural do cérebro. Se os materiais que usa não têm nenhuma atividade de processamento, crie suas próprias atividades. Passar ao menos um minuto refletindo sobre a relação do conteúdo com as experiências pessoais pode ser muito produtivo. E, é claro, use as informações dadas aqui para tomar decisões mais acertadas quanto às fontes de aprendizado. Pergunte como os professores segmentam o conteúdo e que tipo de atividades incluem. Se parecem não ter nenhum conhecimento da neurociência do aprendizado, busque outra fonte.

6. **Utilize a técnica de mostrar-e-falar:** Quando possível, utilize o poder do sistema de neurônios-espelho para

aprender observando os outros primeiro. Procure experiências de aprendizado que ofereçam demonstrações de profissionais de excelência. Se a instituição de ensino que você frequenta não as oferece, procure outras fontes como associações profissionais, vídeos *on-line* e realidade virtual ou aumentada com os componentes corretos. Além disso, busque experiências de aprendizado que usem o grande impacto das histórias. Esse recurso pode se apresentar em vários formatos, como, por exemplo, histórias visuais contadas com imagens acerca de uma metáfora, narrativas apresentadas por facilitadores ou participantes, ou o uso de histórias literais ou fábulas como forma de conduzir o aprendizado.

7. **Faça anotações e rabiscos ilustrados à mão:** Enquanto estiver aprendendo algo, gaste o excesso de energia escrevendo suas anotações à mão e/ou criando rabiscos ilustrados do conteúdo. As duas técnicas aumentarão sua capacidade de aprendizado e a retenção do conteúdo. Uma pode ser mais eficiente que a outra para você, por isso, experimente para descobrir qual o ajuda a aprender mais.

Sua Jornada de Aprendizado

Agora, tire um instante para aplicar os conceitos desta seção àquilo que você quer aprender. Use as seguintes perguntas para ajudá-lo a identificar possíveis estratégias que facilitem seu objetivo de aprendizado.

- Quando pensa em seu objetivo de aprendizado, quais teorias do aprendizado de adultos seriam úteis? Avalie quais níveis da taxonomia de Bloom são relevantes, qual seria a ordem certa para transitar pelo ciclo de aprendizado de Kolb e como fazer uso de suas inteligências naturais.

- Em qual fase do ciclo de renovação de Hudson você está atualmente, ou qual está atravessando? Como poderia maximizar sua jornada de forma deliberada?

- Como você pode organizar seu objetivo de aprendizado de modo a ter foco? Que distrações costumam atrapalhá-lo e de que maneira pode neutralizá-las?

- Como você pode dividir o aprendizado em pequenos segmentos de 20 minutos ou menos, seguidos de uma atividade ou intervalo de curta duração? Quantos desses segmentos você poderia encadear antes de precisar fazer um intervalo maior?

- Quais das estrelas do aprendizado se adequam àquilo que você quer aprender? Identifique três que poderia usar.

- Por último, revise suas anotações das seções anteriores e crie um plano organizado de aprendizado. Quais são as principais ações para os próximos dias, semanas e meses?

Desenvolver + Promover Aprendizado

"Diga-me, e eu esquecerei. Ensine-me, e eu lembrarei. Envolva-me, e eu aprenderei."

Benjamin Franklin, jornalista, inventor, diplomata e um dos pais dos Estados Unidos da América

35. Como Usar Informação, Instrução e Inspiração

Todos nós estamos familiarizados com alguns tipos de profissionais do ensino, a maioria dos quais se especializa em apoiar toda uma gama de estudantes, desde o completo iniciante ao de nível mais avançado. Dentre eles, temos professores do ensino superior e instrutores de música, treinadores de esportes, instrutores de aulas de ginástica e qualquer pessoa que desenvolva eventos de treinamento e ensino para uma variedade de funcionários e ambientes de trabalho. No entanto, quer percebamos, quer não, a maioria de nós está desenvolvendo experiências de aprendizado para outras pessoas. Se temos funcionários subordinados a nós, provavelmente ensinamos, treinamos e damos mentoria. Se trabalhamos na área da saúde, grande parte de nosso trabalho talvez seja educar as pessoas para que tenham comportamentos saudáveis. Como pais, desenvolvemos experiências de aprendizado todos os dias, a fim de transmitir informações e ensinar habilidades e comportamentos aos nossos filhos. E, é claro, também ensinamos algumas coisas ao nosso par romântico.

Esta seção é um pequeno manual com ideias para ajudá-lo a guiar outras pessoas em suas respectivas jornadas de aprendizado. Meu foco é o aprendizado profissional de adultos, pois isso se encaixa melhor em minha *expertise* como ex-chefe de ensino e consultora, mas as dicas e estratégias que ofereço para o aprendizado profissional podem ser facilmente aplicadas aos demais cenários mencionados anteriormente. Agora, estudaremos em detalhes como desenvolver e propiciar grandes experiências de aprendizado a seus alunos. (E, na última seção, nosso foco será a criação de uma cultura de aprendizado em sua organização como um todo.)

Para que haja instrução, você precisa de um instrutor e de um aluno. Mas não é necessário que eles estejam fisicamente juntos, porque a instrução pode acontecer de várias formas. Se você pensar a respeito, seguir uma receita é uma espécie de instrução. O cozinheiro anota todos os ingredientes e o passo a passo da preparação do prato. E, embora ele não esteja lá para acompanhar ou dar um *feedback*, o estudante faminto (trocadilho intencional) lançará mão da tentativa e do erro para preparar o prato de maneira correta. Assistir a um vídeo *on-line* é outra forma de instrução, assim como assistir a uma aula presencial. Qualquer que seja a fonte de onde provenha, o aprendizado profissional assume três formatos, que denomino "os três I's".

O primeiro é a informação. Trata-se de aprender sobre algo e abrange fatos e conhecimento. Essa informação pode ser um conjunto de dados, o texto de uma política de ação ou a localização de um recurso, mas, uma vez que o estudante tenha a informação, ele pode agir. Um exemplo seria o montante de dinheiro que sobra no orçamento, ou que o sal realça o sabor dos alimentos. As fontes da informação podem ser muitas – um livro, um manual, uma pessoa, um *website*, um *app*. Vivemos em um mundo que se transformou pelo acesso imediato à informação. Em segundos, você pode pesquisar qualquer coisa no âmbito virtual, a qualquer hora do dia, usando um dispositivo que carrega no bolso.

Em seguida, temos a instrução. Trata-se de aprender como fazer algo e abrange a aquisição ou lapidação de uma habilidade. A instrução sempre envolve uma pessoa que tem experiência ou *expertise* na habilidade (um instrutor) e conduz o estudante pelo processo de aprender aquela mesma habilidade. Por exemplo, um gerente poderia ensinar um funcionário a equilibrar um orçamento, e um cozinheiro poderia ensinar um aprendiz a preparar uma refeição deliciosa.

O terceiro formato, a inspiração, consiste em aprender por que algo é importante e em geral abrange fatores como valores, visão, propósito e paixão. A inspiração ajuda os estudantes a compreender a *razão* do aprendizado, motivando-os a replicá-lo e até mesmo aprimorá-lo no futuro. Por exemplo, equilibrar um orçamento é importante porque ajuda uma empresa a continuar operando e crescendo, o que possibilita o cumprimento de sua visão e missão. E qualquer chefe de cozinha que se preze dirá que chegar ao perfil de sabor correto é fundamental na criação de uma experiência prazerosa de degustação para o cliente, que voltará e trará os amigos. Quando o estudante descobre o motivo por trás de algo, pode participar ativamente da criação de formas inovadoras de alcançar o mesmo objetivo. Isso pode levar ao avanço contínuo e à adaptabilidade.

Na verdade, dentre os muitos motivos para se buscar o aprendizado profissional, adaptar-se às rápidas mudanças do mundo atual talvez seja o mais premente. Outros motivos seriam enfrentar um desafio ou solucionar um problema específico, aprimorar habilidades, cumprir leis e regulamentos, transmitir informações, cultivar o potencial de funcionários, preparar bons gerentes e líderes e incentivar o crescimento profissional em todos os níveis, para mencionar apenas alguns.

Os Três Tipos de Instrução

Embora a instrução possa acontecer por uma infinidade de meios – livros, vídeos, *apps* e aulas – a instrução em si ocorre mediante três atividades principais (e que se sobrepõem):

- **Comunicação (Dizer):** Pela palavra falada ou escrita – transmitida em tempo real, pessoalmente ou por alguma modalidade estática – a instrução *diz* ao aluno o que fazer e quando fazer.

- **Demonstração (Mostrar):** O instrutor *mostra* ao estudante como deve ser o comportamento ou habilidade, seja ao vivo, pessoalmente ou por tecnologias como vídeo ou realidade virtual. Isso ativa o córtex visual e o sistema de neurônios-espelho, de modo que ver um comportamento executado da maneira correta é neurologicamente mais impactante que ler ou ouvir uma descrição dele. Imagens transmitem milhares de outras informações que o cérebro pode usar.

- **Experimentação (Experimentar/Fazer):** O estudante começa a *realizar* o novo comportamento ou habilidade. É aqui que acontece a verdadeira transformação, pois o estudante construirá a via neural no próprio corpo somente quando tentar de fato realizar o comportamento. Ao ativarmos os neurônios da execução da habilidade, começamos a construir aquela via neural – e esperamos que da maneira correta. Sem uma pessoa para dar *feedback* e orientação, o estudante pode desenvolver a habilidade de forma incorreta e, ao chegar às 40 ou 50 repetições, o cérebro criará o hábito. (Também se espera que seja um bom hábito, mas, se for um hábito ruim, serão necessárias tantas ou mais repetições para reprogramá-lo corretamente.)

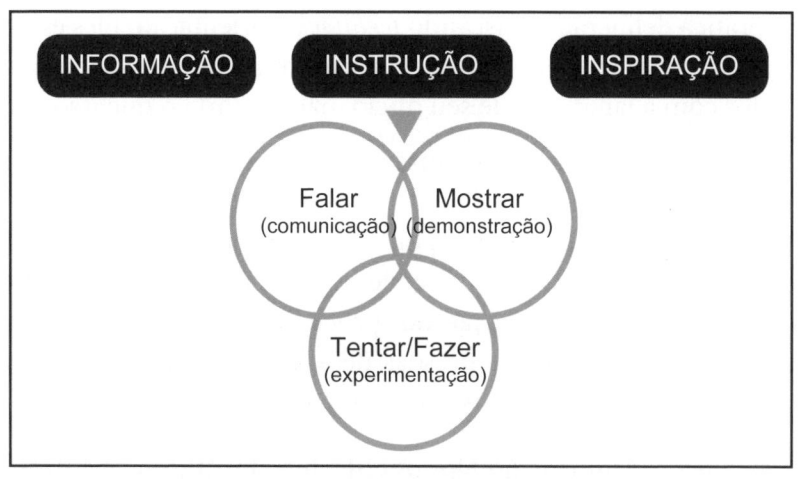

```
┌─────────────────────────────────────────────┐
│  ┌INFORMAÇÃO┐   ┌INSTRUÇÃO┐   ┌INSPIRAÇÃO┐  │
│                                              │
│           Falar      Mostrar                 │
│      (comunicação) (demonstração)            │
│                                              │
│              Tentar/Fazer                    │
│             (experimentação)                 │
└─────────────────────────────────────────────┘
```

Três tipos de instrução

A instrução é uma ferramenta poderosa de aquisição de novas habilidades, desde o nível mais básico de habilidade introdutória até a máxima *expertise* e excelência. Para um funcionário, pode ser suficiente saber o básico sobre gestão orçamentária, mas o chefe do departamento financeiro precisará de habilidades mais aprofundadas. Para uma cirurgia, você quer um cirurgião que saiba o básico sobre dar um nó cirúrgico ou que domine a técnica? E quanto ao engenheiro que projeta um avião? O nível iniciante é aceitável ou é necessário o *status* de especialista? Um dos maiores erros que vejo em organizações é que a estratégia de ensino delas não identifica com clareza o nível de habilidade que diferentes funções demandam. Em consequência, os programas de ensino talvez não tracem um caminho claro rumo à excelência, ou os recursos não sejam distribuídos de forma adequada de modo a levar as pessoas ao nível correto no tempo certo.

Outro problema comum que vejo é a falta de tempo para prática nos programas de aprendizado, de modo que as pessoas não têm a chance de mudar de fato o comportamento. Como descobriu o dr. Anders Ericsson, autor de *Peak: Secrets from the New Science of Expertise*, a única maneira de passar de iniciante a especialista é com horas e horas de prática deliberada. Ele define especialista como alguém que consegue atuar de maneira constante em um nível elevado de excelência e descobriu que especialistas estão sempre se dedicando à prática deliberada, buscando *feedback* e orientação. Eles estabelecem objetivos, concentram-se em aprimoramento e estão comprometidos com a lapidação de seu ofício, não importa o que isso exija.

Pense em quem precisa apresentar níveis elevados de desempenho em sua organização. Você está oferecendo caminhos bem estruturados de aprendizado para que essas pessoas cheguem lá? Com acesso a orientação e tempo para que se dediquem à prática? Dedicar um tempo para a estruturação dos procedimentos de ensino na organização garantirá que as pessoas de todos os níveis hierárquicos estejam preparadas para mostrar seu melhor desempenho.

36. Como Atender às Necessidades de Alunos Adultos

Já dei aulas e fui facilitadora para grupos de todas as idades, mas os adultos costumam ser o público mais desafiador, pois geralmente têm uma ideia clara do que querem alcançar quando entram na sala. Eles também podem resistir na hora de entregar as rédeas a uma nova autoridade, pois estão acostumados a controlar as próprias experiências diárias.

Todo profissional do ensino pode se beneficiar de aprender algo a respeito da teoria do aprendizado de adultos. Em regra, quando deixamos os bancos escolares, passamos a ter mais liberdade para orientar nosso próprio aprendizado e mudar de rumo em busca de soluções para os desafios da vida real. Na idade adulta, temos a motivação interna de aprender algo apenas porque aquilo nos interessa. E, com o passar dos anos, acumulamos mais conhecimento e experiência, que se tornam fontes de mais aprendizado e daqueles lampejos de *insight* ou momentos "a-ha!" que ocorrem quando conectamos ideias. (Reveja os capítulos 25 a 28 para recordar as teorias específicas.)

Como alunos adultos tentam resolver problemas do mundo real, o melhor aprendizado é aquele que está disponível no momento exato em que eles mais precisam. Afinal, se estou com uma dificuldade hoje, seja ao usar um *software* ou ter uma conversa difícil com um colega de trabalho, preciso da solução *agora*. Não quero ter de me inscrever em um curso que comece daqui a três semanas. É por isso que o aprendizado sob demanda é tão eficaz: ele costuma ter um componente *on-line*, por isso, está disponível e acessível justamente quando é necessário. Pode assumir o formato de arquivos de PDF, cursos em vídeo, livros ou até mesmo aulas *on-line* que o aluno pode assistir no ritmo dele, mas o ponto-chave é que o estudante pode obter respostas de forma fácil e imediata para que consiga dar continuidade ao trabalho. O ensino sob demanda, em todos os formatos, deveria ser uma parte essencial do serviço que você oferece.

Alunos adultos também são indivíduos autônomos. Cada um de nós se dedica a uma carreira diferente e tem níveis diversos de experiência e *expertise* em nossas respectivas áreas. A abordagem "tamanho único", na verdade, não se adequa a ninguém. Por isso, as soluções de ensino mais eficientes são suficientemente flexíveis para atender a toda uma gama de necessidades. Se cada um de seus alunos não conseguir se conectar de pronto com o que você está oferecendo e enxergar relevância ali, eles buscarão outra coisa. É *sua* a responsabilidade de envolver os alunos, não o contrário. Pense em como você pode criar soluções para diferentes níveis de experiência e categorias de trabalhadores.

Tenho duas grandes críticas à indústria do ensino. A primeira é que grande parte do ensino oferecido está em desacordo com as necessidades da organização e das pessoas que ela deveria atender. Se não está resolvendo problemas reais, então não vale o tempo de ninguém. Minha segunda crítica é que boa parte do ensino não é sofisticada o bastante para alunos adultos. Em nossa tentativa de criar a solução "tamanho único", podemos simplificar demais as coisas ou tratar as questões mais difíceis apenas de modo superficial – mas é justamente aí que precisamos nos concentrar. E não queira saber minha opinião sobre facilitadores que pensam que uma atuação cheia de entusiasmo e energia é a fórmula para gerar engajamento.

Aprendizado Transformador

Uma solução para esses problemas é a oferta de aprendizado transformador. Como já mencionei na introdução, esse aprendizado tem três dimensões que atendem bem às necessidades de alunos adultos, de acordo com minhas constatações.

1. **Dimensão Psicológica:** Trata-se de uma mudança de entendimento. Dentre as ferramentas que podem ser usadas para a criação dessa mudança estão o fornecimento de conhecimento, informação, modelos ou teorias para explicar o "porquê" de algo, bem como experiências diretas.

2. **Dimensão da Convicção:** Aquela em que o sistema de crenças de uma pessoa muda. Isso costuma vir com epifanias, lampejos de *insight* e momentos "a-ha!", o que significa que você precisa preparar seu público para tê-los. É interessante observar que o *insight* provoca uma mudança permanente no cérebro e é praticamente inesquecível, ao contrário da informação.

3. **Dimensão Comportamental:** Aquela em que ocorre uma mudança duradoura no modo de agir das pessoas. As ferramentas que podem ser usadas aqui são a observação, a aplicação, a experimentação e a prática.

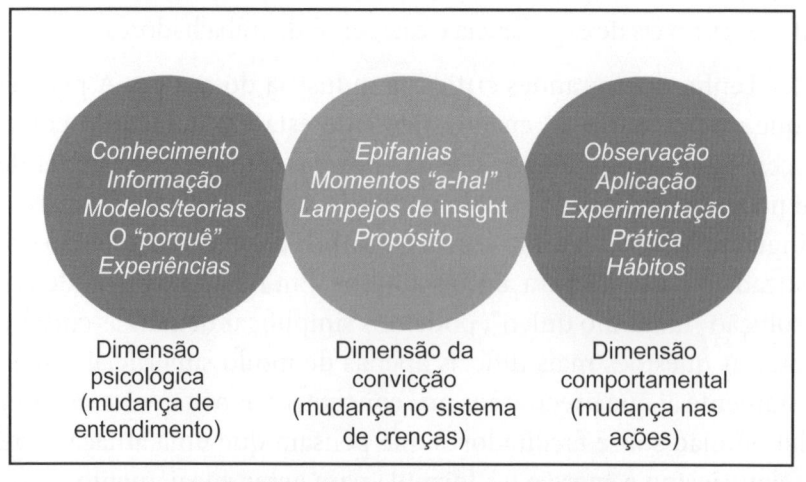

Os elementos do aprendizado transformador

Cada uma dessas ferramentas ajuda a criar e reforçar as vias neurais e os hábitos comportamentais que você está tentando desenvolver. Pense em como você pode incorporar elementos das dimensões psicológica, comportamental e de convicção nas atividades de ensino que estiver desenvolvendo para outras pessoas.

O segredo para oferecer excelência em ensino e desenvolvimento está na capacidade de avaliar os públicos e atender as necessidades deles. Você tem pelo menos dois públicos diferentes. O primeiro é constituído de seus *stakeholders*, os líderes da organização que precisam resolver questões empresariais. O segundo é composto dos estudantes que usarão ou assistirão à solução de ensino e cujo comportamento você está tentando mudar. Pode ser que você tenha ainda outros. É de extrema importância dedicar um tempo à compreensão dos diferentes públicos. Essas informações o ajudarão a desenvolver uma solução impactante e eficaz. Apresentarei meu processo usando um exemplo real.

Há não muito tempo, algumas organizações pediram que eu as auxiliasse com mudanças – especificamente, que ajudasse os gerentes e líderes a estar mais preparados para conduzir pessoas por processos de mudança. Para que eu possa entregar a solução correta, preciso saber algumas coisas. Primeiro, tenho de compreender o nível atual das habilidades deles e o nível que precisam alcançar. Posso obter tais informações fazendo boas perguntas de consultoria (veja minha lista no próximo capítulo). Busco primeiro a opinião dos líderes que pedem minha ajuda. Neste caso, o recém-contratado chefe de tecnologia de uma grande organização estava reformulando totalmente a estrutura e os serviços do grupo. Ele queria que os gerentes incluíssem os subordinados diretos no processo de tais mudanças e, então, as implementassem ao longo de um período de 36 meses. Constatamos que as principais habilidades para isso seriam comunicar o plano de mudança, manter as pessoas motivadas durante a longa reestruturação e executar o plano.

Segundo, preciso compreender a perspectiva dos estudantes, neste caso, os gerentes. Como parte do meu processo de desenvolvimento de atividades de ensino, converso com alguns deles, e nunca é demais dizer o quanto isso é útil. Quase que invariavelmente, a visão do líder é diferente da experiência das pessoas que lhe são subordinadas. A visão dos estudantes é fundamental para que eu tenha uma ideia completa do quadro. Nenhuma delas está certa ou errada, mas o fato é que minha solução *precisa* conciliá-las.

Neste caso, descobri que os funcionários já estavam sobrecarregados com a carga de trabalho e não sabiam como assumir novas tarefas. Além disso, as equipes dependiam umas das outras em vários aspectos e não colaboravam muito bem entre si. Por fim, muitas receavam não ter membros suficientes para atender às expectativas dos líderes. Alguns funcionários eram novos, e outros já estavam estafados ou sobrecarregados.

Depois de reunir as informações, passei algum tempo mapeando as duas perspectivas, pois precisava encontrar uma solução que atendesse a ambas. Os participantes tinham de perceber valor no treinamento, do contrário, não lhe dariam a menor atenção. E se eu não resolvesse as dores reais deles, não conseguiria realizar o que o líder precisava.

Isso pode parecer uma demanda muito difícil, e foi. Sim, é a realidade da situação. De fato, é isso que acontece em toda situação de ensino voltado ao desenvolvimento profissional, inclusive a sua. Se quisermos realmente atender às necessidades de uma organização, precisamos encarar os fatos *reais* – as questões, o contexto e as pessoas – ou o trabalho será um fracasso total.

Com base naquelas conversas, percebi que eu precisava criar algo que promovesse a conscientização e o diálogo entre os grupos e lhes fornecesse ferramentas que pudessem ser usadas de imediato. Como toda mudança é um processo emocional, seria necessário ensinar algumas habilidades de inteligência emocional e estratégias para mapear o desempenho da equipe e como ela executava o plano. Minha proposta foi fazer um treinamento de seis horas, dividido em três sessões de duas horas. Assim, as pessoas teriam condições de praticar e fazer as adaptações necessárias entre as sessões, aplicando o aprendizado ao trabalho cotidiano. Como todas trabalhavam no mesmo local, definimos que o treinamento teria o formato presencial.

Como você pode ver, tirar um tempo para analisar seus públicos a fundo o ajudará a criar as soluções mais efetivas para cada caso.

37. Como Fazer as Perguntas Certas

Para colher as informações necessárias à criação de um ensino de excelência, é preciso fazer as perguntas *certas*.

Talvez você já tenha passado por isto: alguém telefona solicitando um treinamento e a pessoa já sabe exatamente o que precisa. É óbvio que você aceita o desafio e faz um trabalho excelente, entregando o treinamento que lhe foi pedido. Mas, no fim das contas, o produto não resolve o problema. E isso acontece porque o verdadeiro problema era mais complexo. Como profissionais do ensino, temos de parar de desempenhar o papel de "prestadores de serviço" e trabalhar mais ao modo de consultores: atuar em conjunto com líderes para identificar e enfrentar as causas que estão na raiz do problema, promovendo, assim, a saúde e o sucesso de uma organização no longo prazo.

Em minha experiência, os bons profissionais do ensino fazem algumas coisas que tornam seu trabalho eficiente. Primeiro, eles estabelecem uma relação de reciprocidade, deixando claro que a parceria é fundamental e que tanto eles quanto o grupo que estão ajudando têm percepções e informações valiosíssimas que levarão ao êxito nos resultados. Segundo, bons consultores fazem muitas perguntas para descobrir tudo o que podem a respeito dos desafios que precisam ser enfrentados. Eles identificam não só o estado atual de coisas, mas também se concentram em qual seria o estado ideal delas. Isso inclui a obtenção de métricas claras, e também palavras e ações específicas que os funcionários deveriam adotar. Por fim, ótimos consultores desenvolvem e entregam uma solução que produz os resultados necessários. Isso exige a utilização de princípios de *design* ágil, que incluem fazer testes de esboços iniciais, buscar *feedback* crítico de parceiros e participantes e reiterar até que os dados mostrem que os resultados foram alcançados.

Apliquemos isso a uma situação real. A maioria das solicitações de treinamento surge por causa de algum problema. Talvez tenha havido um aumento na saída de grandes talentos ou uma queda na qualidade dos produtos, ou uma métrica-chave tenha subido ou descido e alguém decida que isso pode ser resolvido com um treinamento. O contato costuma vir da parte de um chefe daquele departamento ou de alguém dos Recursos Humanos que trabalhe diretamente com aquela equipe. Se você ainda não se estabeleceu como consultor de confiança ou parceiro empresarial, é provável que o contatem com um plano já desenvolvido para que você apenas execute.

Vejamos como isso acontece. João e Maria trabalham em uma multinacional do ramo de hotelaria e organização de eventos (na verdade, o tamanho e a atividade são irrelevantes aqui). João é o diretor do departamento de *marketing* e Maria trabalha no departamento de ensino e desenvolvimento (E&D). João entra em contato com Maria e diz: "Precisamos muito de um *workshop* ou treinamento em comunicação. Queremos que 30 pessoas passem pelo processo até o final do trimestre". Se Maria não pensar como consultora, é provável que diga algo como: "Sim, temos um *workshop* de 90 minutos sobre comunicação e disponho de um facilitador que pode ministrá-lo nestas datas". Maria e João acertam os detalhes e promovem o *workshop*, e ambos ficam satisfeitos com o modo como trabalharam em conjunto para lidar com um problema. E você sabe o que provavelmente acontecerá? O verdadeiro problema não será resolvido e, no futuro, o treinamento será considerado uma perda de tempo ou o departamento de E&D será visto como ineficiente.

Contudo, se Maria assume o papel de consultora, o diálogo com João acontecerá mais ou menos nestes termos:

João: "Precisamos muito de um *workshop* ou treinamento em comunicação. Queremos que 30 pessoas passem pelo processo até o final do trimestre."

Maria: "É uma satisfação poder ajudar. Deixe-me fazer algumas perguntas para que eu possa entregar o que você precisa. Conte-me mais sobre o que está acontecendo neste momento."

João: "A equipe está perdendo prazos importantíssimos e algumas coisas saíram com erros que alguém deveria ter notado."

Maria: "Todos os integrantes da equipe de *marketing* estão envolvidos no problema?"

João: "Não. Na verdade, trata-se da coordenação entre a equipe de conteúdo e a equipe de mídias sociais. Dez pessoas ao todo. Neste momento, o que acontece é que ou eles fazem o trabalho direito, mas perdem o prazo, ou entregam os trabalhos no prazo, mas, então, encontramos erros."

Maria: "Como seria se todos estivessem tendo seu melhor desempenho?"

João: "As pessoas seguiriam o plano do projeto à risca. Cumpriríamos os prazos de divulgação e publicaríamos material de qualidade e sem erros."

Maria: "Quando você pensa nessas dez pessoas, elas têm as habilidades necessárias para fazer a mudança? Alguém está fazendo algum trabalho que se destaque?"

João: "Sim, acho que eles precisam melhorar as habilidades de gerenciamento de tempo e verificação de erros. Kelly e Abdi são meus melhores funcionários e fazem um trabalho excelente."

Maria: "Você sabe o que eles estão fazendo de diferente em relação ao restante da equipe?"

João: "Não, mas eles são os funcionários mais antigos do setor. Será que criaram algumas estratégias úteis?"

> João: "Parece que isso fará as coisas funcionarem. Obrigado por me ajudar a resolver o problema."
>
> Maria: "Essa é uma excelente pergunta. Vamos entrar em contato com eles para ver que *insights* podem dar. Usando o que disserem, vamos fazer um treinamento específico para essas dez pessoas abordando execução de planos de projeto, acrescentando alguns elementos de gerenciamento de tempo e controle de qualidade."

Como você pode ver, as perguntas de Maria foram fundamentais para que se chegasse ao cerne do problema com a equipe de João. E, agora, eles aproveitarão os especialistas internos, Kelly e Abdi, para criar algo que esteja muito mais direcionado à solução do real problema.

Veja a seguir minha lista de perguntas de consultoria – ao usá-las, o processo ficará mais fácil. Na realidade, quando seu cliente se familiarizar com o processo, ele passará a procurá-lo com mais antecedência e estará pronto para trocar informações.

Perguntas de Consultoria

Lembre-se de assumir totalmente o papel de consultor para que possa se concentrar em ouvir o real problema que precisa ser resolvido. Em regra, quando os clientes chegam até nós, eles já realizaram um processo de diagnóstico e levantaram hipóteses sobre o que acreditam ser uma boa solução sem ter esmiuçado o problema o suficiente para ter certeza.

A fim de gerar reciprocidade, faça com que o cliente sinta que você de fato está ouvindo. Talvez você precise de certo tato para validar o trabalho que ele já realizou ou se oferecer para explorar a questão mais a fundo com ele para que você possa desenvolver a melhor solução possível.

Comece pedindo a ajuda do cliente: *Tudo bem se eu fizer algumas perguntas? Isso me ajudará a desenvolver a melhor solução para você.* Em seguida, faça perguntas como as seguintes para elucidar o problema:

1. O quê

Imagine que o cliente está pintando um quadro para você. Se alguma parte da imagem estiver confusa ou com poucos detalhes, pergunte a esse respeito. Você deve ter certeza de que está vendo exatamente o que ele está vendo.

Quero ter certeza de que estou entendendo perfeitamente o problema. Você disse...

[Faça um resumo do que ouviu.]

Está correto?

[Fique atento a novos detalhes.]

O que está acontecendo de errado? ou *Conte mais sobre o que está acontecendo agora.*

[Ouça com atenção para fazer as perguntas necessárias.]

2. Quem

Estas perguntas podem ser muito eficazes para concentrar a atenção em *insights* importantes:

A equipe inteira está envolvida? ou *Quem está especificamente envolvido neste problema?*

[Ouça com atenção para fazer as perguntas necessárias.]

Você percebe alguma diferença entre...?

[Com base no que lhe for dito, escolha alguns dos seguintes pares relevantes que possam trazer questões importantes à tona.]

- *novos funcionários e funcionários experientes*
- *funcionários presenciais e remotos*
- *níveis/títulos de cargos*
- *equipe A e equipe B*
- *grupinhos que possam indicar um favoritismo inconsciente ou um desafio de diversidade/inclusão (questões de gênero, raça, etnia, idade, assertividade, tamanho, etc.)*

3. O Ideal *versus* a Dificuldade

Agora, volte a atenção para o resultado desejado. Concentre-se em qual seria o estado ideal de coisas ou o melhor desempenho possível.

Como seriam as coisas se todos tivessem seu melhor desempenho?

Como você mensuraria isso? Quais métricas poderia usar?

Que palavras você ouviria e que ações veria caso as pessoas trabalhassem com máximo desempenho?

O que as impede de ter esse desempenho hoje?

Existe alguém com máximo desempenho/fazendo um trabalho excelente nesse âmbito?

O que essas pessoas estão fazendo de diferente com relação ao grupo? Elas têm...?

- *conhecimentos diferentes*
- *habilidades diferentes*
- *motivações diferentes*
- *recursos diferentes*
- *experiência diferente*
- *capacidade diferente*
- *ambiente diferente*

Como podemos usar o conhecimento/experiência de tais pessoas para tentar mudar a situação?

4. Soluções

Antes de oferecer suas próprias soluções, veja que soluções o cliente tem em mente. Isso lhe dará informações concretas que você deverá levar em conta e às quais terá de responder.

Com base no que discutimos até aqui, você tem novas perspectivas ou ideias acerca da situação e como resolvê-la?

O que ainda precisamos descobrir para desenvolver a melhor solução possível?

Existem hipóteses que precisamos testar ou informações que precisamos obter para ter mais clareza sobre a situação?

Diante do modo como sua equipe trabalha, qual seria a duração ideal do treinamento?

Existe algum momento do dia ou da semana que será mais produtivo?

Qual seria o formato mais acessível de ensino?

[Ofereça opções apropriadas, como um curso ou treinamento no ritmo do aluno, conduzido por um instrutor, com acesso remoto, etc.]

Se nosso sucesso estivesse totalmente garantido, que passos ousados poderíamos dar?

5. Ação

Encerre a conversa com um resumo dos principais pontos que ouviu até ali.

Então, anotei A, B, C. Está correto? Gostaria de acrescentar algo?

O que precisa de nossa atenção imediata agora?

Quais são os próximos passos? O que cada um de nós deve fazer e quando?

Que possíveis desafios/empecilhos poderiam surgir e como os enfrentaríamos?

Encerrada a reunião, recomendo que envie um breve *e-mail* resumindo os pontos principais e o plano de ação.

38. Como Desenvolver o Plano de Ensino e o Arco Narrativo

Nunca é demais enfatizar: para desenvolver qualquer tipo de programa de ensino, é preciso ter clareza do problema que ele visa resolver. Essa é a linha de chegada – o objetivo final e os resultados prometidos. Programas de ensino bem planejados têm um conjunto claro de resultados, em geral estruturados como objetivos de aprendizado. Eles devem responder à pergunta: "Ao final do programa, que novos conhecimentos e habilidades os participantes terão adquirido?" Depois de descobrir o objetivo final, você precisa do ponto de partida, que é: "Que conhecimentos e habilidades os participantes já têm no início do curso?"

Um programa de ensino deve se basear em um plano para levar os participantes do ponto A para o ponto B mediante uma série de apresentações de conteúdo e atividades. Isso também se torna seu cronograma.

E ele também precisa de um arco narrativo com três partes: um início que seja compatível com o estado em que os alunos estão, um meio que sirva de ponte, e um fim ou estado final que são os comportamentos e resultados desejados. Pensar no ensino como um arco narrativo o ajudará a organizar o conteúdo dele e tornar a jornada do estudante mais efetiva, pois, como já mencionei, o cérebro humano reage bem a histórias. (Outro aspecto da neurociência do aprendizado.) Não quero dizer que você deva começar suas aulas com "Era uma vez...", mas que você precisa ter em mente que seus alunos estão empreendendo uma jornada. O cenário se abre com o estado atual em que se encontram, e eles precisam fazer uma travessia para um novo estado de coisas, uma condição melhor no tocante a habilidades e conhecimento.

Ao montar um plano e cronograma de ensino, é importante lembrar algumas coisas. Primeiro, encontre a ordem correta de apresentação do conteúdo. Descobri que parece haver uma ordem "correta" ou "mais adequada" para conduzir o público do ponto A ao ponto B. E para encontrá-la, eu me pergunto que momentos "a-ha!" ou *insights* meus alunos precisam para passar pelas mudanças de entendimento e crença que produzirão as mudanças de comportamento. Escrevo os vários tópicos em fichas ou *post-its* e começo a mudá-los de lugar até chegar a uma ordem que funcione. Sempre que possível, também incluo algumas opções que posso usar, dependendo de como as coisas fluem na sala de aula no dia da facilitação. Cada grupo é diferente, e alguns precisarão de mais ou menos informações em momentos diferentes, de modo que sempre acrescento alguns *slides* extras de conteúdo revelante que posso ocultar ou mostrar conforme a necessidade.

Em seguida, pense em atividades para enfatizar os momentos de aprendizado. Depois de decidir a ordem de apresentação do conteúdo, começo a pensar em diferentes atividades de processamento que possam ter bons resultados. Tento ser o mais abrangente possível nesta parte, porque opções me dão mais flexibilidade e facilitarão o trabalho dos facilitadores subsequentes. Por vezes, a apresentação de conteúdo vem primeiro, seguida de uma atividade que fixa os conceitos na experiência dos participantes. Outras vezes, a atividade vem em primeiro lugar, preparando os momentos "a-ha!" de que o conteúdo precisa. Às vezes, basta uma discussão de cinco minutos. Já em outras situações, é importante ter uma experiência prática de 30 a 90 minutos.

Terceiro, esquematize o cronograma. Tendo em mãos um plano de ensino e possíveis atividades, comece a planejar o tempo de realização do evento. Esta parte exigirá algumas tentativas, por isso, não se preocupe se as coisas não se encaixarem de pronto. No entanto, é muito importante ser realista quanto ao tempo de duração de cada etapa, para que você não se sinta constantemente pressionado e atrasado.

Além disso, tenha sempre em mente estas importantes considerações: Em média, as pessoas precisam ir ao banheiro a cada 90 ou 120 minutos, portanto, inclua isso no planejamento. Lembre-se de que o cérebro processa melhor as coisas quando as apresentações de conteúdo duram de 15 a 20 minutos e são seguidas de uma atividade de processamento. Dentre as opções de atividades, escolha as mais adequadas para levar o grupo a alcançar os objetivos. E inclua o tempo necessário para fazer a abertura e o encerramento do treinamento, e também para responder perguntas.

Com certeza, as coisas não se encaixarão perfeitamente. Por isso, você precisa voltar e lapidar. Mas *não* comece eliminando intervalos e atividades de processamento, que é a primeira reação de todo o mundo. Se o fizer, você acabará com um dia repleto de monólogos, o que sabotará seus objetivos e o engajamento dos participantes. Às vezes, é possível trocar uma atividade, abreviar uma parte de conteúdo ou combinar elementos. Por exemplo, costumo fazer as apresentações das pessoas durante a primeira atividade de processamento, ou passo parte do conteúdo como atividade pré-evento ou pós-evento. Você também pode repensar seus objetivos de ensino e enxugar o conteúdo para que caiba no tempo disponível, ou solicitar mais tempo e realizar um *workshop* mais longo. Considere ainda a hipótese de uma sequência de eventos com múltiplas partes.

O ponto fundamental é: você quer um cronograma que leve os participantes do ponto A ao ponto B, de modo que eles saiam do evento com os novos níveis de informação ou habilidade que você prometeu.

Voltando ao meu exemplo concreto, o chefe de tecnologia precisava que os gerentes conduzissem muitas iniciativas de mudanças substanciais ao longo dos três anos subsequentes. O estado de coisas naquele momento era uma equipe sobrecarregada que não conseguia se comunicar nem colaborar com eficiência, e havia muitas emoções envolvidas. Como eu tinha três sessões com a equipe, o arco narrativo se desenvolveu por completo ao longo daquelas seis horas. Na primeira sessão, apresentei aos participantes uma visão geral de como diferentes tipos de mudança afetam as pessoas e por que os seres humanos estão biologicamente programados para opor resistência a mudanças.

Durante a segunda sessão, quis que eles tivessem bastante tempo para experimentar as ferramentas de avaliação e construir aquele hábito. Também quis apresentar informações essenciais sobre o que a equipe precisava que eles oferecessem como líderes e gerentes. Todo esse trabalho em equipe lhes deu ainda a oportunidade de se comunicar e compartilhar informações, melhorando a colaboração. A última sessão teve por foco a criação do plano próprio de ação e de algumas estratégias compartilhadas para que conduzissem e administrassem as mudanças. Além disso, dei-lhes algumas ferramentas para coordenar prioridades e gerir a execução quando estivessem sobrecarregados. Entre uma sessão e outra, os participantes usavam os materiais e voltavam com perguntas e *insights*. Optei por não solicitar nenhuma tarefa preparatória porque era provável que eles estivessem ocupados demais para cumpri-la, mas pedi que, após o treinamento, lessem meu livro, *Wired to Resist: The Brain Science of Why Change Fails and a New Model for Driving Success*, para estender o aprendizado.

Para cada sessão de duas horas, eu também tinha um arco narrativo. Depois de avaliar meu público, penso em como posso estimular os alunos a ter seus momentos de *insight*. Isso acontece quando eles trabalham com os conceitos no próprio contexto, o que está em conformidade com a teoria do aprendizado de adultos e com estudos acerca de hábitos, além de criar experiências de aprendizado envolventes.

Nesse sentido, trabalho com três elementos fundamentais: o porquê, o como e a experimentação.

O *porquê* é a visão geral do tópico ou problema. Pode ser um modelo conceitual ou um conjunto de informações, mas o objetivo é alcançar a visão global do que está acontecendo e por quê. Essa informação geralmente muda o entendimento dos participantes.

O *como* é o que os participantes podem fazer para influenciar o tópico ou problema. Trata-se do aspecto instrutivo do ensino e consiste nas habilidades que precisam ser desenvolvidas. Também pode abranger um modelo ou método.

A *experimentação* é a parte do ensino que envolve o trabalho prático e a construção de hábitos. Pode consistir em avaliações, sessões práticas, estudos de caso, o que você imaginar. Mas é aqui que arregaçamos as mangas e tentamos implementar os novos conceitos para que eles consigam reproduzir a experimentação ao voltar a seu ambiente de trabalho.

Meu segredo é usar esses três elementos em ordens diferentes, dependendo do que levará meus alunos a ter seus *insights*. Por vezes, começo com o elemento da experimentação, porque isso os prepara naturalmente para ver o porquê e o como. Outras vezes, o porquê precisa vir primeiro para que a experimentação leve à compreensão. Por exemplo, quando preparo os participantes para um *insight* sobre como acontece uma mudança emocional, posso ensinar-lhes a curva de mudança, ou fazer com que mapeiem as emoções da mudança, ou ainda pedir que reflitam a respeito de uma mudança que vivenciaram e percebam o que pensaram ou sentiram na ocasião.

Embora não exista uma regra fixa e definida, garanto que, para cada evento de ensino que você preparar, haverá um caminho mais adequado para levar *seu* grupo de alunos ao *insight*. Ao descobri-lo, os resultados falarão por si mesmos.

39. Ensino Híbrido e a Criação de Atividades Interessantes

Saber os detalhes daquilo que você precisa ensinar é fundamental, mas é apenas um dos elementos da equação. Para ajudar os alunos a digerir completamente e processar o aprendizado, você deve dar igual atenção ao formato e à entrega da solução de ensino. Existem muitas opções à sua escolha e um número infinito de combinações. A chave é fazer escolhas que atinjam os objetivos de ensino *e* funcionem para seu público-alvo.

É nisto que consiste o ensino híbrido: mesclar vários elementos para criar um todo coerente. Primeiro, vejamos todas as nossas opções de formato e entrega. Algumas são escolhas do tipo "ou isto ou aquilo", outras constituem uma espécie de *continuum* entremeado de soluções híbridas.

1. **Estático ou adaptativo:** o ensino estático é entregue sempre da mesma forma a todo e qualquer aluno, tal como um vídeo instrutivo. Compare-o ao modelo adaptativo, que varia ou muda de acordo com as necessidades ou habilidades de cada estudante individual.

2. **Estruturado ou não estruturado:** o ensino estruturado acontece como uma experiência planejada ou criada, como um *workshop* ou curso. Já o ensino não estruturado ocorre de imediato e consiste em uma interação entre a curiosidade do aluno e a experiência de exploração.

3. **Sincrônico e assincrônico:** refere-se à circunstância de um grupo de alunos compartilhar a experiência do aprendizado exatamente no mesmo instante (como em um *workshop* ou webnário ao vivo) ou em momentos diferentes (como em um curso que o aluno faz no próprio ritmo).

4. **On-line ou off-line:** o ensino *on-line* requer um dispositivo eletrônico como um telefone celular, *tablet* ou computador que possibilite o acesso ao ensino. Assim, acessar as políticas da empresa por meio de um portal ou mesmo de um PDF armazenado em um *drive* compartilhado constitui aprendizado *on-line*, ao passo que ler as informações em um fichário não o é. As incríveis opções de ensino *on-line* que temos hoje incluem treinamentos em vídeo, webnários, *e*-cursos, realidade virtual ou aumentada e *apps* móveis para dispositivos inteligentes.

5. **Pronto para uso ou customizado:** soluções prontas para uso são em geral criadas por um fornecedor e você as utiliza "tal como são", ao passo que soluções customizadas são personalizadas para uma empresa ou grupo com elementos específicos como cultura, linguagem e *branding*. Quando trabalho com organizações, costumo mesclar os dois modelos, entregando parte de meu programa de treinamento *on-line* como atividade preparatória para depois incluir um elemento pessoal e customizado, levando em conta a cultura e o contexto da empresa.

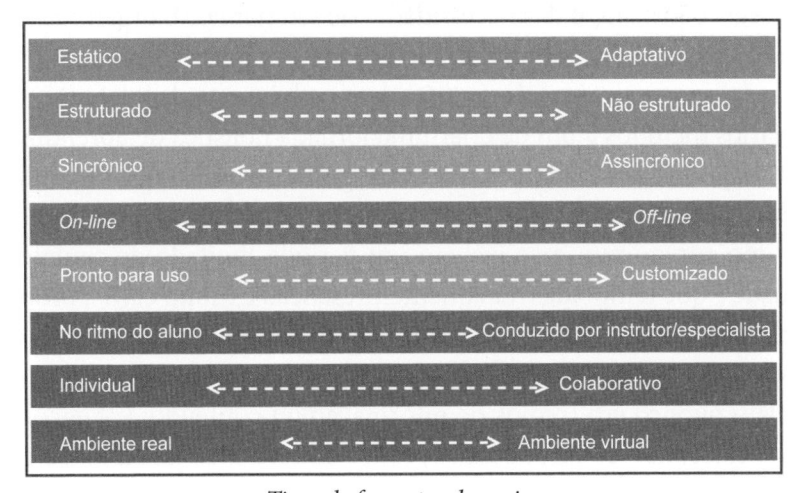

Estático	Adaptativo
Estruturado	Não estruturado
Sincrônico	Assincrônico
On-line	Off-line
Pronto para uso	Customizado
No ritmo do aluno	Conduzido por instrutor/especialista
Individual	Colaborativo
Ambiente real	Ambiente virtual

Tipos de formatos de ensino

6. **No ritmo do aluno ou conduzido por um instrutor:** se é algo que o aluno pode escolher acelerar, desacelerar ou repetir de acordo com sua necessidade, então se trata de ensino no ritmo do aluno. Em contrapartida, o ensino conduzido por um instrutor tem uma programação, um cronograma e uma estrutura.

7. **Individual ou colaborativo, com ensino individual de uma pessoa por vez:** o termo colaborativo significa que vários alunos estão vivenciando o aprendizado juntos e influenciando-se mutuamente. O ensino colaborativo lança mão do conhecimento e da experiência do grupo.

8. **Ambiente real ou virtual:** trata-se do *continuum* da realidade estendida (XR) que já abordamos no capítulo 5. Você pode preparar os alunos para estar no ambiente real e tangível, em uma realidade gerada por computador (RV) ou uma combinação com realidade aumentada (RA) ou mista (RM).

Como você pode ver, é possível desenvolver programas de ensino usando uma infinidade de possibilidades. E a escolha dependerá de sua estratégia de ensino e das necessidades de seu público e organização. A maioria dos eventos de aprendizado é uma combinação de tais métodos. Quando crio programas de gestão e desenvolvimento de liderança, reúno vários métodos a fim de criar uma jornada holística de aprendizado que atinja diversos objetivos. Também gosto de usar o que se conhece como "aula invertida", pois é uma técnica que permite que se alcance o máximo aprendizado possível em um período limitado de contato. A verdade é que tempo de treinamento presencial é muito caro, portanto, deve ser reservado para o verdadeiro trabalho prático. É por isso que adoro usar a aula invertida, que consiste em (1) ensino pré-evento, que nivela o público em termos de informação ou conteúdo; (2) encontro presencial com foco na aplicação prática do conteúdo na cultura e contexto reais dos participantes, construindo o hábito por meio da prática; e (3) atribuição de atividades e recursos pós-evento para desenvolver ainda mais o conhecimento e as habilidades.

Por exemplo, na sessão "*Coaching* de Impacto" de meu treinamento gerencial com base em neurociência, dou aos gerentes uma tarefa preparatória: eles assistem a trechos do curso de Lisa Gates na LinkedIn Learning, "Coaching and Developing Employees", que consiste em uma atividade individual estática, estruturada, assincrônica, *on-line*, pronta para uso, ao mesmo tempo no ritmo do aluno e conduzida por um instrutor. Em seguida, reúno-os em uma sessão presencial, ocasião em que apresento mais informações, em um modelo personalizado para a cultura e o contexto específicos da organização. Também fazemos várias discussões práticas de *coaching* na sala, criando aquela via neural e o hábito. Esse elemento é adaptativo, estruturado, sincrônico, *off-line*, customizado, conduzido por um instrutor e colaborativo. Depois, incentivo-os a dar continuidade ao aprendizado pela leitura de um livro excelente sobre *coaching* (*Help Them Grow or Watch Them Go: Career Conversations Organizations Need and Employees Want*, de Beverly Kaye e Julie Winkle Giulioni) e a realização de várias outras sessões de prática de *coaching*, presenciais e/ou com o uso de realidade virtual ou aumentada.

Nesse sentido, estou adaptando alguns de meus atuais treinamentos de inteligência emocional e inclusão para o formato de realidade virtual. Uso o poder do meio para oferecer às pessoas experiências corpóreas que as levem ao *insight* e à empatia.

A realidade virtual oferece uma variedade de novas maneiras de melhorar o aprendizado e a conexão

Ao desenvolver sua próxima solução de ensino, considere essas opções e brinque com elas com o objetivo de criar uma poderosa experiência para os alunos. Existem muitíssimos métodos novos e incríveis dentre os quais podemos escolher. A tecnologia atual facilitou a criação e o compartilhamento de informações e a instrução com pessoas do mundo inteiro. Desenvolver as atividades corretas é de suma importância para o sucesso de um programa de ensino. Quando você acerta, o entendimento, as crenças e os comportamentos do grupo mudam de forma duradoura. Quando você não acerta, as pessoas podem se desinteressar, ficar entediadas e até mesmo se levantar e sair. (Não quero fazer pressão.) Espero que, ao esboçar o conteúdo e desenvolver o plano e o cronograma de ensino, você pense em muitas possibilidades. Vejamos algumas características fundamentais.

Primeiro, você quer atividades que "fixem" o aprendizado, de modo que as pessoas se lembrem dele e o utilizem. Uma maneira de fazê-lo é associar o que será ensinado a algo que os participantes já conheçam (como esquemas). Ao conectar o ensino a conhecimentos, habilidades ou experiências que os alunos já têm, você aumenta de maneira significativa as chances de que eles compreendam e recordem o que aprenderam. Você não saberá com certeza quais são os conhecimentos, as habilidades ou as experiências do público – e a boa notícia é que não precisa saber. Mas você *tem de* criar as atividades de tal maneira que essas coisas venham à luz. Uma das formas mais fáceis de fixar o aprendizado é fazer perguntas que tragam à tona experiências anteriores ou atuais dos estudantes, porque isso se conecta de modo natural aos próprios esquemas deles, além de gerar mais inclusão do que quando tentamos encontrar um exemplo que se aplique a todo tipo de pessoa ou histórico.

Em meus *workshops* padrões Change Quest™, ensino as pessoas a conduzir e gerenciar mudanças. Criei todas as atividades com um componente de flexibilidade, assim os facilitadores possam adequar o conteúdo do curso de acordo com as necessidades do público. Podemos pedir que os participantes se lembrem de mudanças que vivenciaram no passado, ou avaliem mudanças pelas quais estejam passando no momento, ou que olhem para o futuro e se preparem para uma mudança vindoura. Essa abordagem pode ser aplicada a praticamente qualquer tópico, e a escolha depende do que é melhor para o público e dos objetivos do *workshop*.

Metáforas e analogias ativam esquemas ao associar conteúdo novo a algo que os participantes já sabem. Por exemplo, desmistifique o gerenciamento de projetos traçando paralelos com a compra de alimentos. Como a maioria das pessoas já comprou alimentos, isso pode ajudá-las a compreender algo que talvez julguem intimidador e complexo. Tenha o cuidado de escolher uma experiência corriqueira para o público, não apenas algo de sua própria esfera de atuação. Por exemplo, embora o gerenciamento de projetos também possa ser comparado ao planejamento de uma viagem de férias, eu não faria esse paralelo porque muitas pessoas nunca viajaram de avião nem saíram do próprio estado onde vivem, que dirá do país.

Segundo, use atividades que atendam a um amplo leque de estilos e preferências. Algumas pessoas adoram discutir as coisas, enquanto outras preferem refletir sozinhas e com calma sobre algo. Algumas pessoas adoram participar e interagir, ao passo que outras querem arregaçar as mangas e criar. Embora nenhuma atividade consiga abarcar toda essa variedade, é possível atender a várias delas ao longo de um *workshop*. Ofereça também opções de atividades para o público. Por exemplo, costumo criar folhas de exercícios com perguntas-chave, mas dou aos participantes a opção de respondê-las sozinhos ou discuti-las com outra pessoa. Nas atividades em grupo, dou a opção de fazerem *brainstorms* em cartazes ou criarem um protótipo usando recursos fornecidos. Creio que você entendeu a ideia.

Terceiro, certifique-se de que as atividades desenvolvidas tragam à tona o que as pessoas estão de fato pensando, sentindo, e coisas a respeito das quais elas têm dúvidas. Tudo isso que não é dito costuma ser onde a verdadeira transformação acontece, por isso, traga tais coisas à luz. Contudo, como as pessoas nem sempre se sentem seguras para se mostrar vulneráveis – sobretudo se o chefe estiver na sala – use atividades que permitam comentários anônimos ou confidenciais. Para garantir a privacidade, uma opção é entregar às pessoas *post-its* maiores e pedir que escrevam as respostas às perguntas-chave propostas ou expressem suas preocupações, apreensões e perguntas. Recolha os *post-its* de todos e os afixe na parede. Em seguida, faça o que chamam de "caminhada pela galeria", para que todos possam ler os *post-its* (veja mais informações no próximo capítulo). Isso pode levar a excelentes discussões acerca dos problemas ou temáticas que precisam ser trabalhados.

Por fim, se o *workshop* diz respeito à produção de algum resultado, adoro usar uma forma de *design sprint* que Jake Knapp criou para a Google Ventures Sprint. Leia mais a respeito no livro intitulado *Sprint: How to Solve Big Problems and Test New Ideas in Just Five Days* ou assista aos vídeos no YouTube. É um jeito rápido e divertido de conduzir um grupo pelo processo de desenvolver ou fazer o protótipo de algo novo. Baseia-se em uma sequência de exercícios rápidos que faz emergir toda uma gama de novos raciocínios e faz com que as pessoas transcendam o excesso de foco em perfeição. Esse método sempre incentiva esforço conjunto, pensamento criativo e muito engajamento, com muitas risadas e conexão. Eu o aplico a todo tipo de tópicos e formatos de *workshop*.

40. Como Criar Segurança para a Interação em Grupo

Além de apresentar conteúdos excelentes, a coisa mais importante que você pode fazer por seus participantes é gerar segurança para que eles se arrisquem e cometam erros. Essa é a única maneira de as pessoas aprenderem de verdade, por isso, criar um ambiente seguro deve ser a principal prioridade. Aqui estão algumas formas de fazê-lo.

Primeiro, estabeleça as regras básicas. É por meio das regras básicas que os participantes concordam em se dedicar e interagir durante o *workshop*. Ao iniciar com as regras básicas, você deixa claro o desejo de que o evento de fato redunde em aprendizado. Costumo pedir aos participantes que criem as próprias regras básicas, fazendo uma pergunta do tipo: "Para você realmente participar e até mesmo se arriscar a cometer erros, que regras básicas precisariam existir neste *workshop*?" Em seguida, reúno as sugestões em um cartaz e faço perguntas para esclarecimento, quando necessário. Pergunto "O que mais?" até que o grupo esteja satisfeito com a lista. Isso leva de 15 a 20 minutos e podemos sempre acrescentar algo depois, se houver necessidade.

Também informo aos participantes que, como facilitadora, é meu dever cuidar para que todos cumpram as regras, inclusive eu mesma. Para tanto, tenho frases prontas sempre à mão para lembrar com delicadeza as regras ao grupo caso comecem a violar alguma. E planeje com antecedência como lidará com reincidentes e grandes violações às regras. Assim, você estará preparado para tudo.

Busque ajudar as pessoas a criar conexão umas com as outras. A biologia humana é algo poderoso e, depois de nossa necessidade de sobrevivência, temos uma forte necessidade de pertencimento. Isso acontece em todos os grupos, até mesmo aqueles que se reúnem por um curto espaço de tempo. A verdade é que as pessoas se mostrarão muito mais dispostas a se arriscar e cometer erros se sentirem que conhecem os outros integrantes do grupo. Por isso, ao escolher como fazer as apresentações das pessoas e as atividades do evento, certifique-se de que elas promovam conexão. Por exemplo, você pode pedir que as pessoas se apresentem com as informações tradicionais, mas o grupo sentirá mais conexão se você pedir que eles compartilhem algo mais pessoal, como a refeição preferida ou o superpoder que gostariam de ter.

Costumo começar um *workshop* com perguntas de "baixo risco", mas me aprofundo à medida que passamos tempo juntos. Posso pedir coisas como: "Conte-nos sobre uma boa lembrança de sua infância" ou "Conte sobre um momento de dificuldade. O que você fez para superá-lo?" Obviamente, conhecer o grupo ajudará a escolher o tipo certo de perguntas – algumas pessoas gostam de perguntas mais bobas, enquanto outras as detestam. Escolha aquelas que ajudarão o grupo a criar conexão e progredir.

Além disso, dê aos participantes várias oportunidades de trabalhar em conjunto. Não há nada como a interação para fazer com que as pessoas se conectem. E o melhor é que essas ocasiões podem ser, ao mesmo tempo, as atividades de processamento que dividem seu ensino naqueles blocos de 20 minutos. Em geral, peço que as pessoas façam uma rápida discussão de cinco minutos em duplas, trios ou grupos de quatro. Isso faz com que cada pessoa tenha a chance de ser ouvida, mesmo que não fale na frente do grupo inteiro. Circulo entre as duplas e os trios e, depois, combino-os em grupos maiores de seis ou oito integrantes, estendendo a duração da atividade para dez ou 15 minutos.

E, se estiver ensinando uma habilidade, peça que os participantes pratiquem juntos. Eles podem oferecer oportunidades valiosíssimas de prática uns para os outros, bem como sugestões, orientação e incentivo. Pode ser útil marcar sessões práticas apenas para isto: praticar. Costumo dizer algo do tipo: "Tudo bem, vamos praticar esta nova habilidade. Aceite a possibilidade de cometer erros, porque é assim que se aprende. Vamos mergulhar de cabeça e ver o que acontece".

Por fim, ao avaliar as opções para gerar conexão, pense no que fará com que os participantes se sintam totalmente incluídos. O sentimento de inclusão é poderoso – na realidade, a neurociência mostra que o cérebro registra uma experiência de exclusão da mesma forma que registra uma dor física. Por isso, tenha sensibilidade ao criar momentos de inclusão. Por exemplo, digo "formem duplas ou trios" para que ninguém se sinta sobrando caso haja um número ímpar de pessoas. Também cuido para que minhas atividades funcionem para pessoas com habilidades físicas diferentes: se alguém usa cadeira de rodas, por exemplo, essa pessoa pode participar sem problema nenhum. Se você ainda não fez nenhum treinamento em diversidade e inclusão, recomendo que o faça, pois isso ajudará a alcançar mais resultados com uma grande variedade de pessoas. Saiba mais lendo *Wired to Connect: The Brain Science of Teams and a New Model for Creating Collaboration and Inclusion*.

Ser um excelente facilitador de aprendizado é uma jornada contínua, pois quanto mais você amplia sua experiência e ferramental, melhor você fica. Estou sempre em busca de novas ideias para aumentar a participação e a colaboração. Aqui estão algumas de minhas atividades e exercícios preferidos que podem ser usados com praticamente qualquer tipo de conteúdo ou tópico.

1. **A entrevista:** Entrevistar outra pessoa é uma ótima maneira de melhorar a habilidade de escuta e a empatia. Entregue aos participantes uma lista de perguntas e peça que se entrevistem entre si, estabelecendo certo espaço de tempo para que troquem de colega. Isso pode ser particularmente útil se você estiver lidando com pessoas muito falantes ou competitivas.

2. **Escrita livre:** Muitas pessoas preferem processar as coisas internamente e/ou se sentem desconfortáveis ao compartilhar pensamentos diante de um grupo grande. Descobri que uma atividade de um a dois minutos de escrita livre dá às pessoas o tempo necessário para organizar os pensamentos. A participação sempre aumenta muito depois que realizo esta rápida atividade.

3. **Perguntas e comentários anônimos:** O anonimato é uma excelente ferramenta para trazer à discussão as questões não mencionadas, de modo que possam ser enfrentadas. Existem várias formas de fazer isso, mas o mais importante é que você de fato proteja a identidade das pessoas. Uma opção é realizar votações eletrônicas com o uso de um *smart phone*. Várias empresas oferecem soluções eficientes e fáceis de usar para fazer perguntas, mostrando *feedback* em tempo real na forma de gráficos e até mesmo de nuvens de palavras. A boa e velha dupla de papel e caneta também funciona. Apenas pense em como evitar que as pessoas vejam o que as outras estão escrevendo. Uma opção é a chamada "pipoca": as pessoas embolam seu papel e o atiram na parte da frente da sala, e você pega alguns para responder. Isso acrescenta um toque divertido e leve à experiência.

4. **Caminhada pela galeria:** Outra opção é recolher todos os papéis, colá-los com fita pela sala e fazer uma "caminhada pela galeria". Isso sempre leva a ótimas discussões,

porque é inevitável que as pessoas descubram o que todos os demais participantes pensam e sentem. Organizo esta atividade fazendo com que as pessoas leiam em silêncio, o que ajuda a evitar comentários desnecessários ou insensíveis. Este método facilita a visualização de temáticas comuns, o que pode ser útil na tomada de decisões quanto a ações a realizar.

Realizar uma caminhada pela galeria permite que novas perspectivas venham à tona

5. **Mapa térmico:** Depois de uma caminhada pela galeria, tente criar um "mapa térmico" para fechar o foco em torno do que o grupo acredita ser mais importante, e onde você e o grupo sentem a energia. Distribua pequenos adesivos e deixe que os participantes os colem nos comentários ou ideias que mais fazem sentido. Costumo entregar de três a cinco adesivos para cada pessoa. Em seguida, seleciono as ideias com mais adesivos e faço uma segunda rodada, ou até uma terceira, distribuindo cada vez menos adesivos a cada rodada. Leva apenas alguns minutos, mas proporciona uma representação muito clara e visível que ajuda o grupo a se reunir em torno dos principais problemas ou prioridades.

6. **A varinha mágica:** Esta é minha técnica preferida para conduzir um grupo a um espaço supercriativo ou ajudá-lo a "destravar". Você elimina quase todas as limitações. Costumo dizer algo do tipo: "Vocês ganharam uma varinha mágica e, por isso, o tempo já não importa, nem dinheiro, nem a quantidade de funcionários, nem _____ [preencha a lacuna com qualquer coisa que pareça ser um entrave ao grupo]. Use essa varinha mágica para sonhar alto e imaginar o que parece impossível". É incrível como isso liberta as pessoas.

7. **Faça um intervalo:** Uma das maiores revelações de minhas pesquisas de neurociência foi que nossos melhores momentos de *insight* acontecem quando *paramos* de pensar sobre algo. Isso se dá porque a maior parte do raciocínio é realizada no córtex pré-frontal, e geralmente precisamos liberá-lo para que sejam feitas conexões em outras partes do cérebro. Passei a valorizar muito a eficácia de um bom intervalo – um que seja mais longo do que o simples tempo de usar o banheiro. Embora a sensação possa ser de tempo perdido, experimente e veja que novos *insights* as pessoas têm quando retornam.

Dedicar tempo ao desenvolvimento cuidadoso das atividades mais efetivas aumentará o engajamento dos participantes e enriquecerá suas experiências. Além disso, criar um ambiente em que os participantes sentem que é seguro se arriscar e cometer erros aumentará muito a capacidade deles de aprender e construir as habilidades corretas, o que só melhora a eficácia do programa de ensino.

41. Como Cumprir a Programação do Evento e Enfrentar Desafios

Certo, chegou o dia do evento de ensino e você está pronto para começar. Vamos falar sobre como cumprir sua programação durante o evento. Boa parte do trabalho de facilitador é fazer com que as coisas aconteçam no tempo certo. Você já deve ter um plano de ensino muito bem esquematizado, com estimativas precisas de tempo para cada parte. Mantenho sempre a programação à minha frente, com o tempo de cada atividade bem destacado, para que eu consiga ver com facilidade onde estamos. Também coloco anotações referentes ao tempo em meu conjunto de *slides*, para saber se estou dentro da programação, adiantada ou atrasada.

Não obstante, também é preciso haver certa flexibilidade, para que você possa deixar prosseguir uma conversa valiosa ou fazer cessar uma atividade improdutiva. Os participantes ficarão muito contentes se você iniciar e encerrar o evento no horário marcado e puder se adaptar às necessidades deles enquanto tentam alcançar os objetivos do programa de ensino. Assim, a programação deve ser um plano flexível, que permita ajustes se necessário. Estas são algumas estratégias que você pode usar:

- **Dê uma rápida explicação sobre seu papel.** Acho bastante útil dizer ao meu público que estou ali para controlar o tempo e oferecer os meios para que eles alcancem um objetivo. Digo que ficarei atenta para que a programação seja cumprida e, ao mesmo tempo, que as necessidades do grupo sejam atendidas. Isso significa que a programação é aproximada, ou seja, podemos ajustar dez minutos aqui ou ali. Sempre prometo que encerraremos no horário, visto que muitas pessoas já fizeram planos com base no horário de encerramento informado.

- **Insira indicadores em seu conjunto de *slides*.** Mesmo que os participantes tenham a programação diante dos olhos, julgo útil alinhar a apresentação ao cronograma com transições marcadas com clareza entre os tópicos. Isso ajuda a orientar os participantes com relação ao ponto em que estamos e o que ainda acontecerá.

- **Seja um relógio falante.** Dizer coisas do tipo "Temos dez minutos para esta discussão" ou "Esta atividade levará cerca de 30 minutos" pode ser de grande ajuda para o público dosar a participação. Se as pessoas parecem impacientes ou inquietas, posso dizer ainda "Faltam apenas 20 minutos para o almoço ou intervalo", na tentativa de fazê-las se aquietar. Eu não gostava de chamar as pessoas de volta quando estavam muito engajadas em uma atividade ou discussão. Nunca me sinto bem quando tenho de gritar ou começar a pedir que as pessoas façam silêncio, por isso, providenciei alguns vídeos curtos de *timer* que insiro em meu conjunto de *slides*. Esses vídeos apresentam uma contagem regressiva na tela, portanto, os participantes podem ver com exatidão quanto tempo ainda lhes resta e, assim, encerrar a atividade de forma adequada.

- **Abrevie ou estenda intervalos.** Também deve haver flexibilidade no conteúdo e atividades. Assim, durante o intervalo, dê uma olhada rápida no conjunto de *slides* e oculte ou mostre aqueles que julgar convenientes. Por exemplo, talvez haja uma seção que eu consiga resumir em cinco minutos ou apresentar com mais profundidade em 15 minutos. Tendo as duas versões em meu conjunto de *slides*, posso usar o intervalo para selecionar aquela que atende ao que precisamos.

- **Dê opções aos participantes.** Em vez de tomar todas as decisões pelo grupo, por vezes, apresento duas opções e deixo que eles decidam como querem usar o bloco de tempo seguinte. Por exemplo, posso dizer: "Deixe-me ver o que vocês querem fazer. Podemos estender a discussão que estamos fazendo por mais dez minutos e, então, passar rapidamente pela próxima parte sobre X, ou podemos fechar agora e dedicar mais tempo a X. O que vocês preferem?" Isso pode ser útil sobretudo com grupos completos que estejam fazendo planejamento estratégico, por exemplo, pois eles têm uma noção mais clara de como usar melhor o tempo. Mas funciona com todos os tipos de programas de ensino.

Manter a programação das sessões é um dos fatores que diferencia os melhores facilitadores dos medíocres. Saber ler o público e ajustar o *workshop* para atender às necessidades dele é uma habilidade avançada, mas os resultados valem muito a pena.

Como Lidar com Dinâmicas Desafiadoras

Trabalhar com um grupo de pessoas pode ser muitíssimo gratificante, mas, às vezes, é bem difícil. A dinâmica de um grupo pode ser imprevisível e talvez exija que você dê respostas imediatas para garantir que tudo se desenrole sem percalços. Ao treinar facilitadores, sempre faço uma sessão em que peço que escrevam os piores cenários que conseguem imaginar. Em seguida, abordo cada um, de modo que estejam preparados para lidar com eles. Aqui trago os mais comuns:

1. **Você tem um grupo muito quieto.** Isso já aconteceu comigo e pode ser desconfortável quando as pessoas não interagem ou, pior, não riem das piadas incríveis que conto. Às vezes, elas só precisam de tempo para "aquecer". Uma estratégia é apenas esperar. Esse silêncio parece mais longo do que é de fato, por isso, recomendo que você apenas respire e conte mentalmente até vinte. Em regra, alguém acaba falando. Por vezes, você terá mesmo um grupo quieto. Nesse caso, a melhor coisa a fazer é facilitar a participação, o que significa propor muitas atividades em duplas e pequenos grupos.

Esteja preparado para lidar com toda uma gama de desafios.

2. **Somente uma pessoa fala** ou toma muito do tempo para tratar necessidades individuais dela. De início, apenas me concentro em facilitar a participação dos demais. Posso pedir que as pessoas conversem em grupos e, em seguida, que um voluntário de cada grupo exponha alguns dos pontos principais. Ou posso circular pela sala e ouvir a opinião de cada um. Se a pessoa persistir, diga algo mais direto como: "Agradeço muito por sua participação – e gostaria de abrir um espaço para as pessoas que ainda não tiveram a chance de falar". E, se for preciso, conversarei com a pessoa em particular, durante o intervalo, pedindo com gentileza que ela se contenha para que possamos deixar espaço para os demais.

3. **Alguém quebra as regras básicas.** Isso com certeza acontecerá, portanto, esteja preparado para lembrar as regras básicas ao grupo, porque os participantes contam com você para fazer com que todos as cumpram. Se o comportamento persistir, tomo atitudes mais diretas, mostrando mais firmeza, conforme o necessário.

4. **Alguém age com agressividade, constrangendo os demais.** Comece com as estratégias que mencionei acima, mas esteja preparado para interromper a pessoa, se preciso for. Se ela parece furiosa ou aborrecida, costumo fazer um intervalo e falar diretamente com ela para ver se consigo apaziguá-la. Mas, se a pessoa estiver realmente atrapalhando e não conseguir mudar de atitude, talvez você precise pedir que ela saia ou que outros facilitadores ou anfitriões interfiram.

5. **O conflito em pauta está dominando a experiência do grupo inteiro.** Quando emerge um conflito que parece envolver muitos membros do grupo, acho útil apresentar uma escolha. Pergunto se se julgam capazes de deixar as diferenças de lado pelo tempo necessário para a conclusão do programa de treinamento ou se querem usar o tempo que teremos juntos para solucionar o conflito.

Nessa situação, basicamente transformo o tema da sessão em como ter conversas difíceis e solucionar conflitos. (Esse é um tema que você deve estar preparado para trabalhar. É por isso que, quanto mais *workshops* facilitar, mais hábil ficará, pois terá todo esse conteúdo à mão e poderá atender de imediato às necessidades do grupo.) Você também pode "congelar" o momento para que as pessoas consigam ter uma nova perspectiva. Peço às pessoas que interrompam todas as conversas e digam algo como: "Vamos parar por um instante. O que está acontecendo aqui na sala? Que opiniões diferentes estão sendo discutidas?" Essa também pode ser uma excelente maneira de incluir outras pessoas que não estão no conflito, além de dar tempo para que os envolvidos respirem e se acalmem.

6. **Um participante o enfrenta abertamente na frente da sala**, questionando seu conteúdo ou sua qualificação. Obviamente, quanto mais você souber seu conteúdo, mais confiante estará e conseguirá responder com tranquilidade aos questionamentos. Porém, se a pessoa realmente discorda, esteja preparado para dizer, de forma muito elegante, que você lamenta que ela pense assim *e* que você precisa continuar com o trabalho que foi encarregado de fazer.

7. **Você comete um erro**, como dar uma informação errada ou dizer algo espontâneo que sai de uma forma que você não pretendia. Quando digo algo incorreto ou inadequado, assim que o percebo, assumo a responsabilidade pelo meu erro e tento consertá-lo. Se me dou conta do ocorrido apenas mais tarde, envio um *e-mail* para o grupo.

Como em tudo, enfrentar os piores medos pode ser muito enriquecedor, porque você descobre que consegue lidar com a situação, caso aconteça. Isso não significa que a sensação seja boa, mas os melhores facilitadores conseguem contornar praticamente qualquer situação difícil com calma e profissionalismo.

42. Como Encerrar o Evento e Estender o Aprendizado

As pessoas não percebem, mas o modo como você encerra o programa de ensino é quase mais importante que o modo como o inicia. É a recordação final que as pessoas guardarão, e você tem a oportunidade de fazer com que elas saiam se sentindo motivadas e inspiradas, qualquer que tenha sido o tópico abordado. Além disso, é no encerramento que as coisas podem ficar caóticas, caso a programação esteja atrasada e você se sinta pressionado pelo tempo. De qualquer forma, planeje o término do evento de modo a criar o encerramento emocional adequado para o grupo.

Aqui estão alguns pontos que devem ser levados em conta na conclusão da experiência de ensino. É provável que haja uma ordem ideal para o tópico e o grupo com os quais você esteja trabalhando, por isso, organize-os como parecer apropriado.

1. **Certifique-se de revisar os pontos principais.** É muito útil colocar uma segunda cópia do *slide* da programação ou dos objetivos de aprendizado ao final e usá-la para fazer uma breve revisão do material estudado.

2. **Dê tempo para as pessoas fazerem uma síntese dos principais pontos a fixar.** Depois de revisar a programação, dou cinco minutos para que as pessoas façam essa síntese, o que as ajuda a direcionar o foco para o que foi aprendido.

3. **Peça para os participantes criarem um plano de ação.** Se pretende pedir que eles façam qualquer tarefa depois do evento ou estendam o aprendizado, distribua algum material impresso em que possam escrever o plano de ação delas. Dependendo do conteúdo, estruturo essa atividade como um plano de 30-60-90 dias.

4. **Peça que os alunos marquem datas para realizar os primeiros itens do plano.** Esta pode ser uma forma muito eficiente de fazer com que eles conservem o *momentum* após o término do evento. Sugira que eles peguem os *smart phones* ali mesmo e marquem datas na agenda para trabalhar algum item do plano de ação, revisar o material

do *workshop* ou combinar um café com outro participante. Mas, cuidado. As pessoas podem se distrair caso comecem a ler *e-mails* ou a pensar em quão ocupadas estão. Por isso, avalie o que é melhor para o grupo.

5. **Cuide de questões logísticas importantes.** Isto pode abranger uma variedade de coisas como avaliações, tarefas pós-evento, troca de informações de contato e como deixar o prédio ou o estacionamento.

6. **Por fim, deixe o grupo em um clima de muita inspiração.** Reservo uma atividade, um vídeo divertido ou uma excelente citação para o final, fazendo com que o grupo volte do material tático para a atmosfera positiva do evento. E, se parecer adequado, peço às pessoas que compartilhem o que estão sentindo ou o que aprenderam. Se tiver tempo, é bom circular pela sala e ouvir a todos (peça-lhes que sejam breves, apenas algumas palavras). Se não tiver tempo, tire ao menos um minuto para pedir que eles se reúnam em duplas ou trios para trocar impressões. Assim, cada pessoa consegue dizer alguma coisa.

Fazer o encerramento do programa de ensino é uma parte importante do papel de facilitador. Você quer que os participantes estejam preparados para o sucesso ao sair do ambiente especial que criou e que utilizem o que aprenderam na vida cotidiana. Ao fazer um encerramento positivo e memorável, eles saem com um último toque de sua tão valiosa orientação.

Se você tiver feito um bom trabalho, os participantes estarão entusiasmados com o que aprenderam no programa de ensino e ansiosos por mais. Aproveite essa energia propondo-lhes passos claros que eles possam seguir para estender o aprendizado. Isso conserva o *momentum* dos participantes, além de ser uma excelente prática de desenvolvimento de ensino com base no que sabemos acerca do funcionamento do cérebro. Estender o aprendizado ajuda a transferir o conteúdo para a memória de longo prazo e acrescenta repetições às vias neurais, construindo os hábitos certos.

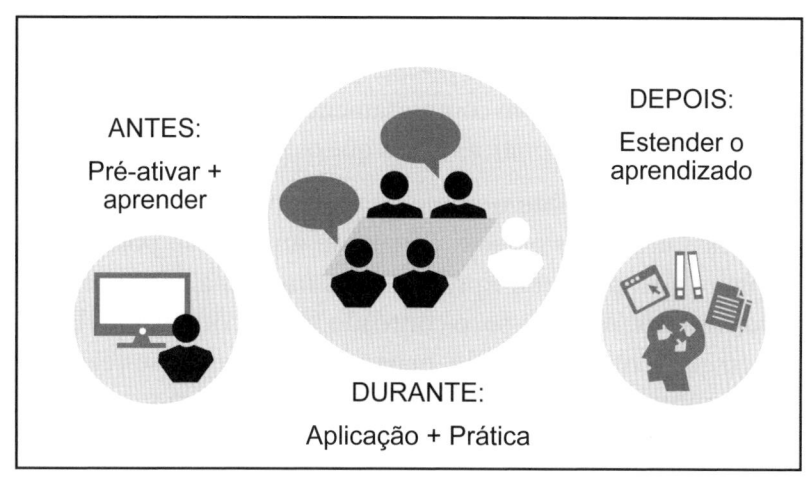

```
ANTES:                    DEPOIS:
Pré-ativar +              Estender o
aprender                  aprendizado

           DURANTE:
      Aplicação + Prática
```

A aula invertida estende o aprendizado após o evento

Existem muitas formas de estender o aprendizado. A escolha adequada dependerá do tipo de *workshop* realizado e da mudança que você está tentando promover nos participantes. Seguem alguns bons exemplos.

Primeiro, forneça uma lista de materiais relevantes ou relacionados ao tópico. Podem ser artigos, livros, capítulos de livros, vídeos, *websites*, cursos *on-line*, etc. Peça às pessoas que escolham alguma coisa da lista que as interesse e se comprometam a cumpri-la nas duas semanas subsequentes. É bem fácil criar a lista. Eu costumo informar quais foram os materiais que utilizei na criação do *workshop*, caso as pessoas queiram se aprofundar em algum assunto específico dentre os que foram abordados. Se você está tentando incentivar mais raciocínio crítico ou criativo, inclua materiais que divergem da sua posição ou questionam diretamente o que você ensinou. Peça aos participantes que contribuam para a lista, caso encontrem artigos, vídeos e outras fontes que os inspirem. A propósito, se você tem sugestões para este livro, por favor, escreva-me um *email*: Info@BrittAndreatta.com.

Em seguida, crie oportunidades de prática. A prática é a única maneira de melhorar em algo. No entanto, pode ser difícil para os alunos encontrar tempo para praticar ou mesmo saber como criar o tipo correto de prática. Ajude-os dando atividades específicas que eles possam fazer ao voltar ao ambiente cotidiano. Sejam folhas de exercícios para preencher, trabalhos *on-line* para entregar, ou determinado número de repetições de um comportamento para finalizar – ajude seus alunos a realizar aquela prática valiosa que os preparará para o sucesso.

Terceiro, possibilite o aprendizado compartilhado em duplas ou grupos. Quando as pessoas aprendem juntas, isso potencializa o progresso delas, pois tiram proveito dos *insights* e das experiências umas das outras. Além disso, o conteúdo fica ancorado no relacionamento, o que o reforça quando, mais tarde, as pessoas se veem. Você pode dar continuidade a esse processo fora do *workshop*, solicitando ou determinando que as pessoas se reúnam em duplas ou grupos para discussões ou trabalhos práticos. Isso pode incluir interações *on-line* bem como encontros presenciais. O aprendizado compartilhado também gera responsabilidade, pois leva a pessoa a ter maior compromisso com o colega mesmo quando a agenda dela está cheia.

Por fim, faça com que os alunos se comprometam a concluir o trabalho. Quanto maior o suporte para que eles finalizem as tarefas e a prática, maiores as chances de você ver a verdadeira mudança de comportamento que está buscando. Muitas plataformas de ensino têm recursos que possibilitam a realização de diferentes tipos de atividades e compromissos. Estabeleça-os com prazos claros e lembretes de prazos.

Adoro os resultados que alcanço com o aprendizado estendido. Ele dá aos estudantes motivados algo com que trabalhar e me permite ver quem eles são. Além disso, ele me ajuda a ter mais clareza do nível de profundidade dos objetivos do *workshop* e possibilita que ocorram mais coisas fora dos limites formais do evento. Experimente e veja como funciona para você. Acho que os resultados serão satisfatórios.

43. Avaliação do Aprendizado

Uma das coisas que provavelmente lhe pedirão é que demonstre o impacto da atividade de ensino. Afinal, um programa de ensino precisa produzir resultados, mas é importante saber com clareza que resultados são esses. Você sabia que existem cinco níveis de avaliação? O sucesso do programa de ensino depende da capacidade que você tem de demonstrar todos os cinco. Eles foram identificados pela primeira vez por Donald Kirkpatrick, mas atualizados por Jack Phillips, diretor do Instituto ROI.

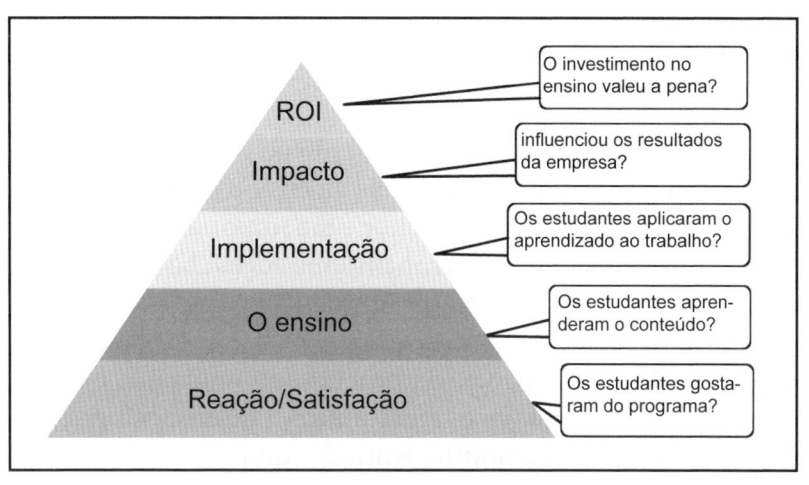

```
ROI                  — O investimento no ensino valeu a pena?
Impacto              — influenciou os resultados da empresa?
Implementação        — Os estudantes aplicaram o aprendizado ao trabalho?
O ensino             — Os estudantes aprenderam o conteúdo?
Reação/Satisfação    — Os estudantes gostaram do programa?
```

Os cinco níveis de avaliação

Iremos estudá-los fazendo a aplicação deles ao nosso exemplo de João e Maria na empresa do ramo de hotelaria. João entrou em contato com Maria porque sua equipe de *marketing* não está apresentando o nível suficiente de qualidade dentro dos prazos estabelecidos. Maria é chefe do departamento de Ensino e Desenvolvimento e cria uma solução de ensino para atender às necessidades de João.

Analisemos o primeiro nível de avaliação, o mais básico deles: a satisfação dos participantes. Eles gostaram do programa de ensino ou não? Após o treinamento, Maria pergunta aos participantes quanto gostaram ou ficaram satisfeitos com o programa. Algumas pessoas usam o *Net Promoter Score* ou *NPS*, que é um exemplo de avaliação desse nível básico. (Também gosto de pedir que os estudantes comentem qual foi a importância do que aprenderam e se melhoraram os conhecimentos e habilidades.)

O segundo nível avalia se as pessoas compreenderam e aprenderam o conteúdo. Isso só se pode medir por meio de uma avaliação, visto que relatos pessoais podem ser inexatos. Contudo, é fácil usar ferramentas como Survey Monkey ou vídeos interativos como Hap

Yak para avaliar o entendimento do conteúdo. Maria avalia a compreensão dos participantes no tocante à execução dos planos de projeto, ao gerenciamento do tempo e ao controle de qualidade. Como os resultados revelam pouca compreensão de um dos elementos, Maria fornece materiais de reforço após o evento para sanar a lacuna.

O terceiro nível é a implementação, que verifica se as pessoas são capazes de aplicar aquele aprendizado ao trabalho. Lamento dizer que é aqui que muitos programas de ensino deixam a desejar. E é por isso que pensar como consultor é tão importante, pois permite que você e seus *stakeholders* tenham uma ideia clara dos comportamentos que precisam acontecer no trabalho, e a partir de quando precisam acontecer. É possível acompanhar isso observando o comportamento dos participantes ou procurando mudanças nas métricas que você identificou. João teria condições de observar e acompanhar as mudanças no comportamento da equipe.

O quarto nível diz respeito ao impacto do ensino e se a mudança de comportamento alterou as métricas naquele âmbito. Em nosso exemplo, veríamos um aumento na percentagem de entrega de materiais de *marketing* no prazo, bem como uma queda na percentagem de erros. Se isso não estiver acontecendo, Maria precisa trabalhar com João para ajustar a solução de ensino ou acrescentar mais elementos até que os resultados sejam alcançados. Se sua empresa está investindo tempo e dinheiro em ensino, é preciso que ele apresente os resultados necessários. Ponto final.

Por fim, o último nível é o cálculo do ROI (retorno sobre investimento), que consiste em medir a relação entre os custos da solução de ensino e a economia gerada pela mudança de comportamento. Existem três pontos que podemos mensurar aqui, e eles podem ser calculados em qualquer moeda:

1. **Você pode calcular a razão custo-benefício**, obtida dividindo-se os benefícios do programa pelos custos. Expressa como uma razão, os benefícios (retorno) de um investimento são comparados ao custo dele. Digamos que a solução de ensino de Maria custe 20 mil reais para ser lançada, mas, ao longo do tempo, ela gere uma economia de

35 mil, o que seria uma razão custo-benefício de 1,75 para 1. Isso significa que, a cada R$ 1 gasto por ela, a empresa recebeu R$ 1,75. É um bom retorno.

2. **Você também pode calcular o ROI**, que é expresso em porcentagem: subtraem-se os custos do programa do valor total de seus benefícios, e o resultado é dividido pelos custos do programa. Usando o mesmo exemplo, o ROI foi de 75%, o que significa que cada real rendeu 75% a mais em benefícios.

3. **Por fim, tem-se o prazo para retorno**, uma estimativa de quanto tempo leva para que o investimento seja recuperado. Para calculá-lo, divida os custos do programa pelo valor dos benefícios dele e, em seguida, multiplique o resultado por uma unidade de tempo (por exemplo: meses, semanas, etc.). No caso em pauta, usaremos 12 meses, de modo que o investimento na solução de ensino é recuperado em pouco mais de seis meses. Cada mês subsequente é exclusivamente benefício.

Nesses exemplos, acompanhamos custos financeiros efetivos em termos de dinheiro gasto e economizado. Mas é possível analisar todo tipo de custos e benefícios. Você pode estudar dados numéricos objetivos como custos, quantidade de produção, tempo, qualidade e energia, todos os quais se traduzem em dados financeiros. E existem

Cenário: Você implementa um programa de ensino que custa 20 mil reais e, depois de um tempo, ele rende 35 mil em economia de custos financeiros e/ou com pessoal.

CB = (x:y)	Benefícios do Programa / Custos do Programa	Exemplo:	R$35.000 / R$25.000	CB = 1,75:1 Cada R$1 gasto rendeu R$1,75 em benefício total
ROI = %	Benefícios do Programa / Custos do Programa X 100	– Exemplo:	R$35.000 - R$20.000 / R$20.000	ROI = 75% Cada R$1 gasto rendeu R$0,75 de benefício líquido
Prazo para Retorno =	Custos do Programa / Benefícios do Programa X Unidade de tempo	Exemplo:	R$20.000 / R$35.000 X 12 meses	Prazo para retorno = 6,84 meses O investimento no programa será recuperado em 6,84 meses

Três formas de calcular os benefícios de programas de ensino

outros indicadores "humanos" que têm um impacto fundamental em seu negócio, tais como serviços ao consumidor, criatividade e inovação, o desenvolvimento dos talentos existentes na empresa e a cultura da organização. A Tabela 5 traz exemplos de cada um deles.

Seja minucioso ao estudar as métricas que importam para sua organização. Utilize diferentes fontes de dados para pintar um quadro completo e preciso. Se quiser se aprofundar no assunto, recomendo a leitura dos livros de Jack Philips, pois vários deles apresentam estudos de caso e exemplos detalhados. Outra opção é fazer treinamentos oferecidos pelo Instituto ROI, criado por ele.

Como profissionais do ensino, temos de desenvolver programas que atendam aos cinco níveis de avaliação e acompanhar os resultados. Isso nos ajuda a mostrar o verdadeiro ROI do ensino, além de nos permitir corrigir o curso das coisas quando necessário e, assim, entregar sempre as métricas que importam para nossa organização.

Tabela 5. *Exemplos de diferentes custos financeiros e "humanos"*

	Tipos de Custos Financeiros e "Humanos"
Custos	Custos por unidade, custos indiretos, custos operacionais, variações, seguros, punições legais/multas, custos com acidentes, despesas de vendas
Quantidade de Produção	Unidades produzidas, toneladas fabricadas, itens montados, alunos formados, tarefas concluídas, contas abertas, pacotes despachados
Tempo	Tempo de resposta, tempo ocioso, horas extras, tempo do ciclo, tempo de chegada ao mercado, tempo de supervisão, paralisações laborais
Qualidade	Erros, desperdício, trabalhos refeitos, descartes, defeitos, itens insuficientes, falhas, acidentes
Energia	Água, combustíveis fósseis, alimentos, poluição, eletricidade, minérios, terra, árvores
Serviços ao Consumidor	Serviço, fidelidade, impressão, retenção, reclamações, devoluções, funcionários que "vestem a camisa" da empresa
Criatividade	Inovação, assunção de riscos, colaboração, novas ideias, alianças, parcerias
Desenvolvimento	Eficiência no trabalho, capacidade, desempenho, promoções, solicitações de transferência, funcionários que "vestem a camisa" da empresa, potencial
Cultura	Rotatividade de funcionários, reclamações, queixas, faltas, atrasos, engajamento, satisfação com o trabalho, lealdade

Sua Jornada de Aprendizado

Para esta seção, pense em um programa ou evento de ensino que você precise criar para outras pessoas. Use as seguintes perguntas para ajudá-lo a identificar possíveis estratégias que favoreçam seus objetivos.

- Aplique os três I's: Informação, Instrução, Inspiração. O que você poderia oferecer em cada categoria? As três são necessárias?

- Faça um esboço de como equilibraria comunicação, demonstração e experimentação. Que conteúdo e atividades você pode usar?

- Que questão ou problema esse ensino está tentando solucionar? Quais são as necessidades dos alunos?

- Tente usar as perguntas de consultoria do capítulo 37. Quais novos *insights* você teve?

- Identifique o ponto inicial e de encerramento do seu programa. Qual é o arco narrativo?

- De que maneiras você pode criar segurança para o grupo? Existem dinâmicas especiais ou pessoas específicas pelas quais você deveria se responsabilizar?

- Qual é a maior preocupação ou possível desafio nesse programa de ensino? Crie um plano, para estar preparado, caso aconteça.

- Como você pode mensurar o impacto de seu programa de ensino? Se conseguir, identifique opções para cada um dos cinco níveis de avaliação.

Como Criar uma Cultura de Aprendizado Focada em Crescimento

"Uma maçã tem dez sementes. Mas, quantas maçãs existem em uma semente? Você deve ajudar seus funcionários a aprender e crescer para que eles se tornem a mão de obra talentosa de que você precisará amanhã."

Martha Soehren, Chefe de Desenvolvimento
de Talentos, Comcast

44. Sua Cultura de Aprendizado

Nesta seção, estudaremos o último elemento do Modelo Trifásico de Aprendizado: uma cultura de aprendizado focada em crescimento.

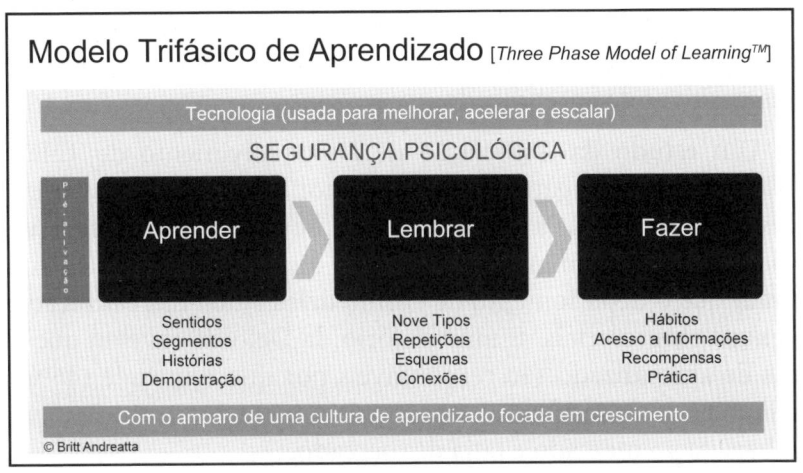

Modelo Trifásico de Aprendizado [Three Phase Model of Learning™]

Tecnologia (usada para melhorar, acelerar e escalar)
SEGURANÇA PSICOLÓGICA

Pré-ativação

Aprender » Lembrar » Fazer

Sentidos / Segmentos / Histórias / Demonstração

Nove Tipos / Repetições / Esquemas / Conexões

Hábitos / Acesso a Informações / Recompensas / Prática

Com o amparo de uma cultura de aprendizado focada em crescimento

© Britt Andreatta

Todos os elementos são sustentados por uma cultura de aprendizado focada em crescimento

Quer você saiba, quer não, sua organização *já* tem uma cultura de aprendizado. Toda organização tem a sua, pois os seres humanos são biologicamente programados para aprender e nós aprendemos todos os dias. Por vezes, esse aprendizado acontece em experiências formais, como um evento de treinamento, mas a maior parte do nosso aprendizado se dá por meio de constantes interações informais e curtas com colegas e chefes.

Embora os funcionários afirmem passar 40% do tempo deles no trabalho aprendendo, 80% desse aprendizado acontece fora de programas formais de instrução. Talvez eles estejam aprendendo novas informações ou habilidades que podem aplicar no trabalho, ou que os valores e a missão declarados pela empresa são atendidos de forma diferente do que supunham antes de trabalhar ali. E estão com certeza aprendendo se na organização existe espaço para correr riscos e cometer erros.

Sua organização está promovendo uma cultura positiva de aprendizado? Como já vimos, pesquisas mostram que uma cultura positiva de aprendizado aumenta as chances de sucesso de uma empresa.

Organizações com culturas de aprendizado ruins alimentam convencionalismo e estagnação, sofrem com a saída constante dos melhores talentos, esforçam-se para conservar os clientes e acabam perdendo espaço para a concorrência em muitas frentes. Podem parecer um pouco rentáveis no papel, mas, por fim, os custos do fator humano se igualam aos ganhos e elas fracassam. As organizações que não só vingam, mas florescem e prosperam, são aquelas que promovem culturas positivas de aprendizado.

Um estudo da Associação de Desenvolvimento de Talentos constatou que as organizações de melhor desempenho estão cinco vezes mais propensas a ter uma cultura de aprendizado que aquelas de desempenho ruim. Além disso, estão duas vezes mais inclinadas a afirmar que o departamento de ensino delas ajuda na realização dos objetivos empresariais. E um relatório da Deloitte revelou que culturas de aprendizado são responsáveis por quase metade (46%) da melhora geral de resultados empresariais, inclusive inovação, tempo de chegada ao mercado e fatia de mercado.

Cultura de aprendizado é um tema bastante debatido e você encontrará muitas publicações por aí tentando defini-la. Vejamos dois exemplos. De acordo com Josh Bersin, trata-se do "conjunto de valores, convenções, processos e práticas da organização que influenciam e incentivam indivíduos e a coletividade da organização a crescer continuamente em conhecimento, competência e desempenho." A Corporate Executive Board define-a como uma "cultura que defende uma mentalidade aberta, a busca independente por conhecimento e o aprendizado compartilhado voltado à missão e aos objetivos da organização."

O fio condutor parece ser que a cultura de aprendizado transcende os *workshops* e programas de treinamento realizados pela equipe de ensino. Tais eventos constituem, sem dúvida, uma grande parte do quadro, mas a *verdadeira* cultura de aprendizado reside nas crenças e atitudes das pessoas que estão ali – sobretudo no tocante a duas perguntas fundamentais: "Como ajudamos as pessoas a aprender, crescer e melhorar?" e, talvez a mais importante: "O que fazemos quando alguém falha ou comete um erro?".

Como já vimos, a verdade é que aprender e falhar estão intimamente ligados. Não se pode ter uma cultura de aprendizado positiva e vibrante se não existe uma cultura de que é seguro correr riscos e cometer erros. Ponto final. Mais uma vez, isso foi atestado por uma gama de pesquisas, dentre elas, a pesquisa sobre segurança psicológica feita pela dra. Amy Edmondson, professora de Harvard, um estudo global de cultura empresarial realizado pelo Google, e o trabalho da dra. Carol Dweck a respeito da mentalidade de crescimento. Reúno todos esses conceitos cruciais no que denomino Cultura de Crescimento [*Growth Culture*™].

A fim de ilustrar a enorme importância de aprender e falhar, uso uma árvore para representar uma Cultura de Crescimento saudável. Para que tenha um bom desenvolvimento e cresça com todo o seu potencial, uma árvore precisa estar enraizada no solo, e a qualidade desse solo determina o que vemos acima da superfície.

O solo representa como as pessoas são tratadas quando se arriscam e cometem erros. Essa é a base em que o sucesso da organização está alicerçado. Para ter uma árvore saudável, você precisa começar com bom solo. Se estiver em solo tóxico, ela nunca desenvolverá todo o seu potencial, não importa a quantidade de água e luz solar que receba. Nessa metáfora, a água e a luz solar representam as oportunidades de aprendizado e crescimento.

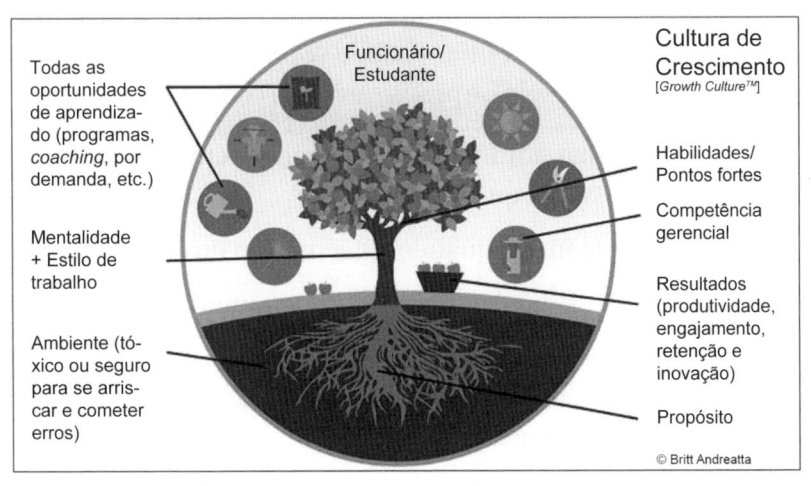

Elementos de Uma Cultura de Crescimento

Acrescente a isso coisas que promovam e acelerem o crescimento, como fertilizante, irrigação de raízes profundas e controle de pragas. Tudo isso acontece "acima do solo" e são os elementos em que a maioria das pessoas pensa ao falar de uma cultura de aprendizado – coisas como eventos de treinamento, programas de desenvolvimento de liderança, recursos de instrução *on-line*, etc.

No meio, você tem a árvore em si: um funcionário individualizado. Pense no tronco como a mentalidade e o estilo de trabalho. A raiz primária central da árvore representa o senso de propósito daquele indivíduo. Essa raiz atua como uma âncora que gera estabilidade durante toda a vida do funcionário e também pode ajudá-lo a suportar estressores laborais como uma mudança penosa, um chefe ineficiente ou colegas difíceis. Os galhos simbolizam as habilidades atuais do funcionário, as quais se desenvolvem com a idade e a experiência. A saúde geral da árvore revela a qualidade do solo e se ela está plantada em uma área que sustenta ou impede o crescimento. Por fim, podemos analisar a produtividade do funcionário em termos de qualidade, desempenho, eficiência e outras medidas de resultados. Os seres humanos são exatamente como árvores: quando estão se desenvolvendo bem, evoluem e se mostram muito produtivos.

Se quiser criar uma excelente cultura de aprendizado, você deve primeiro observar seu solo e avaliar como as pessoas na organização realmente tratam umas às outras quando se arriscam e cometem erros. Quanto ao solo ou "subsolo", é preciso levar em conta algumas questões:

- As pessoas admitem quando não sabem alguma coisa ou pedem ajuda quando precisam?
- O que acontece quando alguém falha ou comete um erro?
- Elas são ridicularizadas ou constrangidas, ou incentivadas a analisar o que aconteceu e tentar outra vez?
- Elas acabam sendo humilhadas, deixadas de lado, destituídas do cargo ou demitidas?
- As pessoas admitem seus erros e assumem a responsabilidade de corrigi-los, ou culpam os outros?

- Gerentes e chefes compartilham histórias de riscos que assumiram ou de como superaram um fracasso?

Como você pode ver, esse é um aspecto crucial de sua cultura. Os melhores programas de treinamento do mundo não serão úteis se as pessoas não se sentirem seguras o suficiente para ampliar o próprio raio de ação e crescer. O solo representa a segurança psicológica do ambiente. Os funcionários conseguirão tolerar um solo tóxico por algum tempo, mas, ao contrário das árvores, eles não permanecem em solo pobre para murchar e morrer. Em vez disso, desenterram as raízes e se transplantam para outra organização. Se você está enfrentando falta de engajamento e/ou alta rotatividade, provavelmente tem um problema com seu solo. É raro que a rotatividade aconteça por igual no âmbito da organização como um todo. Antes, ela tende a se concentrar em uns dois departamentos ou nas equipes de determinados gerentes.

Agora, olhemos o que acontece acima do solo. Existem muitas coisas que uma organização pode fazer para cultivar os funcionários. Dentre elas, oportunidades de aprendizado amplo, profundo e acessível, e a qualidade de tais programas. Organizações com uma cultura positiva de aprendizado colocam o aprendizado como o valor mais importante. Os líderes acreditam em aprendizado, investem em aprendizado e refletem isso em seu comportamento, além de reconhecer e recompensar o aprendizado de maneira constante. Pense nas seguintes perguntas:

- Gerentes e chefes agem como modelos, demonstrando compromisso com o próprio aprendizado e aprimoramento?

- Existem programas de ensino para todos os níveis de funcionários, dos recém-contratados até os mais altos executivos?

- O tempo de estudo e aprendizado é incentivado, apoiado e visto como parte do trabalho "de verdade"?

- O progresso e o aprimoramento são reconhecidos e recompensados por meio de processos formais e informais de avaliação de desempenho?

A combinação de todos esses fatores representa a *verdadeira* cultura de aprendizado de uma organização. Se quiser colher todos os benefícios que as pesquisas revelam, faça da criação de uma cultura de aprendizado focada em crescimento sua principal prioridade. O investimento de curto prazo que você fizer nas próximas semanas e meses será mais que compensado no longo prazo.

45. Benefícios de uma Cultura de Crescimento

Como agora sabemos, estudos e mais estudos mostram que uma cultura positiva de aprendizado oferece muitos benefícios, como melhorar toda sorte de métricas empresariais importantes. Vejamos alguns exemplos.

1. **Maior desempenho e produtividade dos funcionários na obtenção de resultados empresariais.** Um estudo da Bersin da Deloitte constatou uma correlação direta positiva entre cultura de aprendizado e desempenho. A cultura de aprendizado é responsável por 46% da melhora nos resultados empresariais gerais, como níveis mais elevados de inovação, menor tempo de chegada ao mercado e maior fatia de mercado. A mesma instituição descobriu que organizações com crescimento planejado – definido como "o grau de intencionalidade da organização na criação da cultura e das condições e experiências de aprendizado que fomentam o aprendizado e o desenvolvimento contínuo e constante dos funcionários" – tinham cinco vezes mais chances de obter resultados empresariais robustos e dez vezes mais chances de ter bons resultados a partir de experiências de aprendizado. De acordo com a Associação de Desenvolvimento de Talentos, "organizações que se comprometem a ajudar os funcionários a crescer verão o valor disso nos lucros."

2. **Maiores níveis de engajamento dos funcionários.** De acordo com pesquisas da Gallup, aproximadamente 16% dos empregados norte-americanos – e 19% dos empregados do

mundo – não trabalham com engajamento. E essa falta de engajamento tem um custo aproximado de 34% da remuneração anual de tais trabalhadores para as organizações. A McLean & Company realizou um estudo que constatou que um dos principais incentivos ao engajamento é a oportunidade de aprender. Além disso, ela também descobriu que, a cada 10% de melhoria na eficiência do ensino, o engajamento dos funcionários aumentava em quase 4%.

3. **Maior competitividade para atrair e conservar grandes talentos.** A capacidade de fazer com que os atuais funcionários cresçam e se desenvolvam é uma vantagem indiscutível na ferrenha competição pelos melhores talentos profissionais. A ADT concluiu que as organizações de alto desempenho estão três vezes mais propensas a usar sua cultura de aprendizado no recrutamento de novos talentos. Dados da Glassdoor apontam que "a possibilidade de aprender e progredir" é um dos maiores diferenciais para os *millenials* quando escolhem um lugar para trabalhar. E 42% deles dizem que provavelmente deixarão sua organização porque não estão aprendendo na velocidade desejada. Mas isso não se dá apenas com os *millenials*. Como mencionei na introdução, o relatório *2019 Human Capital Trends* da Deloitte constatou que a "oportunidade de aprender" está hoje entre os principais motivos pelos quais a maioria das pessoas aceita um emprego, e que a "impossibilidade de aprender e crescer" é a primeira razão alegada nos pedidos de demissão. Diante do poder do aprendizado, não surpreende que ela seja a primeira das dez tendências que hoje são priorizadas por organizações do mundo inteiro.

4. **Maior facilidade de adaptação efetiva a mudanças.** A adaptabilidade a mudanças é um diferencial-chave das organizações bem-sucedidas. Ainda assim, 90% dos CEOs acreditam que sua empresa está enfrentando mudanças drásticas. E 70% deles dizem que, no momento,

sua organização não tem as habilidades necessárias para se adaptar. Ai! O mesmo estudo constatou que os executivos veem o aprendizado como o primeiro motivador do desenvolvimento dos funcionários. E 84% deles classificam o aprendizado como importante ou muito importante. Um relatório recente do Fórum Econômico Mundial mostra que mais da metade de todos os funcionários do mundo precisará de uma requalificação significativa: "Em 2022, ao menos 54% de todos os empregados necessitarão de requalificação ou aprimoramento. Desses, a expectativa é que 35% precisem de treinamento adicional de até seis meses, 9% necessitem de requalificação com duração de seis a 12 meses, enquanto 10% precisem de treinamento em habilidades adicionais com duração de mais de um ano".

5. **Maior satisfação dos consumidores e receptividade a suas necessidades.** A Bersin da Deloite constatou que organizações com cultura de aprendizado de alto impacto tinham uma vantagem nítida junto aos consumidores por causa de suas notas 30% mais altas tanto em satisfação de clientes como em receptividade a suas necessidades, o que as colocava no 90º percentil, ao passo que as demais ficavam no 60º.

Diante disso, é surpreendente que apenas 30% das organizações, em média, tenham uma cultura de aprendizado, mas o desenvolvimento desse tipo de cultura está se tornando prioridade para líderes de todos os setores no mundo inteiro. De acordo com o *2019 Workplace Learning Report* [Relatório de 2019 sobre Aprendizado no Local de Trabalho] da LinkedIn Learning, 82% dos profissionais que estudam têm apoio executivo ativo para seu aprendizado e desenvolvimento.

Ao pensar em como criar sua própria cultura de aprendizado, tenha por foco o desencolvimento destas cinco características principais que os estudos mostram como essenciais para o sucesso:

- As estratégias de ensino da organização estão totalmente alinhadas com objetivos e resultados estratégicos dela.

- Os valores da organização fazem referência explícita à importância do setor de Ensino e Desenvolvimento (E&D).

- O setor de ensino conta com profissionais de ensino qualificados que sabem como gerar mudanças reais de comportamento.

- O aprendizado é um elemento natural do ecossistema de gestão de talentos da organização.

- O ensino é oferecido onde e quando é necessário, de modo a criar uma paisagem coesa de oportunidades de acesso.

É claro que nada disso pode realmente acontecer se as pessoas tiverem medo de se arriscar e cometer erros. Quando olhamos para todos os possíveis benefícios, fica evidente que cada real investido na criação de uma cultura positiva de aprendizado renderá muitas vezes mais.

O primeiro passo é respeitar a natureza sempre presente do aprendizado. Aprendizado não é um evento que se marca nem algo que é de propriedade de um departamento. No entanto, o departamento de E&D deve incentivar o diálogo e criar uma cultura e um ambiente em que o aprendizado seja celebrado e apoiado.

Lembre-se: o aprendizado acontece todos os dias em sua organização. As pessoas aprendem por si próprias, por experiência e exploração. Elas aprendem ao observar os outros e ao perceber quais comportamentos são recompensados e ignorados. Além disso, as pessoas aprendem umas com as outras naqueles momentos de aconselhamento e orientação. Embora isso aconteça com naturalidade e, na maioria das vezes, de forma inconsciente, é importante valorizarmos o aprendizado como caminho para a excelência. O processo de aprendizado envolve curiosidade, exploração, correr riscos e, acima de tudo, cometer erros. Ninguém consegue de fato chegar à excelência sem esses tropeços tão importantes. Isso significa que você precisa criar uma cultura em que seja seguro arriscar-se e cometer erros, em *todos* os departamentos, não apenas nos eventos de ensino. Isso também significa que as pessoas celebram os momentos "a-ha!" tanto quanto comemoram os resultados e êxitos. Vejamos algumas maneiras de cultivar culturas de crescimento.

Primeiro, assegure-se de que os gerentes sejam bons treinadores e orientadores. O treinamento e a orientação individual são ferramentas poderosas no processo de aprendizado. Quando aplicam a combinação certa de clareza e treinamento e orientação em habilidades, chefes e gerentes ajudam a desenvolver a competência e a confiança dos funcionários. Também sou uma grande fã dos modelos ou processos baseados em qualidades e pontos fortes, como a investigação apreciativa, porque ajudam os funcionários a descobrir como tirar proveito de seus picos de desempenho e transformá-los em ocorrências diárias.

Segundo, valorize o crescimento e o aprimoramento em seu sistema de desempenho. A maioria dos sistemas de classificação de desempenho se baseia em resultados, não em esforço. Contudo, se você avalia somente o desempenho das pessoas, perde a oportunidade de promover uma cultura positiva de aprendizado. Diversos estudos revelam que, quando avaliadas em termos de crescimento e aperfeiçoamento, as pessoas tomam a iniciativa de se aprimorar. Todos nós conhecemos profissionais excelentes que nunca crescem nem se aprimoram – eles conseguiram encontrar o emprego perfeito para suas habilidades atuais. E, embora possam estar fazendo um bom trabalho, não realizam seu máximo potencial. Também recomendo a avaliação do crescimento de cada funcionário, o que você pode mensurar pelo esforço investido em aprendizado, pelo aprimoramento apreciável em uma habilidade e pelo entusiasmo e vontade de crescer. Isso deve constituir um quarto ou um terço da avaliação geral para que, além de recompensar os funcionários de melhor desempenho, você também recompense aqueles que mais aprendem.

Terceiro, facilite o acesso ao aprendizado. Isso é fundamental. Uma cultura positiva de aprendizado reconhece e recompensa todo crescimento e aperfeiçoamento. O ensino sob demanda permite que os funcionários busquem e encontrem as próprias respostas quando mais precisam delas. Neurocientistas descobriram que as pessoas retêm esse tipo de aprendizado por muito mais tempo do que ao simplesmente ser instruídas sobre o que fazer. Isso também está em consonância com as melhores práticas da teoria do aprendizado de adultos. Pessoalmente, adoro cursos *on-line*. Quando sinto que não consigo avançar, preciso de uma resposta rápida. Não me será de grande ajuda fazer a inscrição para um curso que acontecerá daqui a três semanas e me obrigará a ficar sentada durante uma aula de quatro horas para conseguir a resposta de que preciso. Nessas situações, prefiro assistir a um vídeo curto que posso acessar em qualquer dia e horário com um dispositivo inteligente.

É possível disponibilizar todo tipo de aprendizado de valor para os funcionários, e você perceberá que a tecnologia deve ser um componente essencial de sua estratégia de ensino. E, lembre-se, nem todo tipo de ensino funciona para todo tipo de pessoa ou situação. Por isso, é preciso lançar mão do ensino híbrido para maximizar as opções. O ensino presencial pode contextualizar o ensino para sua organização e criar oportunidades para a aplicação prática e a colaboração. A instrução *on-line* é perfeita para o aprendizado no ritmo do aluno e como preparação para um evento presencial.

Veja, você tem uma *mina de ouro* esperando para ser explorada. Seus funcionários têm o potencial de impulsionar a organização a alturas ainda maiores. Se você criar uma cultura positiva de aprendizado, com certeza colherá os muitos benefícios que o ensino proporciona e colocará sua organização na rota do sucesso.

46. Mapeamento do Ensino para o Desenvolvimento Organizacional

Organizações crescem e mudam de forma previsível, passando por vários estágios de desenvolvimento. Cada mudança exige novas habilidades dos líderes e funcionários da organização. Como profissional de desenvolvimento de talentos, sua tarefa é cultivar o potencial de sua organização e seu pessoal. Saber determinar o estágio de desenvolvimento da organização e, o que é ainda mais importante, identificar a fase subsequente de seu crescimento o ajudará a antever necessidades empresariais e estar munido das soluções corretas de ensino.

Utilizo a Curva de Greiner para avaliar qualquer organização com a qual eu esteja trabalhando. O dr. Larry Greiner é professor da Escola Marshall de Administração da USC e suas pesquisas identificaram seis fases distintas pelas quais as organizações passam em função de idade e tamanho. Pode haver enormes variações na velocidade com que uma organização atravessa as fases, de meses a décadas. Por exemplo, uma grande instituição financeira tradicional terá um avanço muito mais lento e gradual do que uma *start-up* de tecnologia, que cresce com rapidez.

De acordo com a Curva de Greiner, toda fase de crescimento acaba levando a um momento de crise, quando a estrutura atual já não consegue atender às necessidades da organização. Esses momentos críticos impõem mudanças, transformando a empresa e levando-a à fase seguinte. Então, ela pode experimentar um período de relativa estabilidade até chegar ao próximo ponto de crise. Veja se você consegue identificar a fase atual de sua organização:

1. **Crescimento por meio de criatividade**. Nesta fase, os fundadores constituem a organização. Ela começa pequena, por isso, as pessoas desempenham muitas funções e a comunicação é espontânea e informal. Mas a organização cresce e isso leva ao momento de crise na liderança, em que é preciso adotar uma administração profissional para gerenciar as diversas funções, como marketing e recursos humanos (RH).

2. **Crescimento por meio de direção.** Inserem-se novos líderes para gerenciar diversas funções, e a organização continua a desenvolver novos produtos e serviços. Em algum momento (mais uma vez, de meses a décadas depois), a quantidade de produtos ou serviços oferecidos pela empresa é grande demais para que os líderes a monitorem, o que gera o momento de crise na autonomia, em que é preciso delegar trabalho e autoridade a outras pessoas.

3. **Crescimento por meio de delegação.** A alta diretoria cria níveis de hierarquia para que possa se envolver cada vez menos nos detalhes cotidianos da atividade e, assim, concentrar-se na estratégia de longo prazo da empresa. No entanto, essa transição costuma ser atabalhoada, pois os novos líderes talvez não estejam preparados para assumir o comando, ou os diretores máximos tenham dificuldade de abrir mão do controle, microgerenciando sua equipe. Além disso, o próprio tamanho da organização começa a exigir demais das políticas e canais de comunicação existentes, gerando o momento de crise no controle, em que diferentes partes da empresa precisam trabalhar melhor juntas. É na fase 3 que começam a surgir inconsistências problemáticas em tudo, de processos orçamentários a avaliações de desempenho.

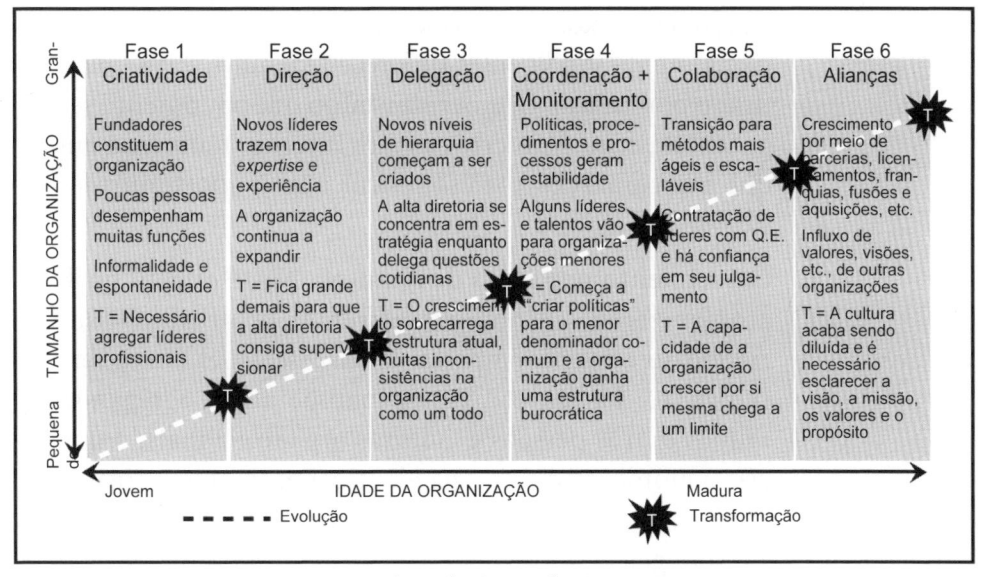

	Fase 1 Criatividade	Fase 2 Direção	Fase 3 Delegação	Fase 4 Coordenação + Monitoramento	Fase 5 Colaboração	Fase 6 Alianças
TAMANHO DA ORGANIZAÇÃO (Pequena → Grande)	Fundadores constituem a organização. Poucas pessoas desempenham muitas funções. Informalidade e espontaneidade. T = Necessário agregar líderes profissionais	Novos líderes trazem nova *expertise* e experiência. A organização continua a expandir. T = Fica grande demais para que a alta diretoria consiga supervisionar	Novos níveis de hierarquia começam a ser criados. A alta diretoria se concentra em estratégia enquanto delega questões cotidianas. T = O crescimento sobrecarrega a estrutura atual, muitas inconsistências na organização como um todo	Políticas, procedimentos e processos geram estabilidade. Alguns líderes e talentos vão para organizações menores. T = Começa a "criar políticas" para o menor denominador comum e a organização ganha uma estrutura burocrática	Transição para métodos mais ágeis e escaláveis. Contratação de líderes com Q.E. e há confiança em seu julgamento. T = A capacidade de a organização crescer por si mesma chega a um limite	Crescimento por meio de parcerias, licenciamentos, franquias, fusões e aquisições, etc. Influxo de valores, visões, etc., de outras organizações. T = A cultura acaba sendo diluída e é necessário esclarecer a visão, a missão, os valores e o propósito
	Jovem		IDADE DA ORGANIZAÇÃO		Madura	

- - - - Evolução   T Transformação

As seis fases da Curva de Greiner

4. **Crescimento por meio de coordenação e monitoramento.** Criam-se novas políticas e procedimentos para estabelecer uma estrutura. De início, o esforço é bastante útil,

gerando estabilidade e coerência com o escopo mais amplo da organização. Mas, depois de um período, parece que a organização já não consegue parar de criar políticas para (ou policiar?) o comportamento inadequado de alguns indivíduos ou o menor denominador comum. Isso leva ao momento crítico na burocracia, em que a estrutura burocrática se torna opressiva. Essa fase costuma vir acompanhada de um êxodo de funcionários e líderes mais antigos, que preferem a liberdade desestruturada e informal das primeiras três fases, mas também é uma oportunidade de trazer novas pessoas que tenham experiência nos demais estágios de crescimento.

5. **Crescimento por meio de colaboração.** Para se desengessar, a organização dá uma guinada, substituindo a burocracia por um leque de sistemas escaláveis e ágeis que permitem maior flexibilidade. Em vez de um sistema rígido de tomada de decisões, confia-se em líderes emocionalmente inteligentes que recebem autorização para usar o bom senso. Greiner constatou que o momento seguinte de crise é no crescimento interno, momento em que a organização precisa buscar novas oportunidades fora de seu âmbito.

6. **Crescimento por meio de alianças.** Neste estágio final, a organização só consegue enfrentar os desafios associando-se a outras empresas mediante ações como terceirização, fusões, etc. Essa expansão acaba agregando muitas outras pessoas e culturas organizacionais, o que cria o momento de crise na identidade, em que a organização precisa voltar a se concentrar em sua visão, missão e estratégia.

Não é raro encontrar-se na fronteira entre duas fases. Também é comum que a parte central do negócio esteja mais desenvolvida e em uma fase diferente dos setores mais novos ou recentes. Quando faço reuniões com líderes, peço que identifiquem a fase geral, bem como as fases de cada um dos setores, pois isso pode fornecer informações valiosas para o desenvolvimento de soluções de ensino efetivas. Eu gostaria de pedir que faça o mesmo – você consegue identificar em que ponto do modelo sua organização está? E, mais importante ainda, sabe dizer qual momento de crise e transformação está a caminho?

Depois de avaliar onde está a organização (ou departamento) na Curva de Greiner, use essa informação para criar estratégia e soluções de ensino próprias. Essa é uma parte crucial de seu papel como parceiro estratégico da empresa.

Descobri que o ensino precisa mudar a cada fase. Todas as habilidades fundamentais, como comunicação, colaboração, produtividade e inovação, apresentam características diferentes nas diversas fases. Por exemplo, alguém que seja fantástico em inovação na fase 2 pode andar totalmente às cegas na fase 5, porque o processo e o escopo da inovação mudam.

O que constitui "boa" gestão e liderança também muda em cada fase. Um líder excelente na fase 3 pode ou não ser capaz de exercer uma liderança eficiente na fase 4.

É por isso que recomendo que você aplique a Curva de Greiner ao mapear sua estratégia de ensino. É preciso desenvolver e entregar diferentes tipos de programas com o passar do tempo, e muitas organizações desenvolvem de maneira equívoca *O Treinamento Gerencial* ou *O Workshop* sobre Comunicação – como se uma única solução servisse para tudo, para sempre. Tais programas podem ser implementados e até gerar bons resultados iniciais, mas acabarão atrasando o crescimento da organização porque permanecerão estáticos, enquanto a empresa muda e se transforma.

Para ter uma estratégia de ensino sólida, estruture-a de acordo com sua fase atual *e* com as fases subsequentes, para que você possa estar à frente na curva (por assim dizer), entregando as soluções necessárias no momento certo. Identifique ainda programas diferentes para gerentes, líderes e funcionários ou colaboradores individuais.

Se a organização estiver na fase 1 ou 2, você terá apenas algumas opções a oferecer, mas elas serão valiosíssimas para ajudar seus talentos a ter sucesso diante dos desafios e oportunidades que surgirem.

E, à medida que a organização cresce e passa para as fases 3 e 4, é preciso desenvolver mais programas novos para atender às necessidades do negócio. Em outras palavras, suspenda o que estava funcionando bem e redirecione tais recursos para atender aos *novos* desafios e oportunidades da organização. O momento de fazer isso dependerá da velocidade com que a empresa cresce e passa pelas fases. Empresas de crescimento rápido precisam dar guinadas rápidas e frequentes.

É isso que significa ser um parceiro estratégico de sua organização, e ser eficiente nesse papel é decisivo. Profissionais do ensino não costumam ocupar lugares nos conselhos executivos, mas deveriam. Se isso não lhe for dado de início, transforme-o em um objetivo, ajudando a organização a ter êxito na atual fase de crescimento e, acima de tudo, a começar a se preparar para a seguinte.

Em minha experiência, quando veem que consigo antever com precisão o que acaba acontecendo, os líderes percebem que o departamento ou setor de ensino e desenvolvimento é mais que apenas "treinamento": é uma vantagem crucial e competitiva que eles querem aproveitar. Por exemplo, todos nós sabemos que identificar, recrutar e conservar os talentos que ajudam as organizações a prosperar é caro e demorado. No entanto, se aplicarmos a Curva de Greiner, conseguiremos ver que os funcionários são inevitavelmente atraídos por determinadas fases de crescimento organizacional. Alguns adoram a fase inicial, enquanto outros florescem na fase das alianças.

Já se foi o tempo em que os funcionários permaneciam na mesma organização até se aposentar. Hoje, eles buscam o lugar em que melhor se encaixam, ficando em uma organização ao longo de duas fases. Se você souber disso, conseguirá prever quando provavelmente haverá algum atrito. Por exemplo, funcionários que adoram as fases 1 e 2 costumam se sentir desconfortáveis durante a transição para as fases 3 e 4, quando percebem que as coisas estão ficando grandes ou burocráticas demais. E, embora seja desconcertante vê-los indo embora, você pode passar a contratar talentos experientes de outras organizações maiores, pessoas que talvez estejam prontas para ocupar cargos mais elevados em uma estrutura menor e que têm as habilidades certas para ajudar sua organização a ter sucesso.

Além disso, a estratégia de ensino adotada deve identificar grandes talentos em potencial (também chamados *HiPos* em inglês) e começar a prepará-los para o próximo momento de crise da organização e início da fase subsequente, de modo que estejam prontos para assumir os novos papéis e responsabilidades. Isso ajudará a evitar a contratação de muitas pessoas de fora, o que pode diluir a cultura da empresa e desestimular funcionários que se empenham em busca de oportunidades na carreira.

Consciência Organizacional

Embora a Curva de Greiner seja um excelente modelo de crescimento organizacional, outro fator que promove mudanças nas organizações é a evolução de sua consciência. A pesquisa de Frederic Laloux sobre esse tema revela alguns avanços muito interessantes, compartilhados no livro *Reinventing Organizations: A Guide to Creating Organizations Inspired by the Next Stage of Human Consciousness*. Tony Hsieh, CEO da Zappos, é um admirador do trabalho de Laloux e faz uso dele para gerar mudanças deliberadas na consciência de sua empresa.

Neurocientistas, biólogos, psicólogos, sociólogos e antropólogos que estudam a consciência humana descobriram que ela se desenvolve por estágios, que são classificados por cores. Laloux percebeu que o desenvolvimento organizacional reproduz esses estágios da consciência humana e que, assim como os seres humanos evoluem, também evoluem as organizações criadas por eles.

Como no modelo de Greiner, a consciência humana evolui em súbitas transformações. Atualmente, a consciência está evoluindo mais depressa, e foram identificados cinco níveis de consciência que vêm atuando na construção de organizações ao longo dos últimos duzentos anos. Nas palavras de Laloux: "Toda transição para um novo estágio de consciência deu início a uma nova era na história humana. A cada situação de crise, tudo mudava: a sociedade, a economia, as estruturas de poder [...] e os modelos organizacionais". Ele descreve cada estágio organizacional atribuindo-lhe uma cor, a começar pelo infravermelho e o magenta até chegar ao verde-azulado ou verde-petróleo – o último nível que está se fazendo visível agora.

	VERMELHO Impulsivo	ÂMBAR Tradicionalista	LARANJA Conquistas	VERDE Pluralista	VERDE-AZULADO Evolucionário
Descrição	Floresce no caos. O líder exerce o poder constantemente. Controle pelo medo. Altamente reativo e de curto prazo	Papéis hierárquicos extremamente formais. Comando e controle vêm do topo. Estabilidade por meio de processos rigorosos.	O foco está no lucro, na competição e no crescimento. Inovação é a chave. Administração por objetivos.	Está dentro da pirâmide clássica. O foco está na cultura, nos valores e no engajamento dos funcionários.	A organização é um sistema vivo. O foco é evoluir para um todo integrado e com autenticidade.
Principais Avanços	Divisão de trabalho Comando e autoridade	Papéis formais Processos rigorosos	Inovação Responsabilidade Meritocracia	Incentivo Cultura de valores Stakeholders	Autogestão Integralidade Propósito evolucionário
Metáfora Orientadora	Matilha de lobos	Exército	Máquina	Família	Organismo vivo
Exemplos Atuais	A Máfia Milícias tribais Gangues de rua	Forças Armadas A maioria das agências governamentais Escolas públicas Igreja Católica	Multinacionais Escolas públicas autônomas	Organizações movidas por sua cultura (ex.: Southwest, Ben & Jerry's, Google)	Organizações movidas por consciência (ex.: Patagonia, Favi, Morning Star, AES, Sounds True)
"Boas" decisões são aquelas que...		Atendem aos desejos do líder.	Estão de acordo com as normas sociais.	Geram eficiência e sucesso. São racionais e lógicas.	Geram pertencimento e harmonia. Baseiam-se em processos pessoas/sentimentos	Refletem retidão interna. São úteis. São racionais e intuitivas.

A evolução da consciência em organizações

As organizações verde-azuladas ou verde-petróleo estão apenas começando a surgir, mas nem todas são jovens *start-ups*. Em seu livro, Laloux menciona 11 organizações de tamanhos variados (entre 600 e 40 mil funcionários), espalhadas por uma vasta gama de atividades, como vestuário, manufatura, tecnologia e assistência médica. Ele descreve as organizações como sistemas vivos com um direcionamento próprio que precisa ser ouvido. Com isso, a estrutura organizacional deixa de ser hierárquica para se tornar um conjunto de equipes mais localizadas e colaborativas. Essa mudança inaugura novos modelos de tomada de decisão, de responsabilidades dos cargos e de gestão de desempenho. Conhecida como holacracia, seus principais avanços são a autogestão, a integralidade e a autenticidade. São exemplos atuais: Patagonia, Morning Star e AES (uma empresa global de energia).

E Laloux é apenas um dentre os vários autores que falam a respeito da intersecção de consciência e negócios – essa noção não é tão estranha como você imagina. Já vi sinais claros dessa evolução de consciência em organizações e isso está na raiz de muitas iniciativas de transformações e mudanças no que os funcionários querem e no que motiva seu engajamento.

É importante observar que, embora se trate de um processo evolutivo, algumas organizações ficam atreladas a determinado estágio porque ele é o que melhor se adequa à sua missão e ao seu trabalho. Por exemplo, é provável que as Forças Armadas permaneçam sempre no estágio Âmbar/Tradicionalista, pois precisam ser bem-sucedidas em ambientes geralmente caóticos e perigosos, nos quais o cumprimento de processos rígidos é fundamental. Isso não significa que não adotarão alguns elementos de outros estágios, mas que sua estrutura básica e funcionamento continuarão no estágio âmbar.

Na maioria das organizações atuais, vejo uma mistura de consciências laranja e verde. Muitas organizações ainda estabelecem objetivos estratégicos e táticos usando a terminologia da administração por objetivos (APO) ou dos indicadores-chave de desempenho (KPIs) e mensuram produtividade e sucesso em termos de realização de objetivos. Ao mesmo tempo, as empresas estão demonstrando alguns elementos da consciência verde em sua competição por talentos, sobretudo entre os *millenials* e funcionários com formação técnica. Elas criam culturas voltadas para valores e se concentram no engajamento dos funcionários. Além disso, há um sentimento de "família" dentro das organizações: os líderes buscam a contribuição dos funcionários e se esforçam para criar um ambiente de incentivo para eles.

Já vi indícios que corroboram o modelo de Laloux em todos os lugares em que trabalhei, quer como funcionária, quer como consultora. Por isso, eu o considero uma ferramenta essencial na análise de organizações. Recomendo veementemente que você leia o livro de Laloux e confira alguns dos vídeos e recursos que ele disponibiliza no *website* ReinventingOrganizations.com. As pesquisas riquíssimas e descrições detalhadas me ajudaram muito a usar seu modelo em meu trabalho.

Obviamente, a evolução consciente das organizações instiga muitas iniciativas de mudança à medida que os diferentes estágios são inaugurados. Tais mudanças têm origem na consciência dos funcionários, dos líderes ou dos consumidores, e todos eles precisarão dos programas e eventos de ensino adequados para garantir o sucesso.

47. Como Criar uma Paisagem de Aprendizado Coesa

Pesquisas mostram que aprendizado e desenvolvimento são absolutamente indispensáveis ao sucesso de toda e qualquer organização. Muitos estudos revelam que o aprendizado é um fator-chave para aumentar o engajamento dos funcionários, bem como para atrair e conservar grandes talentos. Além disso, o aprendizado é a única forma de uma organização crescer e melhorar. Organizações bem-sucedidas têm uma cultura que incentiva e possibilita que todo indivíduo aprenda com as próprias experiências e desenvolva cada vez mais excelência em suas habilidades.

No entanto, o papel essencial do setor de E&D pode ficar enfraquecido se não for situado de forma correta desde o início. Na evolução organizacional, a função de RH costuma surgir primeiro. Afinal, no momento em que os fundadores contratam os primeiros funcionários, surge a necessidade real e premente de lidar com remuneração e benefícios, folha de pagamento e cumprir a legislação trabalhista, que se torna cada vez mais complexa. E, como uma das prioridades do RH é a minimização de riscos, a preocupação com o ensino tende a surgir na forma de treinamentos de obediência às normas, seguidos de perto por treinamentos de gestão para solucionar problemas oriundos da atuação de alguns líderes inaptos.

Se você não agir de maneira deliberada no sentido de transformar a atuação do setor de ensino e desenvolvimento em uma parceria empresarial estratégica, ele continuará atuando apenas na minimização de riscos, que é importante, mas não leva ao sucesso de uma organização no longo prazo.

É seu dever garantir que o setor de ensino comande a atividade de maximizar o potencial dos talentos da organização. Estabeleça parcerias com líderes e profissionais de RH. Marque as reuniões e faça ótimas perguntas de consultoria. Investigue a fundo as necessidades dos diversos setores e a condição atual das habilidades, capacidades e atitudes dos funcionários.

Estude o que os melhores funcionários estão fazendo para destacar-se dos demais. Tenha clareza do que é máximo desempenho na sua fase atual da Curva de Greiner e na seguinte. Ao fazer as reuniões, dedique o tempo necessário à identificação do estado ideal de coisas e registre as descobertas em um documento compartilhado.

Isso lhe dará um quadro real do que é necessário, ajudando-o a priorizar iniciativas de ensino, e também será útil para travar discussões importantes sobre atração, gestão e desenvolvimento de talentos, dando origem às diretrizes de programas para seus *"HiPos"* e para todos os grupos de funcionários e setores. Será de grande ajuda, ainda, no planejamento de sucessões, garantindo que todo funcionário essencial seja assistido por um sucessor viável que esteja preparado para assumir o cargo quando necessário.

Essa estratégia de ensino deve ser amplamente compartilhada com os principais *stakeholders*, para que você consiga apoio e recursos. Você também deve conduzir a execução de sua estratégia de ensino, respondendo pela entrega dos resultados que importam para a organização.

Ao construir de maneira deliberada uma cultura positiva de aprendizado, um de seus objetivos deve ser a criação de uma paisagem coesa em que todos os tipos e formas de aprendizado possam coexistir. Se não o fizer, o aprendizado pode se dispersar rapidamente e enfraquecer em vez de atender aos objetivos estratégicos da organização. Não estou falando de um sistema de gestão de ensino nem de um catálogo de opções – embora tais coisas tenham um papel a cumprir, com certeza – mas de uma estratégia de ensino que dê espaço para que todos os tipos de aprendizado sejam reconhecidos e organizados.

Deixe-me dar o passo a passo disso. Primeiro, avalie sua atual paisagem de aprendizado, de preferência com um grupo de pessoas, para conseguir o máximo possível de informações. Crie uma lista principal que indique onde e como o aprendizado acontece na organização – não apenas as atividades criadas ou contratadas pela equipe de E&D, mas todo tipo de aprendizado que acontece na organização como um todo e também fora dela.

Recomendo que faça duas rodadas de avaliação. Isso permite criar uma matriz de diferentes formas ou formatos de ensino organizados em categorias: informação, instrução e inspiração. Na categoria da instrução, utilize aqueles que têm elementos de comunicação, demonstração e experimentação. Por fim, transforme a matriz em uma planilha para reorganizar os dados de várias maneiras, editá-los e acrescentar novos conforme a necessidade.

Segundo, analise o cenário a partir da perpectiva dos estudantes. Como eles identificam e buscam oportunidades de aprender? Às vezes, procuram pelo título do emprego ou nível do cargo, e em geral pesquisam por habilidade ou tópico. Em qualquer das hipóteses, mapear habilidades ou competências organizadas ou codificadas por nível, de iniciante a especialista, é um método que funciona bem.

Ao chegar a uma compreensão minuciosa das oportunidades de aprendizado existentes (ou que deveriam existir), desenvolva uma paisagem de ensino que tenha espaço para tudo. Essa paisagem será um documento ou *website* de ensino bem visível que possibilitará que os funcionários naveguem por todos os recursos disponíveis. Aqui, seu objetivo é duplo: facilitar que os estudantes encontrem oportunidades de aprendizado que lhes sejam significativas e permitir que vejam tais oportunidades como parte da experiência que a organização oferece aos funcionários. Por exemplo, se sua empresa envia um funcionário para uma conferência relacionada à área de atuação, qual seria o melhor retorno desse investimento? O funcionário pensar: "Nossa, aprendi tantas coisas novas e incríveis naquela conferência", ou: "Nossa, aprendi tantas coisas novas e incríveis naquela conferência porque minha empresa tornou isso uma prioridade para mim. Que lugar fantástico para trabalhar". É claro que é a segunda alternativa, mas, para fazer essa conexão, o funcionário precisa enxergar tais coisas como *parte da paisagem de aprendizado da empresa*.

Faça isso por meio de *branding* e *marketing* da estratégia de ensino, de modo que ela fique sempre visível a todos os membros de sua comunidade e se torne a referência confiável de aprendizado. Desenvolva-a de uma forma que exalte a visão, a missão e os valores da empresa.

A maioria dos sistemas tradicionais de gestão de ensino não é flexível o bastante para refletir com exatidão todas as opções de aprendizado existentes, conseguindo abrigar apenas uma quantidade limitada de conteúdo. Por isso, muitas organizações criam seu próprio *site* ou portal de ensino como via de acesso às diversas opções e experiências, oferecendo, assim, um mapa de ensino intuitivo com espaço para todos os tipos de aprendizado. Alguns produtos funcionam mais como plataforma que hospeda todos os tipos de ensino e conteúdos diversos, criando caminhos intuitivos que permitem que os estudantes acompanhem e mensurem o próprio progresso e aperfeiçoamento. Confira opções atuais como Degreed e Pathgather, mas, lembre-se, essa área está em constante evolução, por isso, fique atento a novos avanços e tendências. Considero o eLearningIndustry.com e o TrainingIndustry.com excelentes fontes de informação, em conjunto com a conferência anual e exposição internacional da Associação para Desenvolvimento de Talentos e os programas de Elliott Masie.

Por fim, em sua nova paisagem de ensino, você precisará distinguir dos demais tipos as experiências de aprendizado oficialmente verificadas, aprovadas ou em consonância com a organização. A curadoria dessa lista será muito útil para os estudantes: quando fizeram a escolha entre o número esmagador de opções, eles conseguirão saber quais foram aprovadas por você. Pense em um símbolo, cor ou outro indicador que possa usar para distingui-las. Ter uma paisagem de aprendizado coesa será um suporte direto à criação de uma cultura positiva de aprendizado e, o que é ainda mais importante, ajudará os estudantes a navegar pelas muitas oportunidades maravilhosas que os aguardam.

Uma paisagem coesa une muitas peças para prover aprendizado

48. Como Fazer Curadoria de Conteúdo e Compartilhar Conhecimento

Você já fez uma busca *on-line* de algo que precisava para o trabalho? Não é absurda a quantidade de informações que aparece e o número de soluções à escolha em uma simples busca como "ensino *on-line*"? A tecnologia tornou a busca por respostas algo tão fácil como apertar um botão – mas esse apertar de um botão pode simplesmente nos soterrar. Depois de identificar quais resultados são publicidade e quais parecem confiáveis, ainda resta uma aparente quantidade infinita de opções. Quais delas você deve explorar? Em que ordem?

Seus estudantes passam pela mesma experiência, de certo modo. Começam com uma necessidade, mas são logo soterrados por opções – muitas das quais, inúteis. Essa é uma das formas pelas quais a curadoria de conteúdo ajuda a orientar os estudantes: possibilitando que eles não se deixem levar pelo ruído. Fazer curadoria de conteúdo significa que você seleciona as melhores opções e as mais relevantes e facilita o acesso a elas. Faço isso o tempo todo. Por exemplo, ainda que eu desenvolva uma solução de ensino excelente sobre como conduzir mudanças, adoro oferecer a meus alunos condições para que estendam o aprendizado. Desenvolvo uma lista com uma variedade de opções que estão em consonância com o material principal criado por mim, mas também posso oferecer um mergulho mais profundo no tema ou um método alternativo que se mostre mais adequado a diferentes tipos de aluno. Seguem algumas ideias que foram úteis para mim:

- **Compartilhe artigos:** Gosto de oferecer *links* de artigos atuais a respeito de determinado tópico, sempre em busca de conteúdo novo e recente. Verifico os artigos para me certificar de que vêm de fontes confiáveis como *Harvard Business Review*, *Fast Company*, *Forbes*, etc. Prefiro conteúdos baseados em pesquisas ou melhores práticas e uso textos com "opiniões" apenas se escritos por especialistas da área ou autoridades no assunto, como um diretor executivo de uma empresa famosa, e/ou que ofereçam um contraponto para criar equilíbrio.

- **Compartilhe livros e capítulos de livros:** Alguns alunos gostam da profundidade e da amplitude que os livros oferecem acerca de um assunto. Crio *links* para livros que já verifiquei e recomendo, incluindo na lista as versões impressa e em áudio. Você também pode pagar assinaturas de bibliotecas virtuais se quiser disponibilizar tais livros para seus funcionários. Pode ainda recomendar um capítulo de um livro, ou mesmo inserir a leitura de um capítulo em sua solução de ensino. (Nesse caso, será preciso entrar em contato com o editor para ver como conseguir permissão de uso daquele capítulo para seus alunos.)

- **Compartilhe vídeos:** Eu adoro as *TED talks*, que apresentam ideias inovadoras de autoridades em determinados assuntos em menos de 20 minutos. Muitas dessas autoridades e também autores têm vídeos em seus respectivos *websites*, para os quais também é possível criar *links*. Desenvolvi vários cursos para a LinkedIn Learning, por isso, sempre crio uma *playlist* com os cursos inteiros ou com vídeos de um leque de cursos (meus e de outros professores). Recomendo que você explore a *playlist* e os recursos de aprendizado passo a passo da plataforma.

- **Não se esqueça de *podcasts* e *websites*:** Existem muitas opções excelentes hoje em dia e, oferecendo uma ampla variedade, você consegue atender às diferentes necessidades de alunos adultos.

- **Dê os créditos dos materiais:** Sempre faço questão de compartilhar as fontes dos materiais que usei na criação de minhas soluções de ensino. Como você notou neste livro, por exemplo, valorizo muito o trabalho de Dan Pink sobre motivação, e o trabalho de Brené Brown a respeito de vulnerabilidade. Essas pesquisas estão inseridas em algumas de minhas próprias soluções de ensino – com os devidos créditos, obviamente – dessa forma, incentivo os alunos a estudar aqueles trabalhos mais a fundo.

- **Lembre-se da logística:** Você precisará decidir como e onde hospedar os conteúdos da curadoria. Em organizações pequenas, o conteúdo pode ficar armazenado em um *drive* compartilhado. Com o crescimento da organização, talvez seja necessário disponibilizar os materiais para pesquisa por meio de um *website* ou outro portal *on-line*. Essa pode ser uma ótima maneira de fazer parcerias com seus colegas dos setores de tecnologia e comunicação.

Alguns alunos mergulharão fundo, devorando tudo o que for recomendado. Outros não o farão de imediato, mas talvez o façam no futuro, quando surgir algo que gere uma necessidade daquelas informações.

Por isso, crie o hábito de fazer a curadoria de conteúdos adicionais para suas soluções de ensino, com o objetivo de construir uma cultura de aprendizado e incentivar os estudantes a acelerar o próprio crescimento. Certifique-se apenas de verificar tudo primeiro – é importante ter certeza de que o conteúdo está em consonância com o contexto e a cultura da organização, e que a qualidade esteja à altura da marca do seu programa de ensino.

Incentive o Compartilhamento de Conhecimento

Quais aprendizados de qualidade acontecem em sua organização hoje? Talvez um funcionário de um departamento tenha encontrado um excelente recurso *on-line* que ajude a solucionar um problema persistente, permitindo que o trabalho siga adiante. Pode ser que um gerente de outro departamento ofereça uma ótima orientação que melhora os resultados da equipe. Dois colegas de um terceiro departamento podem estar trabalhando juntos para inovar e criar uma solução para um problema de vários setores – eles se cumprimentam batendo as mãos e seguem trabalhando. Torne esses momentos de aprendizado mais visíveis e fáceis de compartilhar com outras pessoas na empresa.

Ao incentivar o compartilhamento de conhecimento, você aproveita aqueles momentos especiais de *insight*, aperfeiçoamento e inovação de modo que possam ser usados por todos. E mostra que a organização valoriza e promove todos os tipos de aprendizado. Na realidade, estudos revelam que o compartilhamento de conhecimento é um grande diferencial das organizações de excelente desempenho, e que nelas os funcionários compartilham conhecimento em um ritmo quatro vezes maior do que nas organizações de baixo desempenho.

Aqui estão algumas maneiras de incentivar que o conhecimento seja compartilhado. Primeiro, crie uma forma de as pessoas compartilharem histórias sobre seus momentos de aprendizado. Isso dependerá da tecnologia à disposição e pode incluir o envio de *e-mails* à equipe de E&D ou postagens em um portal compartilhado ou mídia social. No Twitter, as pessoas estão usando a *hashtag* #AlwaysBeLearning [esteja sempre aprendendo]. Assim, se você combinar algo semelhante com o nome de usuário da sua organização no Twitter, criará uma campanha divertida para os funcionários atuais e que, ao mesmo tempo, construirá sua marca como empregador. A Hotéis Marriott usa um aplicativo para que os funcionários compartilhem momentos de aprendizado e peçam colaboração do público a fim de oferecer excelentes serviços ao consumidor. Os funcionários fazem o *upload* de fotos de situações reais ou potenciais e contam o que fazem no hotel para resolvê-las.

Segundo, converse a respeito do aprendizado que acontece na organização. Nunca é demais falar sobre isso. Essa deve ser uma campanha constante que englobe o aprendizado informal agregado a partir das contribuições que você recebe e os programas e eventos formais que promove.

Terceiro, divulgue casos concretos de compartilhamento de aprendizado e conhecimento. Quando observar exemplos ou histórias interessantes, divulgue-os. Escolha alguns que sejam exemplos de ótimas práticas, de excelentes resultados ou de pessoas influentes. Ao divulgar o que há de melhor, você recompensa o bom trabalho e estabelece um modelo para as pessoas.

Quarto, torne o compartilhamento de conhecimento algo acessível a todos. Um alerta aqui: o compartilhamento de conhecimento pode se expandir depressa. Se você deixar que seja algo totalmente livre, logo estará recebendo centenas de contribuições e as pessoas não conseguirão encontrar o que precisam. Por isso, como na curadoria de materiais de ensino, pense em um sistema ou processo para catalogá-las e apresentá-las. Você pode analisar a conveniência de listar a mesma fonte de aprendizado das seguintes maneiras: (1) por setor ou departamento, visto que materiais relacionados a vendas serão de maior interesse para o pessoal de vendas, etc.; (2) por formato, de modo que todos os vídeos ou PDFs possam ser encontrados juntos; e, é claro, (3) por tópico ou competência, como comunicação, codificação, gerenciamento de tempo ou serviços ao consumidor.

Quinto, pense em como lidará com questões de controle de qualidade. Ao incentivar o compartilhamento de conhecimento, você receberá toda uma gama de contribuições, algumas das quais talvez não queira "recomendar" ou identificar com seu selo de aprovação porque não estão em consonância com sua marca de E&D ou com a marca da organização. Isso é algo que precisa ser discutido com a equipe e outros *stakeholders*. Acredito que seja melhor separá-las, para que *todo* o compartilhamento de conhecimento seja armazenado em sua respectiva seção do portal ou *website*, e que os materiais formais, aprovados e verificados permaneçam juntos. Isso permite que você dê destaque aos melhores, além de fazer com que ser colocado na categoria dos "aprovados" se torne uma honra para aqueles que compartilham tais materiais.

O compartilhamento de conhecimento incentiva e eleva o nível de todos os membros de uma organização

Sexto, eduque as equipes a criar bons materiais. Promover um evento sobre como criar bons materiais é outra forma de chamar atenção para o lançamento das iniciativas de compartilhamento de conhecimento que você desenvolveu. E receberá contribuições de muito mais qualidade se ensinar às pessoas alguns aspectos do desenvolvimento de bons materiais de ensino, como criar um PDF interativo ou editar um vídeo. Além dos eventos de ensino, faça uma *playlist* de bons vídeos referentes à instrução para os estudantes. Por exemplo, a LinkedIn Learning tem vários cursos excelentes que abordam esse assunto. Existem ainda muitas ferramentas de compartilhamento de conhecimento disponíveis no mercado.

Por fim, use a neurociência para embutir recompensas em seu sistema. A partir de pesquisas neurocientíficas, sabemos que, se quiser incentivar algo, precisa reconhecê-lo e recompensá-lo. Por isso, atente para que todas as contribuições sejam sempre reconhecidas. Você pode até mesmo acompanhar as contribuições por departamento e criar determinadas recompensas ou mesmo competições amistosas para tornar o compartilhamento algo divertido e gratificante. Todas essas estratégias de compartilhamento de conhecimento o ajudarão a ampliar o aprendizado que já acontece e reforçar positivamente o desenvolvimento de sua cultura de aprendizado.

49. Como Aproveitar Oportunidades para Vencer Desafios

Ao promover a cultura de aprendizado, é provável que você depare com estes desafios comuns. Vejamos o que pode fazer para enfrentá-los.

Desafio: O objetivo do programa de ensino não é comunicado ou entendido com clareza. Em geral, as pessoas não entendem bem o valor da construção de uma cultura de aprendizado ou percebem-na apenas como mais treinamentos.

Oportunidade: A fim de educar a empresa, utilize este livro e procure outros materiais úteis (como meus cursos na LinkedIn Learning que abordam este assunto) para criar uma proposta abrangente que mostre com clareza o valor de uma cultura de aprendizado para a organização, inclusive seu retorno sobre investimento, ou ROI. Quando chegar a hora de lançá-la para a empresa, planeje uma campanha contínua para envolver pessoas de todos os níveis.

Desafio: A cultura atual da empresa tem uma bagagem negativa. Talvez os programas de ensino já existentes sejam ineficazes e sua marca ou a confiança na equipe tenha sido prejudicada durante o processo. Um estudo da Corporate Executive Board constatou que apenas 23% dos líderes de organizações estão satisfeitos com a eficiência geral do setor de E&D. E somente 12% dos diretores financeiros acreditavam que RH/E&D gastavam valores adequados nas áreas certas. Embora chocante, isso talvez não seja novidade para os profissionais do ensino. Em um estudo recente, a LinkedIn Learning descobriu que 25% dos profissionais de ensino recomendariam os próprios programas a colegas. Apenas 25%! Isso significa que a maioria dos profissionais de ensino sabe que seus programas poderiam ser melhores, mas não sabem como ajustá-los – ainda.

Oportunidade: Aqui estão quatro passos imediatos que podem ser implementados para ajudar as pessoas a superar quaisquer impressões negativas dos programas de ensino que você oferece:

1. Esteja aberto ao *feedback* e analise com honestidade o que ele está lhe dizendo. Você não pode melhorar se os problemas não estiverem claros. Os comentários são sobre as habilidades de instrutores ou facilitadores específicos? Então, concentre-se em melhorar os materiais, a preparação ou a prática. As pessoas estão insatisfeitas com o conteúdo ou o formato de determinados programas ou eventos? Resolva isso melhorando o desenvolvimento de seu ensino, usando os princípios deste livro. Ou talvez haja disparidade entre o problema identificado e a solução, o que pode ser ajustado com perguntas de consultoria mais adequadas e mapeamento com uso da Curva de Greiner.

2. Passe da perspectiva de treinamento para a perspectiva de ensino, uma vez que treinamentos são desenvolvidos a partir da perspectiva da organização e feitos *para* os funcionários com uma abordagem "tamanho único". O ensino, ao contrário, é desenvolvido a partir da perspectiva do aluno, de modo a possibilitar que ele tenha êxito ao lidar com suas reais necessidades e dores. O ensino respeita a diversidade de históricos e experiências e o objetivo é melhorar de maneira significativa o potencial e o desempenho.

3. Dê uma olhada nos programas e certificações oferecidos pela Associação de Desenvolvimento de Talentos [*Association for Talent Development*]. Existem muitas oportunidades de aprimoramento em um amplo leque de habilidades e tópicos.

4. Leia os materiais de Jack Phillips sobre como demonstrar ROI para compreender de que maneira é possível alinhar

mudança de comportamento com resultados empresarias e, assim, desenvolver melhores programas de ensino.

Desafio: Atualmente, o aprendizado não é reconhecido nem recompensado.

Oportunidade: Esse é um problema comum. Pesquisas da Deloitte constataram que, em 55% das organizações pesquisadas, não havia nenhuma correlação entre a aquisição de novas habilidades e incentivos trabalhistas. E apenas em 35% havia uma correlação por meio do processo anual de gratificação/avaliação. Já apresentei muitas formas pelas quais é possível aumentar o valor e a visibilidade do aprendizado. Mas, além delas, abordemos o grande problema: o processo de avaliação de desempenho. Se ainda não é assim, baseie seu sistema de recompensas em uma *combinação* de resultados e crescimento/aprendizado. Ao se concentrar apenas nos resultados, você até recompensa as pessoas por fazer um trabalho excelente, mas não as incentiva a desenvolver todo o potencial delas. Ao recompensar crescimento e aprendizado, o resultado será ainda mais crescimento e aprendizado, em todos os níveis de atividade, e isso alimentará o sucesso da organização.

Desafio: Recursos e suporte insuficientes.

Oportunidade: É verdade que você pode fazer mais com mais recursos, porém, em vez de sair comprando opções às cegas, em um primeiro momento, concentre energia em fazer o melhor uso possível dos recursos que já tem. Alinhe seus programas e eventos de modo a ensinar as pessoas a criar segurança psicológica e incentivar mais compartilhamento de conhecimento e melhor instrução. Quando você constrói a estratégia de ensino com vistas ao crescimento organizacional e dos resultados empresariais, fica mais fácil fazer com que os líderes vejam o valor da proposta, sobretudo se você calcular os custos reais de atritos e falta de engajamento. Você pode mostrar que o investimento em uma cultura de aprendizado será compensado rapidamente.

É possível também conquistar defensores do aprendizado dentro da organização. Aborde líderes abertos e influentes e converse a respeito do fortalecimento da cultura de aprendizado em sua equipe, projeto ou departamento. Estruture isso como um programa piloto, para que não soe como um grande compromisso. Use as técnicas que mostrei aqui e acompanhe as métricas, apresentando dados favoráveis para comprovar sua história de sucesso. Depois da primeira vitória, será mais fácil expandir a proposta para outros grupos até chegar ao ponto crítico de mudança de cultura.

Formas Criativas de Maximizar os Recursos

Aproveite toda e qualquer oportunidade de construir uma cultura positiva de aprendizado. Faça melhor uso do dinheiro à disposição criando parcerias com grupos dentro e fora da empresa. Analise as seguintes opções:

Internamente

- **Redirecione as rodas que você tem em vez de reinventá-las.** Você já tem excelentes materiais de ensino, por isso, utilize-os de outras formas. Crie um repositório de conjuntos de *slides* de apresentações, exercícios, artigos, etc., para facilitar outros usos de elementos, como na criação de um minivídeo, de um PDF interativo ou um *workshop* diferente.

- **Estimule o compartilhamento de conhecimento que já acontece.** Procure as ótimas atividades de ensino que já acontecem na organização e, ao encontrá-las, disponibilize-as para um público mais amplo. Isso pode ser uma economia no orçamento, ajudando a evitar o desperdício de recursos no desenvolvimento de programas semelhantes.

- **Aproveite os talentos e interesses de seu pessoal.** A maioria das organizações não utiliza todos os talentos e interesses do próprio quadro de pessoal. O seu pode ter um especialista em comunicação, *marketing* ou inteligência emocional que adoraria ajudar. Divulgue um convite e veja o que acontece.

- **Compartilhe os custos com a organização inteira.** Se você encontrar um produto ou serviço em que queira investir, mas não tem recursos suficientes no orçamento, tente fazer parcerias com outros departamentos que poderiam se beneficiar dele. Essa pode ser uma ótima maneira de aproveitar melhor o orçamento ao mesmo tempo em que colabora com outros líderes.

Externamente

Há possibilidades no âmbito regional, estadual, federal e internacional.

- **Faça parcerias com instituições locais de ensino.** De escolas de ensino básico a universidades, as escolas locais estão repletas de especialistas na arte de ensinar os outros. Já testemunhei o surgimento de algumas parcerias incríveis que se mostraram rentáveis e proveitosas para ambas as partes, com compartilhamento mútuo de *expertise*. Alguns cursos e *workshops* oferecidos em âmbito local podem atender a suas necessidades e economizar parte do orçamento. Docentes do ensino superior podem ter disponibilidade para lecionar os tópicos que você precisa. Seus alunos podem se beneficiar de estágios e mentorias. E, é claro, os funcionários podem aprimorar as habilidades conquistando um certificado ou diploma adequado, especialmente se a empresa oferecer reembolso de despesas com educação.

- **Busque opções junto ao governo local e organizações sem fins lucrativos.** Explore interesses e objetivos em comum com tais esferas em sua região. Até mesmo a promoção de alguns dos programas educacionais dessas organizações pode enriquecer muito seu catálogo de opções.

- **Estabeleça conexões com as cidades-irmãs.** A maioria das cidades tem cidades-irmãs em outras partes do mundo. Informe-se na junta comercial local e veja as possíveis opções de compartilhamento de especialistas e recursos, como oportunidades especiais de viagem, por exemplo.

- **Pergunte aos vendedores sobre flexibilidade e opções criativas.** Em vez de concluir que você não tem condições de pagar por algo, converse com o vendedor. Alguns têm diferentes preços mínimos de venda e outros oferecem descontos para membros de associações nacionais como SHRM ou ATD. Além disso, alguns vendedores estão em busca de oportunidades de estudar o impacto do produto que oferecem ou testar uma versão nova, e esses são fatores que podem entrar na negociação.

- **Use as associações profissionais.** Todo ramo tem associações profissionais que oferecem treinamento e desenvolvimento profissional contínuo. Pagar as despesas de filiação de funcionários pode abrir uma infinidade de novos níveis de conteúdo e economizar muito dinheiro. Essas associações também oferecem webnários gratuitos que pode valer a pena divulgar para os funcionários.

Quando você dá o primeiro passo, as ideias começam a surgir. Recomendo que crie um comitê no âmbito da organização inteira para estudar e incrementar tais ideias. Assim, você tira proveito do conhecimento do grupo, que provavelmente tem contatos que abrirão portas a possibilidade ímpares.

Moral da história: a criação de uma cultura positiva de aprendizado é um esforço coletivo, em conjunto com membros da comunidade. Por isso, não pense que a responsabilidade é exclusivamente sua. Em vez de fazer tudo sozinho, concentre-se em reunir as pessoas certas e aproveite o processo de explorar e construir algo incrível.

50. Guardiões da Cultura

Uma cultura positiva de aprendizado não é criada por um único departamento ou programa nem é propriedade exclusiva dele. Ela reside nos esforços coletivos de todos os membros da comunidade. Talvez você tenha uma oferta fantástica de oportunidades de aprendizado, com toda a tecnologia de ponta que o dinheiro pode comprar. No entanto, se as pessoas sentirem que não é seguro se arriscar e cometer erros, você nunca criará uma cultura positiva de aprendizado.

Neste capítulo, estudaremos os papéis desempenhados por diferentes grupos. Comecemos com os profissionais que buscam talentos, como aqueles do RH e do E&D. Obviamente, eles estão envolvidos de perto na criação de uma cultura positiva de aprendizado, pois, em regra, desenvolvem ou financiam a estratégia de ensino de uma organização e outras ofertas nesse sentido. O foco será nestes quatro componentes fundamentais do trabalho de um profissional que caça talentos.

1. **Atender aos dois aspectos do ecossistema de aprendizado.** Isso abrange o modo como damos suporte para que as pessoas cresçam e se aprimorem e também criem um ambiente em que seja seguro se arriscar e cometer erros. Se você não abordar esses dois aspectos, não terá sucesso. Lembre-se da metáfora da árvore da Cultura de Crescimento: nem toda a luz solar do mundo compensará um solo tóxico. Por isso, sempre acompanhe as métricas que importam – coisas como engajamento dos funcionários, segurança psicológica, aperfeiçoamento/progresso e atritos entre os melhores funcionários – e, ao identificar uma área ou equipe que não esteja indo bem, intervenha proativamente até que a situação mude. Se não o fizer, tudo o mais ficará comprometido.

2. **Inclua os componentes essenciais da cultura de aprendizado nas soluções que você oferece, de modo que as pessoas tenham o ferramental necessário para desempenhar seu papel no esforço coletivo.** Por exemplo, assegure-se de que os programas de gestão e liderança oferecidos ensinem chefes e gerentes a cultivar a mentalidade de crescimento, criar segurança psicológica, oferecer orientação efetiva, dar e receber *feedbacks* construtivos, bem como demonstrar empatia e outras qualidades de inteligência emocial. Programas para funcionários precisam desses elementos somados a informações que os capacitem a promover o próprio desenvolvimento, por meio do supervisor ou equipe e, se necessário, também o desencolvimento do que está ao redor. Práticas de adaptação devem ajudar novos funcionários a se integrar com facilidade a uma cultura positiva de aprendizado, apresentando-lhes o valor do aprimoramento contínuo e o suporte e recursos disponíveis para tanto.

3. **Seja um exemplo e um modelo autênticos da cultura ideal de aprendizado.** O RH e o E&D costumam ser chamados de "guardiões da cultura" e isso é verdade. A

organização sempre reflete a saúde das equipes que cuidam dos talentos profissionais. Sempre. Quando o RH e o E&D não estão indo bem, o restante da organização não avança. Observei isso em todas as organizações com as quais já trabalhei. E não sou a única. A dra. Brené Brown e a dra. Cherie Carter-Scott, especialistas de renome internacional, fizeram constatações semelhantes. Se as equipes de gestão executiva não tiverem uma cultura positiva de aprendizado, você verá o efeito em cascata na organização como um todo, porque elas são responsáveis por muitos aspectos determinantes da experiência dos funcionários.

Essa é uma variante da lei de Conway, um conceito que surgiu na programação de computadores: a qualidade de um produto reflete a qualidade da equipe que o produz. A *Harvard Business Review* realizou um estudo sobre a lei de Conway que comprovou esse efeito de espelho em todos os tipos de organizações. Para nossos propósitos neste livro, as equipes de RH e de E&D precisam ser lugares em que seja seguro se arriscar e cometer erros. Os líderes devem ser ótimos na orientação dos funcionários, e as pessoas precisam estar sempre aprendendo. Se tais equipes não forem o modelo de uma cultura positiva de aprendizado, será difícil criá-la na organização como um todo. Se o RH e o E&D não estiverem saudáveis, essa deve ser sua primeira prioridade. Esses dois setores também precisam trabalhar juntos, confiando um no outro e utilizando suas perspectivas e qualidades únicas para atender ao restante da organização.

Lembre-se: você também faz parte da cultura, por isso, adote uma postura de aprendizado contínuo, dedicando-se constantemente ao próprio crescimento e desenvolvimento, buscando *feedback* e praticando para chegar à excelência. Invista no próprio aprendizado. Sua habilidade de conduzir e ajudar os outros depende de seu próprio crescimento e desenvolvimento. Participe de conferências nacionais de talentos para ficar por dentro dos últimos avanços e produtos.

4. **Torne seus sistemas e processos condizentes com uma cultura positiva de aprendizado.** Isso se aplica principalmente a seu processo de gestão de desempenho. Lembre-se: se você avaliar desempenho apenas com base em resultados, perderá algo fundamental. Cultive uma mentalidade de crescimento avaliando e valorizando o desenvolvimento e o aprimoramento: faça com que pelo menos 30% da avaliação reflita esforços de aprendizado e aperfeiçoamento e inclua isso no cálculo de recompensas como aumentos e bônus. Se quiser realmente criar uma cultura positiva de aprendizado, é preciso valorizar o que você "prega" com medidas consistentes e visíveis, como análises e recompensas. Use uma avaliação completa para desenvolver um plano de ação que enfrente problemas e melhore a empresa.

Agora, voltemos nossa atenção para os altos líderes e executivos. Em minha experiência, as organizações mais saudáveis e vibrantes têm líderes dotados de uma mentalidade de crescimento e que acreditam no poder do aprendizado. Eles falam sobre os seus erros, os *insights* que tiveram e a própria busca por aperfeiçoamento. Tais líderes também apoiam o aprendizado. Incentivam um líder e dão a essa pessoa a mesma autonomia, criando uma equipe de iguais. Eles não só promovem o aprendizado, mas também participam dele. Isso pode significar lançar um novo programa e participar de maneira efetiva de alguns dos eventos como um ávido aluno. O segredo aqui é humildade – os melhores líderes nunca supõem que, por estar na cúpula da organização, já não têm nada a aprender. Na realidade, os melhores líderes são os estudantes mais ávidos.

Como já mencionei, as crenças, atitudes e ações de um líder se repetem no âmbito da organização como um todo, facilitando muito que as equipes de recrutamento de talentos ganhem impulso. Por fim, e talvez o aspecto mais importante: líderes fazem com que chefes e gerentes se responsabilizem pela saúde das respectivas equipes. Isso é fundamental. Todos os esforços da cúpula fracassarão se chefes e gerentes não forem avaliados e recompensados com base na saúde das equipes. As organizações mais bem-sucedidas não fecham os olhos aos estragos feitos por chefes e gerentes ineficientes. Deixe-me esclarecer: quando existe muita rotatividade em uma equipe, algo está errado. Quando equipes cometem muitos erros e o desempenho delas é insuficiente, algo precisa de atenção. Quando há muitas faltas, licenças por doença e reclamações ao RH, você está diante de uma crise.

Tal como árvores, os funcionários mostrarão a qualidade do solo em que estão. E, se você os ignorar e permitir que chefes e gerentes ineficientes permaneçam no cargo, frustrará todas as tentativas de criar uma cultura positiva de aprendizado. Acredito que esse seja o principal problema a ser resolvido nas organizações de hoje em dia. Aquelas que o resolvem colhem retornos incríveis na forma de vantagem competitiva, engajamento de funcionários e fidelidade de clientes.

Criar uma cultura positiva de aprendizado na organização é crucial para o sucesso permanente. É claro que expandir é bom e novos produtos são importantes, mas nada é mais fundamental do que criar uma cultura de aprendizado. Além de ajudá-lo a desenvolver seus profissionais talentosos para enfrentar os desafios *do presente*, uma cultura positiva de aprendizado permitirá que você comece a prepará-los para o futuro. Tudo o mais virá daí – e, em pouco tempo, você terá um pomar de árvores fortes. Martha Soehren, chefe de desenvolvimento de talentos da Comcast, resume isso na citação que usei no início desta seção (uma de minhas favoritas): "Uma maçã tem dez sementes. Mas, quantas maçãs existem em uma semente? Você deve ajudar os funcionários a aprender e crescer, para que eles se tornem a mão de obra talentosa de que você precisará amanhã."

Conclusão: Considerações Finais sobre Aprendizado

Não há dúvidas de que o aprendizado é o elemento fundamental para realizarmos nosso máximo potencial – como indivíduos, organizações e sociedade. A boa notícia é que nossa biologia é estruturada para nos ajudar a aprender todos os dias.

Meu desejo é que o Modelo Trifásico de Aprendizado lhe dê uma melhor compreensão de como tirar proveito do poder do cérebro para maximizar deliberadamente o processo de aprendizado, para si mesmo e para outras pessoas em sua vida.

Em suas mãos, você também tem a chave para construir uma excelente cultura de aprendizado, em casa e no trabalho. Todos nós temos a oportunidade de apoiar o aprendizado, por isso, comece hoje, implementando o modelo e as estratégias relacionadas a ele. Melhor ainda, reúna uma equipe que o ajude a estender essas ótimas práticas às organizações das quais você faz parte.

Este modelo também é a espinha dorsal de programas de treinamento que desenvolvi em áreas como gestão de mudanças, equipes de máximo desempenho, habilidades de *coaching*, inteligência emocional, inovação, visão estratégica e excelência gerencial. Se quiser obter certificação em meus programas a fim de poder levá-los para sua organização, por favor, visite BrittAndreatta.com/Training.

Eu gostaria de encerrar dizendo que todos nós temos a capacidade de realizar nosso potencial e de ajudar as pessoas que nos cercam a fazer o mesmo. Continue zelando pelo próprio crescimento e desenvolvimento. Você tem muitas habilidades latentes dentro de si – todos nós temos. E, quanto mais crescermos juntos, mais podemos mudar o mundo. Obrigada por fazer esta jornada de aprendizado comigo. Um brinde ao poder do ainda!

Com carinho,

Britt Andreatta

Transforme sua Jornada de Aprendizado em Ação

Para esta seção, pense em como você pode melhorar ou desenvolver uma cultura de aprendizado focada em crescimento. Use as seguintes questões para ajudá-lo a identificar possíveis estratégias que favoreçam seus objetivos.

- Usando as perguntas do capítulo 44 para avaliar a organização, o que você descobre sobre a atual cultura de aprendizado que você desenvolve?

- Quais são os problemas atuais da organização? Identifique as métricas que importam, de modo que possa usá-las para avaliar prioridades e o progresso ao longo dos próximos meses.

- Onde está a organização na Curva de Greiner? De acordo com o modelo, quais dores você pode prever para o futuro? Qual é a melhor maneira de se preparar para elas?

- Dedique um tempo para mapear as atuais opções de ensino. A partir dessa análise, quais serão as principais ações para os próximos meses?

- Existe curadoria de conteúdo e compartilhamento de conhecimento na organização atualmente? Que melhorias de curto e longo prazos você pode fazer?

- Existem obstáculos à criação de uma cultura de aprendizado focada em crescimento? Identifique possíveis soluções. Como é possível mobilizar outras pessoas da organização para ajudá-lo a criar a cultura que você deseja?

Ao concluirmos, revise as anotações referentes às diversas jornadas de aprendizado deste livro. Agora, você já deve ter uma sólida compreensão do aprendizado e do ensino. Tire um tempo para finalizar essas anotações e criar um plano de ação que se desenvolverá ao longo das próximas semanas e meses.

- Quais são as três principais lições que você tirou deste livro?

- Que ações você pode realizar nos próximos 30, 60 e 90 dias para ajudá-lo a ter sucesso como eterno aprendiz?

- Se você ocupa um cargo de liderança, que ações pode realizar nos próximos 30, 60 e 90 dias para melhorar a equipe ou organização?
- Pense em como pode compartilhar um pouco do que aprendeu aqui com colegas e líderes da organização. Você encontrará recursos adicionais e materiais de treinamento úteis em BrittAndreatta.com ou BrittAndreatta.com/Training.

Nota do Editor

A Madras Editora não participa, endossa ou tem qualquer autoridade ou responsabilidade no que diz respeito a transações particulares de negócio entre o autor e o público.

Quaisquer referências de internet contidas neste trabalho são as atuais, no momento de sua publicação, mas o editor não pode garantir que a localização específica será mantida.

Referências + Materiais

INTRODUÇÃO

Angelou, M. (1996). *I know why the caged bird sings.* New York, NY: Random House.

Deloitte (maio de 2019). *2019 Global human capital trends: Leading the social enterprise* [PDF]. https://www2.deloitte.com/insights/us/en/focus/human-capital-trends.html

Merriam, S.B., & Bierema, L.L. (2014). *Adult learning: Linking theory and practice.* San Francisco, CA: Jossey-Bass.

Clark, R. E., & Martin, S. J. (eds.). (2018). *Behavioral neuroscience of learning and memory.* New York, NY: Springer International Publishing.

I. NOVOS AVANÇOS NA NEUROCIÊNCIA DO APRENDIZADO

Krishnamurti, J. (1977). *Krishnamurti on education.* New York, NY: HarperCollins.

Capítulo 1

Demitri, M. (2018). Types of brain imaging techniques [*Webpage*]. https://psychcentral.com

Baars, B.B., Gage, N.M. (eds.). (2013). Brain imaging. *Fundamentals of cognitive neuroscience: A beginner's guide.* Cambridge, MA: Academic Press.

Waltz, E. (21 de março de 2018). A new wearable brain scanner [Blogue]. https://spectrum.ieee.org

Gazzaley, A., Anguera, R., Ziegler, D., Jain, R., Mullen, T., Kothe, C.,... Fesenko, J. (2015). *Glassbrain flythrough 2015* [Vídeo]. https://neuroscape.ucsf.edu

Saul, D. (Produtor), & Fleischer, R. (Diretor). (1966). *Fantastic voyage* [Motion picture]. USA: 20th Century Fox.

Bennett, C.M., Baird, A.A., Miller, M.B., & Wolford, G.L. (2010). Neural correlates of interspecies perspective taking in the post-mortem Atlantic salmon: An argument for proper multiple comparisons correction. *Journal of Serendipitous and Unexpected Results, 1*(1), 1-5.

Scicurious. (25 de setembro de 2012). IgNobel Prize in neuroscience: The dead salmon study [Blogue]. *Scientific American.* https://blogs.scientificamerican.com

Capítulo 2

Gardner, H. (2006). *Multiple intelligences: New horizons in theory and practice.* New York, NY: Basic Books.

Gardner, H. (2011). *Frames of mind: The theory of multiple intelligences.* New York, NY: Basic Books.

Shearer, C.B., & Karanian, J.M. (2017). The neuroscience of intelligence: Empirical support for the theory of multiple intelligences? *Trends in Neuroscience and Education, 6,* 211-223.

Shearer, B. (2018). Multiple intelligences in teaching and education: Lessons learned from neuroscience. *Journal of Intelligence, 6*(3), 38.

Armstrong, T. (2017). *Multiple intelligences in the classroom* (4ª ed.). Alexandria, VA: ASCD.

Calaprice, A. (2010). *The ultimate quotable Einstein*. Princeton, NY: Princeton University Press.

Capítulo 3

Kaufman, S.B. (6 de dezembro de 2017). The real neuroscience of creativity. *HuffPost*. https://www.huffpost.com/entry/the-real-neuroscience-of_b_3870582/

Kaufman, S.B., & Gregoire, C. (2015). *Wired to create*. New York, NY: Penguin Random House.

Vartanian, O., Bristol, A.S., & Kaufman, J.C. (eds.). (2013). *Neuroscience of creativity*. Cambridge, MA: MIT Press.

Kounios, J., & Beeman, M. (janeiro de 2014). The cognitive neuroscience of insight. *Annual Review of Psychology, 65*, 71-93.

Kounios, J., & Beeman, M. (2015). *The eureka factor: Aha moments, creative insight, and the brain*. New York, NY: Random House.

Erickson, B., Truelove-Hill, M., Oh, Y., Anderson, J., Zhang, F., & Kounios, J. (novembro de 2018). Resting-state brain oscillations predict trait-like cognitive styles. *Neuropsychologia, 120*, 1-8.

MacKenzie, G. (1998). *Orbiting the giant hairball: A corporate fool's guide to surviving with grace*. New York, NY: Viking.

Gilbert, E. (Produtor). (25 de julho de 2016). Brené Brown on "big strong magic" [*Podcast* em áudio]. *Magic Lessons*. https://www.elizabethgilbert.com/magic-lessons/

Gregoire, C. (18 de março de 2016). The new science of the creative brain on nature. *Outside*. https://www.outsideonline.com

Merrett, R. (27 de julho de 2015). A neuroscience approach to innovative thinking and problem solving [*Webpage*]. https://www.cio.com.au

Andreatta, B. (novembro de 2018). The neuroscience of innovation [Discurso de abertura]. *Technology Affinity Group Conference*. Tucson, AZ.

Pollan, M. (2018). *How to change your mind: What the new science of psychedelics teaches us about consciousness, dying, addiction, depression, and transcendence.* New York, NY: Penguin Press.

Carhart-Harris, R., Kaelen, M., & Nutt, D. (setembro de 2014). How do hallucinogens work on the brain? *The Psychologist, 27*, 662-665.

Petri, G., Expert, P., Turkheimer, F., Carhart-Harris, R., Nutt, D., Hellyer, P.J., & Vaccarino, F. (6 de dezembro de 2014). Homological scaffolds of brain functional networks. *Journal of the Royal Society Interface, 11.*

Capítulo 4

Doidge, N. (2007). *The brain that changes itself: Stories of personal triumph from the frontiers of brain science.* New York, NY: Penguin Books.

Doidge, N. (2015). *The brain's way of healing: Remarkable discoveries and recoveries from the frontiers of neuroplasticity.* New York, NY: Penguin Books.

Bolte Taylor, J. (2009). *My stroke of insight: A brain scientist's personal journey.* New York, NY: Penguin Books.

Taylor, J.B. (2008). *My stroke of insight* [Vídeo]. TED. https://www.ted.com

Bhattacharya, A. (15 de agosto de 2016). Paraplegics are learning to walk again with virtual reality [Vídeo & *Webpage*]. https://qz.com

Donati, A., Shokur, S., Morya, E., Campos, D., Moioli, R., Gitti, C.,... Nicolelis, M. (11 de agosto de 2016). Long-term training with a brain--machine interface-based gait protocol induces partial neurological recovery in paraplegic patients. *Scientific Reports, 6.*

Samsung (Produtor). (2018). *Human nature: Samsung brand philosophy–Do what you can't* [Vídeo]. https://www.youtube.com/watch?v=m3-8HC1lUTo/

Bionik. (sem data). *Published research: Neuorecovery within reach* [*Webpage*]. https://www.bioniklabs.com

Kwon, D. (8 de fevereiro de 2018). DBS with nanoparticle-based optogenetics modifies behavior in mice. https://www.the-scientist.com

Ren, J., Li, H., Palaniyappan, L., Liu, H., Wang, J., Li, C., & Rossini, P.M. (3 de junho de 2014). Repetitive transcranial magnetic stimulation versus electroconvulsive therapy for major depression: A systematic review and meta-analysis. *Progress in Neuro-Psychopharmacology and Biological Psychiatry, 51*, 181-189.

Poston, B. (junho de 2014). *Transcranial direct current stimulation for the treatment of Parkinson's disease* [*Webpage*]. https://www.michaeljfox.org/grant/transcranial-directcurrent-stimulation-treatment-parkinsons-disease?grant_id=1144/

The Brain Stimulator (sem data). *Brain stimulation comparison* [*Webpage*]. https://thebrainstimulator.net

Donati, A., Shokur, S., Morya, E., Campos, D., Moioli, R., Gitti, C.,... Nicolelis, M. (11 de agosto de 2016). Long-term training with a brain-machine interface-based gait protocol induces partial neurological recovery in paraplegic patients. *Scientific Reports, 6*.

Courtine, G., & Bloch, J. (Produtores). (2018). *Walking again after spinal cord injury* [Vídeo]. Lausanne, Suíça: EPFL + CHUV. https://www.youtube.com/watch?v=XFXWR4b9iVA/

Bréchet, L., Mange, R., Herbelin, B., Theillaud, Q., Gauthier, B., Serino, A., & Blanke, O. (2019). First-person view of one's body in immersive virtual reality: Influence on episodic memory. *PLOS ONE, 14*(3).

Capítulo 5

Segovia, K.Y., & Bailenson, J.N. (5 de março de 2019). Memory versus media: Creating false memories with virtual reality. https://brainworldmagazine.com

SilVRthread (sem data). Virtual reality use cases [*Webpage*]. https://www.silvrthread.com/usecases

Pixvana (Produtor). (2019). *Virtual reality and enterprise training: Seabourn case study* [Video]. https://vimeo.com/310438727/

Herrera, F., Bailenson, J., Weisz, E., Ogle, E., & Zaki, J. (17 de outubro de 2018). Building long-term empathy: A large-scale comparison of traditional and virtual reality perspective-taking. *PLOS ONE, 13*(10).

Bailenson, J., & Amway (Produtores). (22 de maio de 2018). *How experiencing discrimination in VR can make you less biased* [Vídeo]. https://bigthink.com/videos

Markowitz, D.M., Laha, R., Perone, B.P., Pea, R.D., & Bailenson, J.N. (2018). Immersive virtual reality field trips facilitate learning about climate change. *Frontiers in Psychology, 9.*

Technologies with potential to transform business and business education: Virtual and augmented reality. (sem data). *AACSB.* Em https://www.aacsb.edu/publications

Pixvana. (17 de julho de 2019). *XR, VR, AR, MR: What do they all mean?* [*Webpage*]. https://pixvana.com

Portico Studios (Produtor). (2017). *Introducing Portico Studios* [Vídeo]. https://www.youtube.com/watch?v=PttFfsGS3hM&feature=youtu.be/

Kwon, D. (1º de março de 2018). Intelligent machines that learn like children. *Scientific American, 218*(3), 26-31.

Teach Thought Staff. (16 de setembro de 2018). 10 roles for artificial intelligence in education [*Webpage*]. https://www.teachthought.com

Capítulo 6

Silva, A. (julho de 2017). Memory's intricate web. *Scientific American, 317*(1), 30-37.

Mohs, R. (8 de maio de 2007). How human memory works [*Webpage*]. https://science.howstuffworks.com

Mohs, R. (novembro de 2005). Commentary on "diagnosis of Alzheimer's disease: Two decades of progress." *Alzheimer's & Dementia: The Journal of the Alzheimer's Association, 1*(2), 116-117.

Suchan, B. (15 de novembro de 2018). Why don't we forget how to ride a bike? *Scientific American*. https://www.scientificamerican.com

Clark, R. E., & Martin, S. J. (eds.). (2018). *Behavioral neuroscience of learning and memory*. New York, NY: Springer International Publishing.

II. LEMBRAR: A MATRIZ DA MEMÓRIA

Williams, T. (1963). *The milk train doesn't stop here anymore*. New York, NY: Dramatists Play Service, Inc.

Capitulo 7

Silva, A. (julho de 2017). Memory's intricate web. *Scientific American, 317*(1), 30-37.

Shen, H. (10 de janeiro de 2018). How to see a memory. *Nature*. https://www.nature.com/articles

Clark, R.E., & Martin, S. J. (eds.). (2018). *Behavioral neuroscience of learning and memory*. New York, NY: Springer International Publishing.

MacKay, D.G. (maio/junho de 2014). The engine of memory. *Scientific American, 25*(3), 30-38.

Miller, G.A. (1956) The magical number seven, plus or minus two: Some limits on our capacity for processing information. *Psychological Review, 63*(2), 81-97.

Nee, D., & D'Esposito, M. (2018). The representational basis of working memory. In Clark, R.E., & Martin, S. J. (eds.). *Behavioral neuroscience of learning and memory* (p. 213-230). New York, NY: Springer International Publishing.

Giofre, D., Donolato, E., & Mammarella, I.C. (julho de 2018). The differential role of verbal and visuospatial working memory in mathematics and reading. *Trends in Neuroscience and Education, 12*,

1-6, Pink, D. (2018). *When: The scientific secrets of perfect timing.* New York, NY: Riverhead Books.

Greenwood, V. (setembro/outubro de 2016). You smell sick. *Scientific American, 27*(5), 15.

Noonan, D. (setembro/outubro de 2017). Smell test may sniff out oncoming Parkinson's and Alzheimer's. *Scientific American, 28*(5), 4-7.

Wikipedia/Olfactory nerve. (sem data). Acesso em 19 de julho de 2019, *site* da Wikipedia: https://en.wikipedia.org/wiki/Olfactory_nerve

Physicians' Review Network. (21 de junho de 2016). Fun facts about your tongue and taste buds [*Webpage*]. https://www.onhealth.com/content/1/tongue_facts

Skin fun facts [*Webpage*]. (23 de outubro de 2017). https://forefrontdermatology. com/skin-fun-facts/

eLife. (18 de janeiro de 2018). Touching: Skin cell to nerve cell communication uncovered [*Webpage*]. https://www.technologynetworks.com/neuroscience/news/how-we-sensetouch-skin-cells-communicate-with-nerve-cells-296464/

Capítulo 8

Clark, R.E., & Martin, S.J. (eds.). (2018). *Behavioral neuroscience of learning and memory.* New York, NY: Springer International Publishing.

Springen, K. (1º de janeiro de 2010). Recall in utero. *Scientific American Mind, 20*(7), 15.

Northrup, C. (2016). *Goddesses never age: The secret prescription for radiance, vitality, and well-being.* Carlsbad, CA: Hay House.

Bennett, D.A., Schneider, J.A., Buchman, A.S., Barnes, L.L., Boyle, P.A., & Wilson, R.S. (1º de julho de 2012). Overview and findings from the Rush Memory and Aging Project. *Current Alzheimer Research, 9*(6), 646-663.

Wilson, R.S., Boyle, P.A., Yu, L., Barnes, L.L., Schneider, J.A., & Bennett, D.A. (23 de julho de 2013). Life-span cognitive activity, neuropathologic burden, and cognitive aging. *Neurology, 81*(4), 314-321.

Simpson, M. (30 de outubro de 2011). A sister's eulogy for Steve Jobs. *The New York Times*.

Capítulo 9

Reber, P. (1º de maio de 2010). What is the memory capacity of the human brain? *Scientific American*. https://www.scientificamerican.com

Ebbinghaus, H. (1885). *Memory: A contribution to experimental psychology* (Ruger H. A. & Bussenius C. E., Trans.). Em *Classics in the History of Psychology*. http://psychclassics.yorku.ca/Ebbinghaus/index.htm/

Bjork, R., & Bjork, E. (1992). A new theory of disuse and an old theory of stimulus fluctuation. Em Healy, A., Kossly, S., & Shiffrin, R. (Eds.), *From learning processes to cognitive processes: Essays in honor of William K. Estes* (Vol. 2, p. 35-67). Hillsdale, NJ: Earlbaum.

Burnett, M. (Criador) & Weiner, D. (Diretor). (2007-2019). *Are you smarter than a 5th grader*? [série de televisão]. CBS Television City, CA: Mark Burnett Productions.

Corkin, S. (2013). *Permanent present tense: The unforgettable life of the amnesic patient H. M.* New York, NY: Basic Books.

MacKay, D. (maio/junho de 2014). The engine of memory. *Scientific American, 24*(3), 30-38.

Wikipedia/Henry Molaison. (sem data). Acesso em 19 de julho de 2019, *site* da Wikipedia: https://en.wikipedia.org/wiki/Henry_Molaison

Carey, B. (2015). *How we learn: The surprising truth about when, where, and why it happens*. New York, NY: Random House.

Carey, B. (6 de dezembro de 2010). No memory, but he filled in the blanks. *The New York Times*.

Oteyza, M. (Produtor), & Cowperthwaite, G. (Produtor & Diretor). (2013). *Blackfish* [filme de animação]. New York, NY: Magnolia Pictures.

Capítulo 10

Rawson, K.A., & Dunlosky, J. (2011). Optimizing schedules of retrieval practice for durable and efficient learning: How much is enough? *Journal of Experimental Psychology: General, 140*(3), 283-302.

Rohrer, D., & Taylor, K. (2006). The effects of overlearning and distributed practice on the retention of mathematics knowledge. *Applied Cognitive Psychology, 20,* 1209–1224.

Carpenter, S.K., Cepeda, N.J., Rohrer, D., Kang, S.H.K., & Pashler, H. (2012). Using spacing to enhance diverse forms of learning: Review of recent research and implications for instruction. *Educational Psychology Review, 24*(3), 369-378.

Roediger, H.L., III, & Karpicke, J.D. (29 de março de 2018). Reflections on the resurgence of interest in the testing effect. *Perspectives on Psychological Science, 13*(2), 236-241.

Doctor, P. (Diretor), & Rivera, J. (Produtor). (2015). *Inside out* [filme de animação]. Burbank, CA: Disney, & Emeryville, CA: Pixar.

Bell, M.C., Kawadri, N., Simone, P.M., & Wiseheart, M. (22 de março de 2013). Long-term memory, sleep, and the spacing effect. *Memory, 22*(3), 276-283.

Roizen, M. & Oz, M. (10 de fevereiro de 2019). Sleep soundly and safely. *Houston Chronicle.* https://www.houstonchronicle.com

Huffington, A. (2014). *Thrive: The third metric to redefining success and creating a life of well-being, wisdom, and wonder.* New York, NY: Harmony.

Bagnall, V. (21 de abril de 2017). The best ways to revise–what does the evidence say? [*Webpage*]. https://connectionsinmind.co.uk

Putnam, A.L., Sungkhasettee, V.W., & Roediger, H.L., III. (29 de setembro de 2016). Optimizing learning in college: Tips from cognitive psychology. *Perspectives on Psychological Science, 11*(5), 652-660.

Putnam, A.L., Sungkhasettee, V.W., & Roediger, H.L., III. (22 de novembro de 2016). When misinformation improves memory: The effects of recollecting change. *Psychological Science, 28*(1), 36-46.

Capítulo 11

Tse, D., Langston, R.F., Kakeyama, M., Bethus, I., Spooner, P.A., Wood, E.R.,... Morris, R.G.M. (6 de abril de 2007). Schemas and memory consolidation. *Science, 316*(5821), 76-82.

Clement, J. (14 de maio de 2019). Daily time spent on social networking by internet users worldwide from 2012 to 2018 (in minutes). https://www.statista.com

Nielsen (31 de julho de 2018). Time flies: US adults now spend nearly half a day interacting with media [*Webpage*]. https://www.nielsen.com/us/en/insights

Smith, K. (13 de junho de 2019). 126 amazing social media statistics and facts [Blogue]. https://www.brandwatch.com

Pew Research Center. (sem data). *State of the news media.* Acesso em 19 de julho de 2019, https://www.pewresearch.org/topics/state-of-the-news-media/

Digital around the world in 2018: Key statistical indicators for the world's internet, mobile, and social media users [Gráfico]. (janeiro de 2018). https://www.smartinsights.com

Capítulo 12

Brown, P.C., Roediger, H.L., III, & McDaniel, M.A. (2014). *Make it stick: The science of successful learning.* Cambridge, MA: Belknap Press.

Whitney, D., Trosten-Bloom, A., & Rader, K. (2010). *Appreciative leadership: Focus on what works to drive winning performance and build a thriving organization.* New York, NY: McGraw-Hill Education.

Hill, W.E. (1915). My wife and my mother-in-law [Ilustração]. Acesso em 19 de julho de 2019, *site* da Wikipedia: https://en.wikipedia.org/wiki/My_Wife_and_My_Mother-in-Law

Davachi, L., Kiefer, T., Rock, D., & Rock, L. (2010). Learning that lasts through AGES. *NeuroLeadership Journal, 3*, 1-10.

Jung-Beeman, M., Bowden, E.M., Haberman, J., Frymiare, J.L., Arambel-Liu, S., Greenblatt, R.,...Kounios, J. (13 de abril de 2004). Neural activity when people solve verbal problems with insight. *PLoS Biology 2*(4).

Newman, T. (30 de abril de 2018). What happens in the brain during a 'eureka' moment? https://www.medicalnewstoday.com

Tik, M., Sladky, R., Luft, C.D.B., Willinger, D., Hoffmann, A., Banissy, M. J.,... Windischberger, C. (agosto de 2018). Ultra-high-field fMRI insights on insight: Neural correlates of the aha!-moment. *Human Brain Mapping, 39*(8), 3241-3252.

Davis, J. (18 de maio de 2014). *The neuroscience of learning* [Palestra]. American Society for Training and Development International Conference and Exposition. Washington, DC.

Capítulo 13

Andreatta, B. (2018). *Wired to connect: The brain science of teams and a new model for creating collaboration and inclusion.* Santa Barbara, CA: 7th Mind Publishing.

Moser, M-B., & Moser, E.I. (janeiro de 2016). Where am I? Where am I going? *Scientific American, 314*(1), 26-33.

Maquire, E.A., Woollett, K., & Spiers, H.J. (2006). London taxi drivers and bus drivers: A structural MRI and neuropsychological analysis. *Hippocampus, 16*(12), 1091-1101.

Jabr, F. (8 de dezembro de 2011). Cache cab: Taxi drivers' brains grow to navigate London's streets. *Scientific American.* https://www.scientificamerican.com

Caruso, C. (julho/agosto de 2017). Don't forget: You, too, can acquire a super memory. *Scientific American, 28*(4), 10-12.

Handwerk, B. (13 de março de 2017). Neuroscientists unlock the secrets of memory champions [*Webpage*]. *Smithsonian.* https://www.smithsonianmag.com/science-nature

Dresler, M., Shirer, W.R., Konrad, B.N., Muller, N.C.J., Wagner, I.C., Fernandez, G.,...Greicius, M.D. (8 de março de 2017). Mnemonic training reshapes brain networks to support superior memory. *Neuron, 93*(5), 1227-1235.

Capítulo 14

Dorough, B., Ahrens, L., Newall, G., Frishberg, D., Yohe, T., Mendoza, R (Composers). (2002). *Schoolhouse rock!* [DVD]. Burbank, CA: Buena Vista Home Entertainment.

The Daily Show with Trevor Noah (Produtor). (29 de novembro de 2016). *Exclusive–Mahershala Ali extended interview* [Vídeo]. http://www.cc.com/video-clips

Word Science Festival (Produtor). (23 de julho de 2009). *Bobby McFerrin demonstrates the power of the pentatonic scale* [Vídeo]. https://www.youtube.com/watch?v=ne6tB2KiZuk/

Word Science Festival (Produtor). (29 de julho de 2014). *Notes and neurons: In search of the common chorus* [Vídeo]. https://www.youtube.com/watch?v=S0kCUss0g9Q/

Bell, C.L. (2004). Update on community choirs and singing in the United States. *International Journal of Research in Choral Singing, 2*(1). https://acda.org

Menehan, K. (6 de abril de 2014). How to get the whole room singing [*Webpage*]. https://www.chorusamerica.org

Rossato-Bennett, M. (Produtor & Diretor), McDougald, A. (Produtor), & Scully R. (Produtor). (2014). *Alive inside: A story of music and memory* [desenho animado]. United States: Projector Media.

Top 11 health benefits of singing. (11 de fevereiro de 2019). https://www.healthfitnessrevolution.com/top-11-health-benefits-of-singing/

Moisse, K., Woodruff, B., Hill, J., & Zak, L. (14 de novembro de 2011). Gabby Giffords: Finding words through song. *ABC News*. https://abcnews.go.com

Wearing, D. (2005). *Forever today: A memoir of love and amnesia*. London, England: Corgi.

Thompson, W.F., & Schlaug, G. (março/abril de 2015). The healing power of music. *Scientific American, 26*(2), 32-41.

Capítulo 15

Roediger, H.L., III, & Karpicke, J.D. (setembro de 2006). The power of testing memory: Basic research and implications for education practice. *Perspectives on Psychological Science, 1*(3).

III. FAZER: CONSTRUIR HABILIDADES + CRIAR HÁBITOS

Branson, R. (2012). *Like a virgin: Secrets they won't teach you at business school*. New York, NY: Penguin.

Capítulo 16

Skill [*Webpage*] e Habit [*Webpage*]. (sem data). *Wordnik* https://www.wordnik.com

Clark, R.E., & Martin, S.J. (Eds.). (2018). *Behavioral neuroscience of learning and memory*. New York, NY: Springer International Publishing.

Suchan, B. (15 de novembro de 2018). Why don't we forget how to ride a bike? *Scientific American*. https://www.scientificamerican.com

MacKay, D. (maio/junho de 2014). The engine of memory. *Scientific American, 25*(3), 30-38.

Gratton, L., & Scott, A. (2017). *The 100-year life: Living and working in an age of longevity*. London, England: Bloomsbury Business.

Barrett, H. (4 de setembro de 2017). Plan for five careers in a lifetime. *Financial Times*. https://www.ft.com

Csikszentmihalyi, M. (2008). *Flow: The psychology of optimal experience*. New York, NY: Harper Perennial Modern Classics.

Dietrich, A. (1º de junho de 2003). Functional neuroanatomy of altered states of consciousness: The transient hypofrontality hypothesis. *Consciousness and Cognition, 12*(2), 231-256.

Dietrich, A. (1º de dezembro de 2004). Neurocognitive mechanisms underlying the experience of flow. *Consciousness and Cognition, 13*(4), 746-761.

Gruber, M.J., Gelman, B.D., & Ranganath, C. (22 de outubro de 2014). States of curiosity modulate hippocampus-dependent learning via the dopaminergic circuit. *Neuron, 82*(2), 486-496.

Duhigg, C. (2012). *The power of habit: Why we do what we do in life and business.* New York, NY: Random House.

Capítulo 17

Andreatta, B. (9 de dezembro de 2016). *The best way to change habits through workforce learning* [Blogue]. https://learning.linkedin.com/blog

Track and field [*Webpage*]. (sem data). https://tagteach.com/TAGteach_track_and_field/

Keysers, C., & Gazzola, V. (abril de 2014). Hebbian learning and predictive mirror neurons for actions, sensations and emotions. *Philosophical Transactions of the Royal Society B: Biological Sciences, 369*(1644), 20130175.

Gardner, B., Lally, P., & Wardle, J. (dezembro de 2012). Making health habitual: The psychology of 'habit-formation' and general practice. *The British Journal of General Practice, 62*(605), 664–666.

Lally, P., van Jaarsveld, C.H.M., Potts, H. W. W., & Wardle, J. (outubro de 2010). How are habits formed: Modelling habit formation in the real world. *European Journal of Social Psychology, 40*(6), 998-1009.

Del Giudice, M., Manera, V., & Keysers, C. (março de 2009). Programmed to learn? The ontogeny of mirror neurons. *Developmental Science, 12*(2), 350-363.

Dohle, C.I., Rykman, A., Chang, J., & Volpe, B.T. (5 de agosto de 2013). Pilot study of a robotic protocol to treat shoulder subluxation in patients with chronic stroke. *Journal of Neuroengineering and Rehabilitation, 10.*

Krebs, H.I., Dipietro, L., Levy-Tzedek, S., Fasoli, S., Rykman, A., Zipse, J.,...Hogan, N. (2008). A paradigm shift for rehabilitation robots. *IEEE-EMBS Magazine, 27*(4), 61-70.

Bionik (sem data). *Published research: Neuorecovery within reach* [*Webpage*]. https://www.bioniklabs.com/published-research

Andreatta, B. (2018). *Brain-based Manager Training* [Palestra]. www.BrittAndreatta.com/Training

Nohria, N., & Beer, M. (maio-junho de 2000). Cracking the code of change. *Harvard Business Review*.

Leonard, D., & Coltea, C. (24 de maio de 2013). Most change initiatives fail–but they don't have to. *Gallup Business Journal*. https://news.gallup.com/businessjournal/162707/change-initiatives-fail-don.aspx

Andreatta, B. (2017). *Wired to resist: The brain science of why change fails and a new model for driving success*. Santa Barbara, CA: 7th Mind Publishing.

Capítulo 18

Bavelier, D., & Green, C.S. (julho de 2016). The brain-boosting power of video games. *Scientific American, 315*(1), 26-31.

The Medical Futurist. (7 de junho de 2018). The Swedish speed camera lottery and healthy living. https://medicalfuturist.com/swedish-speed-camera-lottery-healthy-living

Duhigg, C. (2012). *The power of habit: Why we do what we do in life and business*. New York, NY: Random House.

Kapp, K. (2012). *The gamification of learning and instruction: Game-based methods and strategies for training and education*. San Francisco, CA: Pfeiffer.

Kazdin, A., & Rotella, C. (2014). *The everyday parenting toolkit*. New York, NY: Mariner Books.

Yale Parenting Center [*Website*]. (sem data). https://yaleparenting-center.yale.edu/

Capítulo 19

Hikosaka, O. (julho de 2010). The habenula: From stress evasion to value-based decision-making. *Nature Reviews Neuroscience, 11*(7), 503-513.

Ullsperger, M., & von Cramon, D. (2003). Error monitoring using external feedback: Specific roles of the habenular complex, the reward system, and the cingulate motor area revealed by functional magnetic resonance imaging. *Journal of Neuroscience, 23*(10), 4308-4314.

Seligman, M. (1972). Learned helplessness. *Annual Review of Medicine, 23*(1), 407-412.

Peterson, C., Maier, S., & Seligman, M. (1995). *Learned helplessness: A theory for the age of personal control.* Oxford, England: Oxford University Press.

Brown, B. (2012). *Daring greatly: How the courage to be vulnerable transforms the way we live, love, parent, and lead.* New York, NY: Gotham Books.

Capítulo 20

Edmondson, A. (1999). Psychological safety and learning behavior in work teams. *Administrative Science Quarterly, 44*(2), 350-383.

Edmondson, A., & Zhike, L. (2014). Psychological safety: The history, renaissance, and future of an interpersonal construct. *Annual Review of Organizational Psychology and Organizational Behavior, 1,* 23-43.

Edmondson, A. (2012). *Teaming: How organizations learn, innovate, and compete in the knowledge economy.* San Francisco, CA: Jossey-Bass.

Costly conversations: Why the way employees communicate will make or break your bottom line [Nota à imprensa]. (6 de dezembro de 2016). https://www.vitalsmarts.com.press/2016/12/costly-conversations-why-the-way-employees-communicate-will-makeor-break-your-bottom-line/

Duhigg, C. (25 de fevereiro de 2016). What Google learned from its quest to build the perfect team. *New York Times.* https://www.nytimes.com

Capítulo 21

Bobinet, K. (janeiro/fevereiro de 2016). The power of process. *Experience Life*. https://experiencelife.com

Dweck, C. (2008). *Mindset: The new psychology of success*. New York, NY: Random House.

McChesney, C., Covey, S., & Huling, J. (2012). *The four disciplines of execution: Achieving your wildly important goals*. New York, NY: Free Press.

Capítulo 22

Rizzolatti, G., & Craighero, L. (2004). The mirror-neuron system. *Annual Review of Neuroscience, 27*, 169-192.

Winerman, L. (2005). The mind's mirror. *American Psychological Association, 36*(9), 48.

Iacoboni, M., Molnar-Szakacs, I., Gallese, V., Buccino, G., Mazziotta, J.C., & Rizzolatti, G. (2005). Grasping the intentions of others with one's own mirror neuron system. *PLoS Biology, 3*(3), E79.

Iacoboni, M. (2008). *Mirroring people: The science of empathy and how we connect with others*. New York, NY: Picador.

Model mugging [*Website*]. (sem data). from http://modelmugging.org/

Capítulo 23

Practice [*Webpage*]. (sem data). https://www.instructure.com/bridge/products/practice

Mursion [*Website*]. (sem data). https://www.mursion.com/

Cubic [*Website*]. (sem data). https://www.cubic.com/

Strivr [*Website*]. (sem data). https://strivr.com/

Academy925 [*Website*]. (sem data). https://academy925.com/

Amplifire [*Website*]. (sem data). https://amplifire.com/

Area9 [*Website*]. (sem data). https://area9lyceum.com/

Maise, E. (24 de setembro de 2015). 890–Oil rig learning, curators and connectors, trip to Asia [Blogue]. *Elliott Masie's Learning Trends.* http://trends.masie.com/archives/2015/9/24/890-oil-rig-learning-curators-and-connectors-trip-to-asia.html

Pixvana [*Website*]. (sem data). https://pixvana.com/

SilVR Thread [*Website*]. (sem data). https://www.silvrthread.com/

Thomas, D., & Brown, J.S. (2011). *A new culture of learning: Cultivating the imagination for a world of constant change.* Scotts Valley, CA: CreateSpace Independent Publishing Platform.

Ericsson, A., & Pool, R. (2017). *Peak: Secrets from the new science of expertise.* New York, NY: Mariner Books.

Gladwell, M. (2008). *Outliers: The story of success.* New York, NY: Little, Brown and Company.

IV. APRENDER: ONDE TUDO COMEÇA

Rohn, J. (1985). *7 strategies for wealth and happiness.* New York, NY: Three Rivers Press.

Capítulo 25

Kandel, E., Kupfermann, I., & Iversen, S. (2000). Learning and memory. Em *Principles of Neural Science* (4ª ed.). E. Kandel, J. Schwartz, & T. Jessell (eds.). New York, NY: Elsevier.

Clark, R.E., & Martin, S.J. (eds.). (2018). *Behavioral neuroscience of learning and memory.* New York, NY: Springer International Publishing.

Andreatta, B. (maio de 2019). *Wired to grow 2.0* [Palestra]. Association for Talent Development (ATD) International Conference and Exposition. Washington, DC.

Dirix, C.E.H., Nijhuis, J.G., Jongsma, H.W., & Hornstra, G. (15 de julho de 2009). Aspects of fetal learning and memory. *Child Development, 80*(4).

Morokuma, S., Fukushima, K., Kawai, N., Tomonaga, M., Satoh, S., & Nakano, H. (2004). Fetal habituation correlates with functional brain development. *Behavioural Brain Research, 153*, 459-463.

Welch, M.G., & Ludwig, R.J. (2017). Mother/infant emotional communication through the lens of visceral/autonomic learning. *Early Vocal Contact and Preterm Infant Brain Development*, 271-294.

Sousa, D.A. (2017). *How the brain learns* (5ª ed.). Thousand Oaks, CA: Corwin.

Brown, P.C., Roediger, H.L., III, & McDaniel, M.A. (2014). *Make it stick: The science of successful learning.* Cambridge, MA: Belknap Press.

Carey, B. (2015). *How we learn: The surprising truth about when, where, and why it happens.* New York, NY: Random House.

Siegal, D., & Bryson, T. P. (2011). *The whole-brain child: 12 revolutionary strategies to nurture your child's developing mind.* New York, NY: Bantam.

Merriam, S.B., & Bierema, L.L. (2014). *Adult learning: Linking theory and practice.* San Francisco, CA: Jossey-Bass.

Capítulo 26

Bloom, B. (1956). *Taxonomy of educational objectives: The classification of educational goals.* New York, NY: Longman.

Andreatta, B. (2011). *Navigating the research university: A guide for first year students.* Boston, MA: Cengage Learning.

Kolb, D.A. (1983). *Experiential learning: Experience as the source of learning and development.* Upper Saddle River, NJ: Prentice Hall.

Capítulo 27

Gardner, H. (2011). *Frames of mind: The theory of multiple intelligences* (3ª ed.). New York, NY: Basic Books.

Armstrong, T. (2017). *Multiple intelligences in the classroom* (4ª ed.). Alexandria, VA: ASCD.

Shearer, C.B., & Karanian, J.M. (2017). The neuroscience of intelligence: Empirical support for the theory of multiple intelligences? *Trends in Neuroscience and Education, 6*, 211-223.

Davis, K., Christodoulou, J., Seider, S., & Gardner, H. (2011). The theory of multiple intelligences. Em R.J. Sternberg & S.B. Kaufman (eds.), *Cambridge Handbook of Intelligence* (p. 485-503). Cambridge, England: Cambridge University Press.

Dweck, C. (2008). *Mindset: The new psychology of success.* New York, NY: Random House.

Butler, R. (2006). Are mastery and ability goals both adaptive? *British Journal of Educational Psychology, 76*(3), 595-611.

Bronson, P., & Merryman, A. *NurtureShock: New thinking about children.* New York, NY: Twelve.

Andreatta, B. (17 de março de 2015). *Create a growth mindset culture and unlock your talent's potential* [Webinário]. https://learning.linkedin.com/en-us/webinars/17/05/creating-a-growth-mindset/watch-recording?

Dweck, C., & Hogan, K. (7 de outubro de 2016). How Microsoft uses a growth mindset to develop leaders. *Harvard Business Review.*

Vander Ark, T. (18 de abril de 2018). Hit refresh: How a growth mindset culture tripled Microsoft's value. *Forbes.*

Hagel, J., III, & Brown, J.S. (23 de novembro de 2010). Do you have a growth mindset? *Harvard Business Review.*

Dweck, C. (22 de setembro de 2015). Carol Dweck revisits the 'growth mindset.' *Education Week.*

O'Keefe, P.A., Dweck, C.S., & Walton, G.M. (6 de setembro de 2018). Implicit theories of interest: Finding your passion or developing it? *Psychological Science, 29*(10).

O'Keefe, P.A., Dweck, C., & Walton, G. (10 de setembro de 2018). Having a growth mindset makes it easier to develop new interests. *Harvard Business Review.*

Capítulo 28

Hudson, F. (1999). *The adult years: Mastering the art of self-renewal.* Hoboken, NY: Jossey-Bass.

Slavid, L. (2019). [Conversa pessoal com o autor].

McLean, P.D., & Hudson, F.M. (2011). *Life launch: A passionate guide to the rest of your life* (5ª ed.). Santa Barbara, CA: The Hudson Institute of Santa Barbara.

Capítulo 29

Bloom, F.E. (2007). *Best of the brain from Scientific American: Mind, matter, and tomorrow's brain.* Washington, DC: Dana Press.

Brown, P.C., Roediger, H.L., III, & McDaniel, M.A. (2014). *Make it stick: The science of successful learning.* Cambridge, MA: Belknap Press.

Hanson, R. (2013). *Hardwiring happiness.* New York, NY: Harmony Books.

Brown, B. (2015). *Rising strong: How the ability to reset transforms the way we live, love, parent, and lead.* New York, NY: Random House.

Achor, S. (2010). *The happiness advantage: How a positive brain fuels success in work and life.* New York, NY: Currency.

University of Queensland. (sem data) What is neurogenesis? [*Webpage*].https://qbi.uq.edu.au/brain-basics/brain-physiology/what-neurogenesis

Sousa, D. A. (2017). *How the brain learns* (5ª ed.). Thousand Oaks, CA: Corwin.

Moser, M., & Moser, E. (2016). Where am I? Where am I going? *Scientific American, 313*(1), 26-33.

Tavares, R., Mendelsohn, A., Grossman, Y., Williams, C., Shapiro, M., Trope, Y., & Schiller, D. (2015). A map for social navigation in the human brain. *Neuron, 87*(1).

Hikosaka, O. (julho de 2010). The habenula: From stress evasion to value-based decision-making. *Nature Reviews Neuroscience, 11*(7), 503-513.

Ullsperger, M., & von Cramon, D. (2003). Error monitoring using external feedback: Specific roles of the habenular complex, the reward system, and the cingulate motor area revealed by functional magnetic resonance imaging. *Journal of Neuroscience, 23*(10), 4308-4314.

Rizzolatti, G., & Craighero, L. (2004). The mirror-neuron system. *Annual Review of Neuroscience, 27*, 169-192.

Capítulo 30

Goleman, D. (2013). *Focus: The hidden driver of excellence.* New York, NY: Harper.

Johnstone, A.H., & Percival, F. (1976). Attention breaks in lectures. *Education in Chemistry, 13*, 49-50.

Ackerman, C. (13 de novembro de 2018). What is Kaplan's Attention Restoration Theory (ART)? *Positive Psychology.*

Burns, R.A. (maio de 1985). Information impact and factors affecting recall. *ERIC.* https://eric.ed.gov/?id=ED258639

Middendorf, J. (1996). The "change-up" in lectures. *National Teaching and Learning Forum 5*, 1-5.

Stuart, J., & Rutherford, R.J. (2 de setembro de 1978). Medical student concentration during lectures. *Lancet, 312*(8088), 514-516.

McLeish, J. (1968). *The lecture method.* Cambridge, England: Cambridge Institute of Education.

Capítulo 31

Andreatta, B. (2014). *The neuroscience of learning* [Vídeo]. Carpinteria, CA: LinkedIn Learning.

MacLean, P.D. (1990). *The triune brain in evolution: Role in paleocerebral functions.* New York, NY: Plenum Press.

Maslow, A. (1943). A theory of human motivation. *Psychological Review, 50*(4), 370-396.

Korb, A. (20 de novembro de 2012). The grateful brain: The neuroscience of giving thanks. *Psychology Today.*

Kinne, A. (27 de março de 2019). Gratitude–The ultimate performance-enhancing substance. *Workhuman.* https://resources.globoforce.com/globoforce-blog/gratitude-the-ultimate-performance-enhancing-substance

Hölzel, B., Carmody, J., Vangel, M., Congleton, C., Yerramsetti, S., Gard, T., & Lazara, S. (2011). Mindfulness practice leads to increases in regional brain gray matter density. *Psychiatry Research, 191*(1), 36-43.

Ricard, M., Lutz, A., & Davidson, R. (2014). Neuroscience reveals the secrets of meditation's benefits. *Scientific American, 311*(5), 38-45.

Davidson, R., & Begley, S. (2012). *The emotional life of your brain: How its unique patterns affect the way you think, feel, and live–and how you can change them.* New York, NY: Hudson Street Press.

Broderick, P. (2013). *Mindfulness curriculum for adolescents to cultivate emotion regulation, attention, and performance.* Oakland, CA: New Harbinger Publications.

Association for Mindfulness in Education [*Website*]. (sem data). http://www.mindfuleducation.org/

Flook, L., Goldberg, S.B., Pinger, L.J., & Davidson, R.J. (2015). Promoting prosocial behavior and self-regulatory skills in preschool children through a mindfulness-based kindness curriculum. *Developmental Psychology, 51*(1), 44–51.

Goleman, D., & Davidson, R.J. (2017). *Altered traits: Science reveals how mediation changes your mind, brain, and body.* New York, NY: Avery.

Chopra, D., & Tanzi, R.E. (2012). *Super brain: Unleashing the explosive power of your mind to maximize health, happiness, and spiritual well-being* [Audiolivro]. New York, NY: Random House Audio.

Gladding, R. (22 de maio de 2013). This is your brain on meditation. *Psychology Today.*

Schwarts, J., & Gladding, R. (2011). *You are not your brain: The 4-step solution for changing bad habits, ending unhealthy thinking, and taking control of your life.* New York, NY: Penguin.

Zabletal, K. (26 de junho de 2017). Neuroscience of mindfulness: What happens to your brain when you meditate. *Observer.*

Capítulo 32

Carey, B. (2015). *How we learn: The surprising truth about when, where, and why it happens.* New York, NY: Random House.

Brown, B. (2019). The call to courage [Documentário]. *Netflix.* https://www.netflix.com/title/81010166.

Brown, B. (2012). *Listening to shame* [Vídeo]. TED. www.ted.com

Brown, B. (2010). *The power of vulnerability* [Vídeo]. TED. www.ted.com

Katie, B. (1994). *Loving what is: Four questions that can change your life.* New York, NY: Three Rivers Press.

Capítulo 33

Clark, R.E., & Martin, S.J. (eds.). (2018). *Behavioral neuroscience of learning and memory.* New York, NY: Springer International Publishing.

Roediger, H.L.III, & Karpicke, J.D. (setembro de 2006). The power of testing memory: Basic research and implications for education practice. *Perspectives on Psychological Science, 1*(3).

Hartley, J., & Davies, I.K. (1986). Note-taking: A critical review. *Programmed Learning and Educational Technology, 15,* 207.

May, C. (3 de junho de 2014). A learning secret: Don't take notes with a laptop. *Scientific American.* https://www.scientificamerican.com

Brown, S. (2014). *The doodle revolution: Unlock the power to think differently.* New York, NY: Portfolio.

Miller, J. (14 de agosto de 2014). Here's why, how, and what you should doodle to boost your memory and creativity. *Fast Company.*

Wakhlu, N. (12 de fevereiro de 2012). *Graphic recording* [Vídeo]. https://www.youtube.com/watch?v=4AthvSWmMlw

Pink, D. (2010). *Drive: The surprising truth about what motivates us* [Vídeo]. https://www.thersa.org/discover/videos

Brown, B. (2013). *Empathy* [Vídeo]. www.thersa.org/discover/videos

Rifkin, J. (2010). *The empathic civilization* [Vídeo]. https://www.thersa.org/discover/videos

Crowley, D. (5 de novembro de 2018). Dan Pink: Evidenced-based approach [Gráfico]. Annandale, VA: Crowley & Co. https://www.learning2019.com/l18-graphicillustrations/07-danpink

Pink, D. (2018). *When: The scientific secrets of perfect timing.* New York, NY: Riverhead Books.

Capítulo 34

Andreatta, B. (2016). *Organizational learning and development* [Vídeo]. Carpinteria, CA: LinkedIn Learning.

Andreatta, B. (2014). *The neuroscience of learning* [Vídeo]. Carpinteria, CA: LinkedIn Learning.

Goleman, D. (2015). *Focus: The hidden driver of excellence.* New York, NY: Harper.

V: DESENVOLVER + PROMOVER APRENDIZADO

Franklin, B. (2007). *Poor Richard's almanack.* New York, NY: Skyhorse Publishing.

Capítulo 35

Andreatta, B. (2016). *Organizational learning and development* [Vídeo]. Carpinteria, CA: LinkedIn Learning.

Andreatta, B. (2017). *Workshop facilitation* [Vídeo]. Carpinteria, CA: LinkedIn Learning.

Ericsson, A., & Pool, R. (2017). *Peak: Secrets from the new science of expertise.* New York, NY: Mariner Books.

Capítulo 36

Andreatta, B. (2016). *Organizational learning and development* [Vídeo]. Carpinteria, CA: LinkedIn Learning.

Andreatta, B. (2014). *The neuroscience of learning* [Vídeo]. Carpinteria, CA: LinkedIn Learning.

Andreatta, B. (2 de junho de 2015). *Creating a transformative culture of learning: The benefits of developing employee potential* [Webinário]. http://w.on24.com/r.htm?e=992131&s=1&k=EB9841B132019EB-6627CD26E023E4684

Capítulo 37

Andreatta, B. (2016). *Organizational learning and development* [Vídeo]. Carpinteria, CA: LinkedIn Learning.

Andreatta, B., Thomson, L., Pate, D., Schnidman, Lu, L., & Dewett, T. (2017). *Workplace learning report: How modern L&D pros are tackling top challenges.* Carpinteria, CA: LinkedIn Learning.

Andreatta, B., & Petrone, P. (18 de novembro de 2016). L+D pros -Here's how to ensure you're seen as a strategic partner [Blogue]. https://learning.linkedin.com/blog

Capítulo 38

Andreatta, B. (2016). *Organizational learning and development* [Vídeo]. Carpinteria, CA: LinkedIn Learning.

Andreatta, B. (2017). *Workshop facilitation* [Vídeo]. Carpinteria, CA: LinkedIn Learning.

Andreatta, B. (2017). *Wired to resist: The brain science of why change fails and a new model for driving success.* Santa Barbara, CA: 7th Mind Publishing.

Capítulo 39

Andreatta, B. (2016). *Organizational learning and development* [Vídeo]. Carpinteria, CA: LinkedIn Learning.

Andreatta, B. (24 de setembro de 2015). *Best practices for corporate online learning* [Webinário]. http://learn.gototraining.com

Gates, L. (2019). *Coaching and developing employees* [Vídeo]. Carpinteria, CA: LinkedIn Learning.

Kaye, B., & Giulioni, J.W. (2019). *Help them grow or watch them go* (2ª ed.). San Francisco, CA: Berrett-Koehler Publishers.

Andreatta, B. (2018). *Change Quest™ facilitator training* [Vídeo]. www.BrittAndreatta.com/Training

Knapp, J. (2016). *Sprint: How to solve big problems and test new ideas in just five days.* New York, NY: Simon & Schuster.

Capítulo 40

Andreatta, B., & Petrone, P. (17 de julho de 2017). Want to build a culture of learning? You need to embrace failure [Blogue]. https://learning.linkedin.com/blog

Andreatta, B. (2017). *Workshop facilitation* [Vídeo]. Carpinteria, CA: LinkedIn Learning.

Andreatta, B. (2018). *Wired to connect: The brain science of teams and a new model for creating collaboration and inclusion.* Santa Barbara, CA: 7th Mind Publishing.

Capítulo 41

Andreatta, B. (2017). *Workshop facilitation* [Vídeo]. Carpinteria, CA: LinkedIn Learning.

Andreatta, B. (2010). *Instructor's manual for freshman success course* [Manuscrito inédito]. University of California, Santa Barbara.

Andreatta, B. (2018). Andreatta, B. (2018). *Change Quest™ facilitator training*. https://BrittAndreatta.com/Training

Andreatta, B. (2019). *Four Gates to Peak Team Performance™ facilitator training*. https://BrittAndreatta.com/Training

Capítulo 42

Andreatta, B. (2017). *Workshop facilitation* [Vídeo]. Carpinteria, CA: LinkedIn Learning.

Andreatta, B. (17 de março de 2015). *Flip your management training: Inspire your employees with blended learning* [Webinário]. http://www.lynda.com

Capítulo 43

Kirkpatrick, D.L., & Kirkpatrick, J.D. (2007). *Implementing the four levels*. San Francisco, CA: Berrett-Koehler Publishers.

Phillips, J., & Phillips, P.P. (2016). *Handbook of training and evaluation measurement methods* (4ª ed.). London, England: Routledge.

Phillips, J., & Phillips, P.P. (2015). *Measuring the success of leadership development*. Alexandria, VA: ATD Press.

Andreatta, B. (22 de abril de 2015). *Demonstrating the ROI of learning: Calculating and demonstrating success* [Webinário]. http://www.lynda.com

Andreatta, B. (25 de julho de 2018). *How to make talent a c-suite issue* [Webinário]. Degreed. https://www.youtube.com/watch?v=Ysn-4zjj3vcA

Andreatta, B., & Petrone, P. (24 de março de 2017). How to calculate the cost of employee disengagement [Blogue]. https://learning.linkedin.com/blog

VI. COMO CRIAR UMA CULTURA DE APRENDIZADO FOCADA EM CRESCIMENTO

Soehren, M. (2014). [Discurso de abertura]. *Masie Learning Conference*. Orlando, FL. http://new.learningtalks.com/learning-2014/martha-soehren/

Capítulo 44

Andreatta, B. (17 de março de 2015). *Create a growth mindset culture and unlock your talent's potential* [Webinário]. https://learning.linkedin.com/en-us/webinars/17/05/creating-a-growth-mindset/watch-recording?

Andreatta, B. (2017). *Creating a culture of learning* [Vídeo]. Carpinteria, CA: LinkedIn Learning.

Andreatta, B. (2 de junho de 2015). *Creating a transformative culture of learning: The benefits of developing employee potential* [Webinário]. LinkedIn Learning. http://w.on24.com/r.htm?e=992131&s=1&k=E-B9841B132019EB6627CD26E023E4684

Grossman, R. (1º de maio de 2015). How to create a learning culture. *HR Magazine*.

Association for Talent Development Research. (2016). *Building a culture of learning: The foundation of a successful organization*. Alexandria, VA: ATD Press.

Bersin, J. (2016). *Research report: Predictions for 2016*. Deloitte.

Corporate Executive Board. (2011). *L&D team capabilities survey*. https://www.cebglobal.com/

Capítulo 45

Andreatta, B. (2017). *Creating a culture of learning* [Vídeo]. Carpinteria, CA: LinkedIn Learning.

Bersin by Deloitte. (2017). *High-impact learning culture organization: Maturity model and top findings*. Deloitte University Press.

Association for Talent Development Research. (2016). *Building a culture of learning: The foundation of a successful organization*. Alexandria, VA: ATD Press.

Wells, J. (2017). *10 Ways to build a culture of continuous learning: Talent development*. Alexandria, VA: ATD Press.

Gallup. (2017). *State of the American workplace*. https://www.gallup.com/workplace/238085/state-american-workplace-report-2017.aspx

Gallup. (2017). *State of the global workplace*. https://www.gallup.com/workplace/238079/state-global-workplace-2017.aspx

McLean & Company. (2015*). Formalize a learning and development strategy* [PDF registrado].

Deloitte. (maio de 2019). *2019 Global human capital trends: Leading the social enterprise* [PDF]. https://www2.deloitte.com/insights/us/en/focus/human-capital-trends.html

Deloitte. (maio de 2017). *2017 Global human capital trends: Rewriting the rules for the digital age.* https://www2.deloitte.com/insights/us/en/focus/human-capital-trends/2017.html

Fórum Econômico Mundial. (17 de setembro de 2018). *The future of jobs report 2018.* https://www.weforum.org/reports/the-future-of-jobs-report-2018

Society for Human Resource Management. (sem data). *Placing dollar cost on turnover* [*Webpage*]. https://www.shrm.org/resourcesandtools/hr-topics/behavioralcompetencies/critical-evaluation/pages/placing-dollar-costs-on-turnover.aspx

LinkedIn Learning. (2019). *2019 Workplace learning report: Key findings* [PDF]. https://learning.linkedin.com/content/dam/me/business/en-us/amp/learning-solutions/images/workplace-learning-report-2019/pdf/workplace-learning-report-2019.pdf

Capítulo 46

Greiner, L. (maio de 1998). Evolution and revolution as organizations grow. *Harvard Business Review.*

Andreatta, B. (2018). *Change Quest™ model facilitator training* [Vídeo]. www.BrittAndreatta.com/Training

Andreatta, B. (2016). *Organizational learning and development* [Vídeo]. Carpinteria, CA: LinkedIn Learning.

Andreatta, B., & Petrone, P. (2 de dezembro de 2016). The 6 stages every organization goes through as it matures [Blogue]. https://learning.linkedin.com/blog

Andreatta, B. (2017). *Cracking the code: How organizational growth and consciousness shape talent development* [Palestra]. Society for Human Resource Management International Conference and Exposition. New Orleans, LA.

Laloux, F. (2014). *Reinventing organizations*. Millis, MA: Nelson Parker.

Capítulo 47

Andreatta, B. (2017). *Creating a culture of learning* [Vídeo]. Carpinteria, CA: LinkedIn Learning.

Andreatta, B. (2016). *Organizational learning and development* [Vídeo]. Carpinteria, CA: LinkedIn Learning.

Degreed [*Website*]. (sem data). https://degreed.com/

PathGather [*Website*]. (sem data). https://www.pathgather.com/

LinkedIn Learning [*Website*]. (sem data). https://www.linkedin.com/learning/eLearning Industry [*Website*]. (sem data). https://elearningindustry.com/

Masie Center [*Website*]. (sem data). https://masie.com/

Capítulo 48

Andreatta, B. (2016). *Organizational learning and development* [Vídeo]. Carpinteria, CA: LinkedIn Learning.

Andreatta, B. (2017). *Creating a culture of learning* [Vídeo]. Carpinteria, CA: LinkedIn Learning.

TED [*Website*]. (sem data). https://www.ted.com/

Capítulo 49

Andreatta, B. (2016). *Organizational learning and development* [Vídeo]. Carpinteria, CA: LinkedIn Learning.

Andreatta, B. (2017). *Creating a culture of learning* [Vídeo]. Carpinteria, CA: LinkedIn Learning.

Corporate Executive Board (2011). *L&D team capabilities survey.* https://www.cebglobal.com/

Andreatta, B. (setembro de 2014). *Building L&D programs that maximize employee potential* [Webinário]. https://www.shrm.org/Pages/Custom404.aspx?requestUrl=https://www.shrm.org/multimedia/webcasts/pages/0914lynda.aspx

Association for Talent Development [*Website*]. (sem data). https://www.td.org

Phillips, J., & Phillips, P.P. (2017). *The business case for learning.* Alexandria, VA: ATD Press.

Deloitte. (maio de 2019). *2019 Global human capital trends: Leading the social enterprise.* https://www2.deloitte.com/insights/us/en/focus/human-capital-trends.html

Andreatta, B., & Petrone, P. (24 de julho de 2017). The most common challenges to building a learning culture (and how to overcome them) [Blogue]. https://learning.linkedin.com/blog

Society for Human Resource Management [*Website*]. (sem data). https://www.shrm.org

Capítulo 50

Andreatta, B. (2017). *Creating a culture of learning* [Vídeo]. Carpinteria, CA: LinkedIn Learning.

Brown, B. (24 de maio de 2016). [Discurso de abertura]. *Association of Talent Development (ATD) International Conference and Exposition.* Denver, CO.

Carter-Scott, C. (1991). *The corporate negaholic: How to deal successfully with negative colleagues, managers, and corporations.* New York, NY: Villard.

Wikipedia/Conway's law. (sem data). Acesso em 19 de julho de 2019, em Wikipedia: https://en.wikipedia.org/wiki/Conway%27s_law

Soehren, M. (2014). [Discurso de abertura]. *Masie Learning Conference.* Orlando, FL. http://new.learningtalks.com/learning-2014/martha-soehren/

Agradecimentos: Praticando a Gratidão

A presente edição foi uma jornada intensa. Por causa de problemas de saúde em minha família (todos estão bem agora), o cronograma do projeto atrasou diversas vezes. Eu estabelecia novos prazos – com a esperança de que fossem realistas – apenas para estourá-los e ter de estabelecer outros. Foi uma constante lição de como abrir mão do controle, algo em que não sou muito boa... ainda. Resultado: minha equipe teve de carregar este projeto muito mais do que havia imaginado e, mesmo assim – Deus os abençoe! –, eles atenderam às expectativas em todos os níveis. No fim, fizemos uma maratona de noites e fins de semana de trabalho, o que significa que, embora estivessem lendo sobre a importância de intervalos de descanso para o aprendizado e a criatividade, não estavam fazendo nenhum intervalo de descanso. A ironia não me passou despercebida e serei eternamente grata por seu apoio e flexibilidade.

Fazem parte da equipe incrível que me ajudou na produção deste livro: Jenefer Angell (PassionfruitProjects.com), cuja habilidade de edição torna o escrever livros uma atividade fácil e gratificante; Teresa Fanucchi, minha incrível assistente executiva que, por acaso, também é ninja em citações; Claudia Arnett (BeTheMarkets.com), que faz um trabalho maravilhoso com todo o meu *marketing*, minhas mídias sociais e programas de treinamento; e Leah Young (Leah-Young.com), que dirige e produz meus vídeos e cuida do *design* do meu *website* e da minha plataforma.

Um agradecimento especial para meus fabulosos colegas que colaboraram com sua *expertise* na revisão deste livro: Lisa Slavid, Diretora de Gerenciamento Organizacional e de Desempenho na Universidade da Califórnia em Santa Bárbara, e LV Hanson, Estrategista Sênior de Cultura na Procore.

Também sou grata às equipes de neurocientistas e pesquisadores que compartilharam seu trabalho comigo. Sua curiosidade insaciável e disposição de investigar cada vez mais beneficiam a todos nós. Agradeço especialmente a Michael Pollan, Brian Clark, Frederic Laloux, Elliott Masie e Jamani Caillet, por me darem permissão de usar suas maravilhosas imagens gráficas.

Gostaria ainda de agradecer ao meu maravilhoso marido Chris e a minha filha Kiana, por me apoiarem e amarem em todos os momentos, mesmo quando estou mergulhada em minhas pesquisas e escrevendo meus livros. Meus gatinhos e meu camaleão também me deram seu apoio, sendo meu público quando eu tagarelava ideias. E, é claro, sou grata à minha família e aos meus amigos.

Por fim, agradeço minha tribo de profissionais de liderança e ensino que trabalham muito para tirar o melhor das pessoas e organizações com que atuam mediante o poder do ensino. Sinto-me honrada por compartilhar este trabalho tão importante com vocês e espero que ele os ajude a ajudar outras pessoas.

Um brinde ao poder do ainda!

Sobre a Autora

Desperte seu potencial.

A dra. Britt Andreatta é reconhecida internacionalmente como autoridade no desenvolvimento de soluções baseadas em neurociência para os desafios dos dias atuais. CEO e presidente da 7th Mind, Inc., Britt Andreatta se vale de sua experiência única nas áreas de liderança, neurociência, psicologia e educação para trazer à tona o melhor de pessoas e organizações.

Britt já publicou vários livros, dentre eles *Wired to Connect: The Brain Science of Teams and a New Model for Creating Collaboration and Inclusion* e *Wired to Resist: The Brain Science of Why Change Fails and a New Model for Driving Success*. Ela está trabalhando em novos livros que abordam a neurociência do propósito e a evolução de consciência das organizações.

Tendo já trabalhado como Executiva-Chefe de Aprendizagem na Lynda.com e como Consultora Sênior de Aprendizado para Liderança Global e Desenvolvimento de Talentos do LinkedIn, Britt é uma profissional tarimbada com mais de 25 anos de experiência. Ela está constantemente prestando consultoria na área de desenvolvimento de liderança e estratégia de aprendizagem para empresas, universidades e organizações sem fins lucrativos. Dentre seus clientes corporativos estão empresas da Fortune 100 como Comcast e Apple, além de Ernst & Young, Microsoft, Domino's, LinkedIn, Franklin Covey, TransUnion, Avvo, Rust-Oleum, Alter Eco Foods e Zillow.

A dra. Andreatta já trabalhou com importantes instituições educacionais como a Universidade da Califórnia, a Universidade Dartmouth e a Universidade do Novo México, e com organizações sem fins lucrativos como a YMCA e o Prison Fellowship's Warden Exchange Program. Também já atuou como professora e reitora na Universidade da Califórnia, na Universidade Antioch e em várias instituições de ensino superior.

Seus cursos na Lynda.com e na LinkedIn Learning já receberam mais de 10 milhões de visualizações no mundo todo. Outros de seus trabalhos são: *The Neuroscience of Learning, Creating a Culture of Learning, Organizational Learning & Development, Leading Change, Having Difficult Conversations* e *Leading with Emotional Intelligence*.

Palestrante muito requisitada e com domínio de sua audiência, Britt fez um *TEDx talk* com o título "How Your Past Hijacks Your Future". Ela está sempre dando palestras em eventos corporativos e conferências internacionais e recebendo *feedbacks* ardorosos como "melhor palestrante da conferência" e "melhor temática que já vi".

Como reconhecimento de seu trabalho, Britt já recebeu vários prêmios de prestígio, como o Global Traininig & Development Leadership Award, em 2016, no World Training & Development Congress. Ganhou a Medalha de Ouro no Trailblazer Award, da revista *Chief Learning Officer*, por seu trabalho no desenvolvimento de um programa de gestão de desempenho baseado em princípios da mentalidade de crescimento. A revista *Talent Development* referiu-se a ela como uma "autoridade excepcional e pioneira" em sua área quando a apresentou na edição de junho de 2017.

A dra. Andreatta sempre faz consultoria com executivos e organizações a fim de mostrar-lhes como maximizar seu potencial. Para saber mais, visite o *website* e as redes sociais:

Website: www.BrittAndreatta.com

LinkedIn: www. linkedin.com/in/brittandreatta/

Twitter: @BrittAndreatta

Elogios

"Você trouxe não só a melhor temática que tivemos nesta conferência anual, mas a melhor temática que já vi NA VIDA".

Mark Walker, Membro do Conselho, Technology Affinity Group

"Britt ensinou sua abordagem científica única de gestão de mudanças. O material era de fácil entendimento, ele nos levava a refletir e permitia que os participantes aplicassem imediatamente as lições e a estrutura a seu trabalho de promover mudanças e iniciativas. Altos executivos de várias áreas consideraram esse trabalho valiosíssimo."

Lisa Slavid, Gestão Organizacional e de Desempenho, Universidade da Califórnia, Santa Barbara

"Fiz o treinamento 'obrigatório' de gestão e liderança em muitas empresas, de pequenas *startups* a gigantes do mundo empresarial – dentre elas, Microsoft e Cisco – e, sem dúvida, o treinamento que Britt Andreatta criou foi o mais interessante e útil de todos. A forma como ela combina pesquisa científica, experiências pessoais e conselhos práticos foi de valor inestimável."

Tim Ahlers, Diretor de Gerenciamento de Produto, Avvo

"As duas melhores sessões foram de Britt Andreatta e Barack Obama" + "Suas pesquisas/palestras são AS MELHORES! Obrigada por colocar toda a sua paixão e curiosidade no trabalho e compartilhá-lo conosco."

Participantes, Associação de Desenvolvimento de Talentos (ATD) da Conferência Internacional e Expo 2018

"Britt, gratidão enorme por sua ajuda na reunião de Líderes da semana passada – foi uma experiência FANTÁSTICA. Sua palestra inspirou as pessoas de forma muito positiva E a apresentação foi impecável. Obrigada por nos ajudar a levar nossos líderes ao mundo do 'pensar diferente'. Adorei!"

Martha Soehren, Executiva-Chefe de Talentos e SVP, Comcast

"Quando uma empresa passa por uma grande mudança de cultura, raramente se pode atribuí-la a uma única pessoa. Mas Britt foi uma exceção. O que parecia um treinamento de gestão para a empresa inteira tornou-se a base de conversas, relações e planos para trazer mudanças positivas para a cultura. Ela foi a grande estrela do processo de levar a empresa a tornar essa cultura sólida."

Hilary Miller Headlee, VP de Vendas Internacionais, Alteryx

"Você tem enorme influência em nossa área, e toda uma geração de profissionais de Aprendizado & Desenvolvimento tem sede da sua mensagem. As pessoas se tornam melhores por causa do que você faz."

Cory Kreeck, Diretor Executivo de Treinamento e Desenvolvimento, Beachbody